全国教育科学“十二五”规划2014年度课题
“教师四位一体德性结构的研究”结题成果
（课题批准号：BHA140083）

教育者的心灵诗学

金生鈜 /著

教育科学出版社
·北 京·

出 版 人　李　东
责任编辑　薛　莉
版式设计　京久科创　郝晓红
责任校对　翁婷婷
责任印制　叶小峰

图书在版编目（CIP）数据

教育者的心灵诗学 / 金生鈜著. — 北京：教育科学出版社，2021.12（2022.6重印）
ISBN 978-7-5191-2938-5

Ⅰ. ①教…　Ⅱ. ①金…　Ⅲ. ①教师—修养—研究　Ⅳ. ①G451.6

中国版本图书馆CIP数据核字（2021）第268380号

教育者的心灵诗学
JIAOYUZHE DE XINLING SHIXUE

出版发行	教育科学出版社		
社　　址	北京·朝阳区安慧北里安园甲9号	**邮　　编**	100101
总编室电话	010-64981290	**编辑部电话**	010-64989363
出版部电话	010-64989487	**市场部电话**	010-64989009
传　　真	010-64891796	**网　　址**	http://www.esph.com.cn
经　　销	各地新华书店		
制　　作	北京京久科创文化有限公司		
印　　刷	三河市兴达印务有限公司		
开　　本	720毫米×1020毫米　1/16	**版　　次**	2021年12月第1版
印　　张	21.75	**印　　次**	2022年6月第3次印刷
字　　数	309千	**定　　价**	65.00元

教育者的心灵诗学：直抵教师发展的本源与本质

成尚荣

金生鈜老师是我钦佩的教育哲学教授，是我崇敬的教育哲学家。听他的报告，总被他独到、深邃的见解所吸引；读他的书，总觉得自己心灵里又开了一扇窗，呼吸到了新鲜的空气。听后读后，心底里会升起一种神奇的感觉：金老师是一个“为思想而生活”的人，他广阔的心灵里跳跃着的是他新的思考，装着的是他的思想感情，冲击他心灵的是像诗一样的思想，尽管他表达时总是显得那么沉静。

我和金老师的交往并不多，但他每次都给我留下十分美好、深刻的印象。大概是两年前，我们一起参加南京师范大学附属小学纪念儿童教育家斯霞的活动——“斯爱论坛”。走进会议室，金老师笑着对我说：成老师，你是一个精神灿烂的人。他说这句话绝不是为了让我高兴，因为他一脸的真诚。当时，我的心悸动了，而且这一悸动被深深地埋在心底，成为永远的激励，渐渐地成了法国史学家兼批评家丹纳（H. A. Taine）在《艺术哲学》里所说的，形成了“精神上的地质形态”，这一“地质形态”不会被时间侵蚀。然后，金老师又对我说：教师发展不应只是专业的问题，教师的核心素养很重要，但还不能从根本上解决问题。根本的是什么呢？他坚定地说：是教师的心灵，是教师的心灵美学。接着，他说了他学术研究的计划：写一本教师心灵诗学方面的书。现在想来，做精神灿烂的教师，正是金老师在教师心灵诗学方面的一个重要的思想观点。

我一直盼望着这本书早点出版，还时时想起、提起这本书。我相信，绝不是我一个人在这么期盼着，许多人都在等待这本书。我还相信，《教育者的心灵诗学》的出版一定会像新生事物在晨曦中诞生一样，代表着新的希望。2021 年 5 月，金老师打来电话，说书稿完成了，并嘱我写序。由我来写序？我够格吗？不过，我很快就愉快地答应了，因为，所谓序就是读后感，是读书的心得体会。读一本好书，写下感想与收获，何乐不为？收到书稿后，我一直沉浸在阅读中——又一次领悟到什么叫“沉浸式阅读”。说真的，读完书稿，我接受了一次心灵的洗礼，精神上得到了升华。用书中的话来说，我经历了一次“自觉的主体化实践”，这是一种“返回自身的实践”，即美的塑造，可以用“努力的意志”去对抗“精神的懈怠”，“创造心灵的福祉”，可以享用教育生活，成为一个具有美好心灵和心灵诗学的真正的教育者。

我以为，教育者是对教师概念的超越，而且更有哲思，它让苏格拉底在哲学中的追问——“谁是真正的教育者”在现代得到回应。同时，教育者要比教师的意蕴更显谦和与亲切。至于诗学，金老师在书中已阐释得非常清晰：“诗学”指“诗歌”和“诗艺”，蕴含着“塑造”与“创作”的含义，诗学就是创造美的艺术，其本质是“向着美创作”。诗学蕴含着美，指向心灵的诗性，也更具有中国文化、中国诗教的意蕴。《教育者的心灵诗学》让哲学与诗学牵起手来，其实，在金老师看来，哲学就应该是诗学，心灵本身就是诗性的。这本《教育者的心灵诗学》一定会让教师在读完它后心灵里升腾起新的意象，并使教师的心灵意象发展为一种根本性力量，以至形成一种气象。

《教育者的心灵诗学》不容易读，却又很好读，读起来很美。说它不容易读，是因为这是本学术著作，它丰厚、深邃，好多好多表述需要反复咀嚼、琢磨、回味、深悟；说它好读，是因为它很优美，像是作者心灵深处流淌出的一股股清泉，读者读完后，会感到仿佛一股股清泉流向了自己的心灵，从而在浸润中慢慢沉静下来，产生美的想象。阅读这本书的过程实在是一次美的历程。这本优美的学术著作，带有古典之风，像与一位位智者穿越时空对话，又闪烁着时代的色彩，古代与现代完美融合在一起。金老师的这本著作，把我们的视野和兴奋点引向教师专业发展的神秘之处，回到本源，聚焦本质，这是对教育改革、教师发展，对教育理论研究的贡献，繁荣了教育学术。

对此，我的体会有以下几个方面。

其一，金老师提出了“教育者的心灵诗学”命题，开辟了教师研究、教师发展的新领域，直抵教师的心灵，具有批判性和原创性。

金老师的研究从事实出发，不从主义出发，但最终要归结到主义。他面对的事实是：“专业主义、行为主义、技术主义、效能主义的教师培养模式是当下教师教育的主流”，“培养的是教授课程的通用工具，而不去追问教师应当是怎样的人”，“这种模式试图忘却教师的精神本质，忽略教师作为一个完整的人所具有的心灵”。他还进一步指出：“专业主义的、标准化的教师教育，看不见教师的精神面孔，不去理解教师这个人及其心灵。”显然，他不是批评、责怪教师，也不是否定教师的专业发展，更不是批判当下教师教育和培养的全部内容，而是对教师培养模式的专业主义、行为主义、技术主义、效能主义展开猛烈抨击和尖锐批判，是对教师专业发展误区展开深刻反思。他强烈渴望教师教育跳出现有模式，去扎根教师心灵。他回溯了尼采所批判的“知识庸人”带来的教育创伤：“知识庸人以迎合庸俗的趣味为教育目标，反对对生命中最高贵的价值的追求，……根本不关心人的心灵。”他反对“知识庸人”，提倡培养心灵卓越的教师，因此就要“寻找教育者真正的本质”。这是教师教育的根本目的和最终归属，也是教师发展的根本动力和最高境界。批判是为了进步，解构是为了建构，新时代的教师教育、教师发展将会迎来新的发展格局，形成新的格调。

其二，金老师对“教育者的心灵”做了学理上的阐释，诠释了“教育者的心灵”的独特意指，具有整全性、深刻性和审美性。

学者们总是关注心灵，蒙田关注“心灵融合”，提出要“捕捉心灵”，进而“拥有新的灵魂”；培根指出，最维护其精神自由者，才能断然砸碎束缚其心灵的锁链，并一劳永逸地免除烦忧；苏霍姆林斯基要“把整个心灵献给儿童”；陶行知一次又一次地呼唤：来！来！来！来到孩子们中间。但是事物包括意识、伦理总是存在“分叉”之处，如赵汀阳所言，“分叉”意味着一切都有新的可能性。金老师对心灵的阐释指向“分叉”，他概括了“教育者的心灵”的独特意指：心灵是生成的；心灵是生命的实是，是生命现实化的形式；心灵与存在、世界建立整体的联系；心灵是潜在与实现的统一；心灵具有趋向或目的性，以及超越性、自反性、秩序；等等。这些独特意指具有整全性和提升性。他特别指出，“心灵”不同于“素养”“能力”“技能”“专业性”等概念，从心灵角度理解教育者，将赋予教育者这一概念终极的、整体的、鲜活的存在意义。这样的阐释具有深刻性。金老师还着重点明，“心灵的成长是美德的提升与变革”，“心灵学是美德学的基础”。以上这些阐释，让我们知道，教育者的心灵不是虚无缥缈的，而是存在于教育者自己的生命的现实化中，存在于教育者自我运动的生成中，存在于教育者与世界的整体联系中，存在于教育者与学生美好的交往中。心灵，那么真实，那么美好！

其三，金老师对“教育者的心灵”的内涵与实现模式做了鲜明而深刻的阐释与归纳。《教育者的心灵诗学》以“生命的风格”召唤我们，为我们明确了教育者作为心灵主体的标志。

我们都认同“教育者的心灵诗学”是一种理念和境界，但究竟什么是心灵诗学呢？又该怎么去实现呢？金老师在本书中给出了他的答案。第一，心灵诗学的实质是精神美学。“精神的美学是指人把自身作为艺术品建构，创作自我的美。生命主体或生活主体把自己作为艺术品进行雕琢或塑造，……使生活与心灵变成一部带有特定审美风格的作品。”这一过程，说它是诗学的，是因为它是创制的技艺；说它是伦理的，是因为自我的技艺是心灵的艺术，是心灵向美的攀登，也是美的生活历程。第二，教育者美的心灵有整体构造。金老师从理智美德、情感美德、伦理美德、技艺美德等四个方面对美德进行了立体化的构建。可见，心灵诗学是以美德为核心的，“人性的伟大在于追求和培养心灵的优秀品质（美德）”，心灵生活是“以美德铺垫人生的生活”，“美德是帮助人充分地实现生命价值的品质”，美德滋养着心灵。四个方面的美德让教育者站立起来，挺起了脊梁，让心灵诗学成为一个发光体，这样的教育者才是真正的精神灿烂的教育者。各位老师，我想对您说，四个方面的美德越读越有味，会让您享用一生。第三，“教育者的心灵诗学”的实现模式当是“自觉的主体化”。所谓主体化，是指“通过伦理性的实践，把自身作为一个具有美德的伦理主体去塑造”，“主体化即创作自己”，“主体化也是一种精神实践”。教育者要“与真理生活在一起”，要新奇、好奇地研究教育。第四，教育者的心灵诗学的核心要素是教育者要回归童心，让自己在精神上成为儿童。只有变成儿童的教育者才能成为拥有“高贵心灵的教育家”。只有教育者回归童心，教育者的诗学才会是儿童所喜欢的诗学。

立德树人是中华民族教育者的初心，教师要做立德树人的好教师。“教育者的心灵诗学”也是从中华民族文化里生长出来的。中国心、民族魂，让“教育者的心灵诗学”反映中华民族强大的文化自信。“强国有我”为“教育者的心灵诗学”又做了最庄重、最美丽的注释，展示了崇高与伟大的气象。

目　录

3 中和：教育者的情感美德 101

4 善美：教育者的伦理美德 143

1

问题：真正的教育者在哪里

现在，请你告诉我，我的杰出的大师，到处都在逆一切真正的教育努力而行，我该如何怀着希望与之斗争，我怎么有勇气作为一个势单力孤的教师出场，既然我清楚地知道，每一颗刚播下的真教育的种子马上就会被伪教育的碾子无情地压碎？你想一想，今天一个教师最用心的工作是多么徒劳，譬如他想把一个求教育者送回无限遥远但极其感人的希腊世界，回到教育的真正故乡，可是在下一个钟点，这个求教育者会抓起一张报纸，一本流行小说，和一册这样品质的书，其文体已盖上了今日教育野蛮的令人恶心的标记。

——尼采：《论我们教育机构的未来》

一个真正的教育者应当是怎样的？在现代性的教育境遇中，真正的教育者如何可能？我想拨开遮在眼前的重重迷雾，不合时宜地想象一下真正的教师纯粹的心灵所具有的精神气质，追问什么样的人是真正的教师这一重大问题，追问教师之为教师的本质，探究教师的心灵美德及其塑造，想象教师的本质原型——一类理想的教育者的主体形象，或者说想象未来的教育者的主体形象。

1.1 教育者是谁

就如“什么是真正的教育”这个问题一样，“谁是真正的教育者”这个问题一直存在于思想史中。思想家们对这个问题的关切，一方面是出于对理想的教育和理想的教师的追问，另一方面是出于对现实中的教育现象的担忧。苏格拉底曾多次追问“谁是真正的教育者”。在《申辩篇》中，苏格拉底问：“卡利亚，你瞧，如果你的两个儿子是小马驹或小牛犊，我们不难找到一位训畜人，雇他来完善他们的天性，这位训畜人不外乎是一个马夫或牧人，但由于他们是人，你打算请谁来做他们的老师，谁是完善人性和改善他们的社会地位的人？我想，你有儿子，所以你一定考虑过这个问题。有这样的人，还是没有？”（柏拉图，2002）[6]

谁是真正的教育者？这是人类生活中的重大问题。尼采认为，人类至今（就他所处的时代而言）还没有为尚未实现的真正的教育培养出真正的教育者。众多没有教育之心的不合格的人进入教育行业，操纵教育机构的文化，败坏学校等教育机构的精神气质，扭曲教育的价值的现象让他深感忧虑。（尼采，2012）[51–52] 尼采所担心的问题，其实在现代社会愈演愈烈。不但教育体制的安排更多地面向国家的经济增长和个人作为私己化的个体的致富之术，而且教育机构的文化倾向于以专业化的技术和野蛮的方式让学生的心灵朝特定的方向发展，同时，越来越多的人获得了专业训练，获得了教师资格证书，却缺乏教师之为教师的心灵素养，而只有所谓的进行“教学活动”的技能，他们没有教育之为教育的理念，也没有教师之为教师的理念。他们在学校工作，他们的教育方式成了学校的习俗，这些教师在学校如鱼得水，因为他们的心智、价值取向、心灵与当下的教育机构以利益和名声为重的氛围是气味相投的，与教育制度着力培养人竞争更高地位和更多利益的目标是协调的。

尼采好像是专门针对我们这个时代的教育进行的批判，而且一针见血。从教育中谋求利益的心态和试图成为牟利者这一自私的想法在我们这个时代空前流行。我们这个时代的教育推崇一种主导一切的文化，这种文化把教育定义为尽可能地满足人们追逐和占有利益的需要，受过学校教育的人们获得适宜的技能，以便尽可能多地占据可用来获得利益的优势地位；教育为了塑造社会、市场、机制所需要的工具人和满足个人的利益（二者已基本合一），尽可能地塑造通用的人。尼采指出了现代教育的病症：国家需要使用通用型工具类人才以求强盛；个人力求获得能够被征用的技能，与现实保持一致或适应现实，以便让自己获得等级或地位，从而占有最多的利益。也许我们可以把它称作教育的最大效益（功效）原则。教育的目的是培养为个人自身和国家能够赚更多钱的人。（尼采，2007a）[300] 国家、社会、家庭强制或诱导儿童为了成为一个欲望者和消费者而接受学校教育。

现代人的心灵经常处于追逐欲望及其满足的不安或混乱之中，然而，人们却排斥心灵教育，反对真正关心心灵的教育者。“人们永远不再需要道德上的教育者，而且永远不是更不可能找到这些教育者，在医生最为必要的时代里，在瘟疫大流行时，医生同时是最受到危害的，因为自己如此坚定地和健康地立足于自身，以至于还能够扶持和牵领另一个人的医生在哪里呢？”（尼采，2007a）[252–253] 真正的教育者又在哪里呢？尼采在《施特劳斯——表白者与作家》中提到了知识庸人。为什么要称呼某种人为知识庸人呢？因为这种人一直试图标榜自己是诗人、哲学家、艺术家、教育家，试图大声地说明自己是思想家或知识精英，试图以自己的思想或做法拯救或教育人们。实际上，按照尼采的说法，这种人根本没有庸人的概念，不知道谁是庸人的对立面，也就是不知道高贵与庸俗的区别，不知道真实与虚假的区别。知识庸人是真正的教育者、艺术家以及文化人的对立面。在尼采看来，他所在的时代的教育机构里充满了这种知识庸人，也许，当下的教育界也有知识庸人式的教师。教育管理者和学校甚至把知识庸人当作教育机构乃至社会中生产知识或文化的人，而知识庸人也把自己看作最好的教育者。知识庸人以迎合庸俗的趣味为教育目标，反对对生命中最高贵的价值的追求，把反教育的东西当作教育，把虚假的东西当作真实的东西，向年青一代进行宣讲，他们根本不关心人的心灵。按照尼采的说法，知识庸人平庸的教育做法是“一切强有力的东西和创造性的东西的障碍，一切怀疑者和惑乱者的迷宫、一切疲软者的沼泽、一切向高大目标奔跑者的脚镣、一切新生幼芽的毒雾”（尼采，2007a）[40]。

知识庸人从事的是怎样的教育？毫无疑问，他们从事的就是使人庸俗的教育，因为他们不关注心灵的健康，只关心平庸的成功。知识庸人式的教师培养的是麻木、冷漠、狭隘、势利、封闭、自以为是的人，是缺乏情操、缺乏真诚的人，是对自然、人性没有共鸣的人，是对真、善、美没有敬畏之心的人。知识庸人式的教师充其量培养的是一个个精致的自私自利者，一个个没有心灵的工具人，一个个没有心肝、注重器术的人。“庸人教育”是反教育的，是教育的对立面！知识庸人式的教师只是延续习俗的做法，反对质疑和创造，反对理性和理想。这一点与真正的教师的做法截然相反。真正的教师是寻找者，是邀请对话者，是创造者。他们总是试图突破平庸，相信有一块纯洁的土地可以让精神在其中获得自己的本质，实现人的心灵的卓越成长。真正的教师试图在精神养料匮乏的时代中对心灵进行关怀与治愈，而知识庸人却认为人不必在意心灵的美善，不必思虑心灵的幸福，只有拥有实用的知识和技能，拥有地位和金钱，人才能是强大的、朝气蓬勃的、幸福的，其他的不过是虚无缥缈之物。

可以说，尼采的批判在今天依然具有现实意义。在我们这样的工具主义和实利主义（世俗主义）统治教育的时代，我们想当然地认为教师就是我们在学校里看到的那些在从事教育教学活动的人，就是我们在教育专业主义视域中看到的那种以“教育活动”谋生的职业工作者。专业主义、行为主义、技术主义、效能主义的教师培养模式是当下教师教育的主流，这种模式以效能主义思路确定了具体的核心素养或行为标准，旨在训练师范生个体形成标准化的专业素养及其行为方式，培养的是教授课程的通用工具，而不去追问教师应当是怎样的人。这种模式试图忘却教师的精神本质，忽略教师作为一个完整的人所具有的心灵。或者说，我们的教育机构以及我们的教育实践，越来越关注教师这种劳动者的功能是什么，忘却了教师的心灵。专业主义的、标准化的教师教育，看不见教师的精神面孔，不去理解教师这个人及其心灵。一方面，我们没有多大兴趣去思考或诠释教师是怎样的人；另一方面，也没有适合的教育实践土壤让教师形成教育者的精神风骨与品格。也许，按照当下的现实继续发展下去，有朝一日，我们可能会发明一种教育机器人，我们将把孩子们托付给它，让孩子们与它交流，由它来承担教育任务，让它对孩子们进行照料。今天旨在训练教育工厂里的操作员的操作技能的那种教师教育，是在给那些想去做教师的人一种称得上是教师教育的教育吗？

我知道我的这些观点不符合当下教师教育的流行观念与习俗。我会被看作理想主义者，看作不合时宜者。但我固执地认为，教育理想、教育者的理念从来就是不合时宜的，因为它们在现实中从来没有存在过。它们既不是从时代或现实中总结出来的，也不是为了迎合时代或习俗，而是存在于理念之中。因此，我的主张与流行的观念必定不符。我想沿着苏格拉底、尼采的思路继续追问。我想寻找的是一位精神完整、人格健康、理智健全、心灵卓越的教师，或者说，我想寻找的是一位纯粹的教化者，一位了解教育的本质而知道方向的人，一位作为人也是为了人的教师，一位高贵的教师。我要寻找的是真正属于教育者的本原或本质①。大概有人会惊呼：啊？！“本质”这个词在教育学中早已过气了，我们早已不再关心人的本质、教育的本质等“荒谬”的问题，我们都在探讨教师的专业标准或核心素养，而你还在花时间探讨教师的本质这样的“伪问题”？你认为存在教师之为教师的“本质”？它是一种“理念”或“理想”？

我的答案是：要去做教师的人，如果不理解教师之为教师的本质，将来怎样做教师呢？如果教师教育不在乎教师之为教师的本质，何以信誓旦

---

① 按照海德格尔（M. Heidegger）所说，本原或本质就是指一个事物从何而来，通过什么使得自身是其所是。一个事物是其所是，或者应当如其所是，就是指一个事物的本质。相关论述参见上海译文出版社2004年出版的《林中路》一书的第1—76页。

旦地说自己培养的就是未来的教师呢？如果教师教育要培养真正的好教师，那不是一定得明白何为真正的好教师吗？而对真正的好教师的理解，一定避免不了对教师之为教师的本原或本质的思考。因为没有这种规范性思考，我们根本就无从判断真正的好教师是什么样，也根本无法培养真正的好教师。

教育本质上是引导人在人生旅途中追求自己心灵完善的活动。教育者本身也处在心灵完善的过程之中。其实，每一个人都处在心灵完善的过程之中，没有一个人的心灵是完善的。没有完善的心灵，只有心灵自我变革的过程。如果没有一个人的心灵是完善的，那么谁可以称得上是人的教师，或者是教化人的心灵的教师？具有怎样的心灵才能是人的教师，才能配得上人这个万物之灵，才能配得上人类生活中被称作教育的这种实践？也许，只有那些自觉地提升自己心灵的人，才是教化人的心灵的教师，即，那些不断寻求向着美善而变革自身心灵的人才能被称作真正的教师。

一个教师的心灵怎样才是美的？一个教师如何塑造自己的心灵之美？教师的心灵之美从何而来？我想把理念中的教师放在最高处，看他的美、看他的善、看他的真。一个心灵不美的人怎么能让其他人放心地把教育人类孩童的至高权力交给他呢？谁也不想把一个没有心灵的教师请进教育的殿堂。

通过追问教师的心灵，我想在理论上寻找一个心灵美且善的教师，为所有的教师树立理念上的典范。我想运用教育哲学去探究被称作教育者的那类人的秘密，我想探究那个致力于自身的心灵变革和儿童的心灵教育的人师，那个在理念中存在的教师，那个我们只能够用言辞去描绘的拥有美善心灵的教师。理想的、典范的教育者，我们不可能在教育现实中遇到过，我们只有凭借哲学的理性言辞去追问。何谓理想的教育者？苏格拉底追问过，尼采追问过，今天我们依然需要追问，因为我们不知道谁是理想的教育者。也许今天的教育工厂和教育技术正在把真正的教育废黜，也许明天智能机器人会把拥有心灵的教育者赶出校园，所以，我们需要真正面向未来的教师教育理论和实践，邀请称得上是教育者的教师来教育儿童。

1.2 为什么是“教育者的心灵”

我们在诸先进知识中，举出灵魂（生命）这论题，加之研究，可说是学术上的首要功夫。

——亚里士多德：《灵魂论及其他》

在现代，我们如何回答“教育者是谁”这个问题？还是说我们不需要回答这个问题？难道我们仅仅把教育者看作拥有某些专业知识与技能的劳动者？教育者是怎样的人？教育者的心灵是怎样的？教育者如何找到一种关心心灵的实践方式？这样的问题难道不需要探究吗？

我在本研究中试图追问和回答“教育者是谁”这个根基性问题。我想，教育哲学的重要任务之一，就是探问教育者的本质。探问教育者的本质，就是探问教育者的心灵。教育者的心灵是怎样的？教育者为什么要具有心灵的美善？“教育者的心灵”诸如此类的话题是重要的研究议题，关于“教育者的心灵”的知识是重要的教育实践知识。因为如果我们不理解教育者的心灵及其品质，我们如何培养教育者呢？如果我们不在意教育者的心灵，我们又如何把孩子们交给我们都不了解其心灵的人呢？只有运用“心灵”这个概念，才能在整体上诠释教育的意义，才能指称教育者是怎样的人。只有思考教育者的心灵，才可能更接近“教育者是怎样的人”这个问题的答案。教育者的心灵规定了本真的教育者是怎样的人，从而区别于非教育者、反教育者。

在技术主义、管理主义、操作主义和绩效主义控制教育实践的时代，我们如何为教育者正名？“教育者是谁”这个问题直接导向对教育者的本质的追问。这样的追问是在理念中追寻理想的教育者，即追问那个只在理念中存在的又美又善的教育者。这意味着我们要探究教育者的心灵的本质或原型，并探究真正的教育者如何在实践中生成。

教育者以拥有心灵及其美德为标志。心灵的高贵品质是美德，这是心灵在自我完善、自我塑造中的整体品质的展现，是一种不同于教育技术、教育知识或综合素养的整全品质。具有了教育者的心灵及其美德，一个教师作为教育者的优秀与卓越才是可辨认的。一个具有教师身份、从事教育教学工作的人，不一定就是真正的教育者，真正的教育者是以独特而卓越的心灵从事心灵教育的人，这样的心灵品质标示了教育者的真正风貌。

从教育者的精神中，能够引出教育者的理智、情感、道德、技艺等方面的美德。美德扎根于心灵，心灵的成长是美德的提升与变革。心灵学是美德学的基础。因此，探问教育者的美德，就必须探问教育者的完整心灵，而理解教育者的心灵必须通过教育者的美德。如果教育学只关心从事教师职业的人的行为或技能，不探讨教育者的心灵及其美德，那无疑是遗忘了教育者应当是具有美好心灵的人这一价值事实。

教育者不仅仅是把某些技能、知识以某种方式传达给求教育者的人，他们是以其心灵的整体面貌站在求教育者面前的人，他们是以自己的心灵与求教育者的心灵交流的人。求教育者具有心灵，他们的成长与学习是心灵中发生的事，学习的意义在于激发或促进心灵的变革。所以，如果面对整全的心灵变革是教育者的命运，那么，不但教育者必须懂得心灵变革的智慧，而且教育学也要把教育者和求教育者作为心灵的拥有者，研究他们的心灵变革与美德的构成。教师教育要培养教育者的心灵及其美德，因为教育要培养求教育者的心灵及其美德。

教育者的心灵具有美德，才是真正的教育者。但是，在技术主义时代，教育学不关心教育者的心灵，也不过问教育者的美德，不过问“教育者是谁”这一问题，而是去问“教育者具有怎样的专业素养、技能”，直接按照某种现实的需要把教育者看作一种具有某种能力或素养而被使用的人。这是以技能、素养来定义教育者，仅仅去筹划教育者的某种被使用性，而不是把教育者看作具有心灵及其本质力量的存在。这样一来，教育者的素养、技能、能力被设想为教育者的本质特征，并代替了教育者的心灵品质。在教育学中，教育者的心灵品质及其形成问题被边缘化，教育学只是把教师当作被某种社会或学校教育所使用的工具，规定其性能或功能，看不见教育者作为人的面孔，遗忘了教育者的心灵。实际上，教育学因为遗忘了教育者的心灵而无法理解教育者，教育学关于教育者的探究已经无法说明教育者是怎样的人。

教育学的当务之急是回到作为心灵存在的人本身，重新理解教育、教育者、求教育者的本原。如果教育学从教育的本原出发，从教育者的心灵本质和完整性角度给教育者赋予意义，就需要使用真正能够蕴含“教育者的心灵”的概念，以指称其他概念无法言表的教育者的整体人性。所以，我将通过讨论教育者的心灵来探究教育者的本质，或者说，我将用心灵概念及其所形成的概念框架来分析教育者的本质。

> 精神由各种概念、认知和思想组成，由情感、感性、爱、考虑和目的组成，由对所发生的事情的回应所组成的行动组成。精神不仅是人类生存的理智世界的创造者，而且是自我意识与世界的关系的创造者，这种自我意识是上升到自我理解的前提。（欧克肖特，2012）[4]

心灵是人的根本存在，即作为理智、情感、欲望的承担者，心灵是精神存在。人因为具有心灵而获得人性和实践的权能。亚里士多德把心灵看作生命的现实化的形式。心灵既是规范的，又是现实的，心灵是生命本质的存在形式。当我们说心灵是生命本质的存在形式时，意指心灵赋予生命本质，是生命得以表现自身的形式，这一形式与生命的外在现象是有区别的。生命是依靠其本质才具有了自身的样子。心灵意味着人之为人的本质性的形式，即具有人之为人的思想、意志、情感和精神特质。心灵是人的精神生成的现实性。心灵代表了精神整体。

人以心灵的形式存在于世。人有人的心灵，这不仅意味着人有人的灵性，也意味着人有人的存在之本质、存在之方式、存在之情调。心灵是人之所是，也是人之应是。人仅仅具有身体还不是完整的人，只有具有心灵才是完整的人。心灵指向人的生命整体，心灵的知识是重要的知识。现代教育学基本排除了心灵这个概念，把心灵看作无法予以明确表述的、过时的术语。现代教育学也许用心智这个概念指代人在说话、计算、选择等行为中会运用到的倾向性能力，但这个概念无法指称人完整的心灵。人们也许认为心灵过于虚妄，而用身体表达人的具身性，但是身体这个概念又如何表现心灵具有的非实体性含义呢？

赫拉克利特曾说，你不可能走过去发现心灵的界限，即使你穿过每条道路，心灵是如此之深。（朗，2015）[57] 心灵是一个难解的谜。尽管我们难以明确地说出心灵是什么，但如果我们不用心灵这个概念追寻人深邃的内在，也许我们只能通过人外在的浅层的表象或模式化的行为认识人。这也许是对人的一种把握，但把人置于肤浅的层面，从而遗忘了人的本质，也遗忘了人的内在与永恒的存在的关联，遗忘了心灵自身的秩序及其所具有的本质力量，遗忘了人的整全性。

只有在心灵层面理解人及其生成才是合乎人性的。灵魂是人的生命存在的形式，是人赖以生活、思想和行动的最基本的实是。（亚里士多德，1999）[92] 心灵是人的生命的价值形式，是人的生命的现实性。我们说人具有心灵，是指人具有真实的人性整体。心灵指引着生命的方向，心灵的存在给心灵本身铭刻了印迹。人在成长过程中追求心灵的美善，寻求和接受教诲。

“心灵”这个概念不同于“素养”“能力”“技能”“专业性”等概念，从心灵角度理解教育者，将赋予教育者这一概念终极的、整体的、鲜活的存在意义，因为如果没有从教育者的本质的意义上理解教育者，仅仅从教育者的工作技能和被使用性等意义上理解教育者，就有可能陷入狭隘的工具意义之中，就无法从人学意义上理解教育者，就只能把教育者物化、异化。无法理解教育者是谁，又如何理解教育者的功能呢？所以，我们只能从教育者的心灵出发才能理解教育者的“面容”。教育者只有具有了“教育者的心灵”，才是真正的教育者。

按照柏拉图的思想，教育是对心灵进行关照或塑造的活动。哲学不但是教育学，而且是一种独特的心灵教育的艺术。但是，现代教育遗忘了心灵，不再把“心灵”“精神”当回事。在现代教育中，“精神”“心灵”已经被“知识”“素质”“素养”“关键能力”等代替。这是对培育人的“心灵”的传统的遗忘。教育从培育人的心灵的活动变成了训练人的能力或者发展人的素养的活动。如果人由素养规定、由知识填充、由身体标示，那么人的精神就退场了。这恰恰是柏拉图所批判的非教育。

> 教育实际上并不像有些人在他们的职业中所宣称的那个样子，他们声称自己能把真正的知识灌输到原先并不拥有知识的心灵里去，就好像他们把视力塞入瞎子眼睛似的。（柏拉图，2003）[515]

教育不再关心精神，造成人的心灵的黯淡。“有一种对于精神的Entmachtung。它与这种世界黯淡相应和。它剥夺了精神的权能或力量（Macht），剥夺了它的王朝，由此它就废黜了精神。”（德里达，2008）[73]海德格尔把精神的废黜解释为精神的消散，其表现出的精神现象就是萎靡不振，这是因为作为统一体的本原性的精神无法实现。（海德格尔，1996a）[45–46]如果精神被废黜了，那么人的存在就被贬低和物化了，因为精神源于人的心灵，完整的、情理相合的精神就是心灵本身。如果教育不再关心人的心灵或精神，或者把技术等看得高于心灵或精神，那么教育不但会将自身降格，而且会把人异化。

心灵概念在教育学及教育实践领域中的消失，意味着心灵与教育现象界的分裂，教育现象界直接与人的身体及其素养建立关系，心灵作为人性之本不再被关照。心灵本身被认为从属于身体而不再重要时，精神世界的荒芜就难以避免。正是因为教育者的心灵与教育生活的割裂，使得教育者的精神世界被动荒芜。教师教育只是用狭隘或功能化的技术训练一个个“教育机器人”，导致教育者的心灵无法得到培育。

从常识看，人们当然会认为教育者应当在知识水平、道德品质等方面高人一等，会把教育者看作掌握某些专业知识和技能的人，就如木匠或其他行业专门的操作者一样。但教育者显然不同于掌握某种技能的人。教育者是求教育者心灵成长的促进者与指导者。教育者是否像医生一样，只要懂得教育技艺就是好的教育者？教育者的技艺是不是像医术一样的技艺？尽管医术的对象——等待医治的身体与教育所面对的对象——人之心灵的性质不一样，尽管心灵不是可直接用药物干预的实体，但教育技艺不仅引导心灵，赋能心灵，而且治疗心灵。教育面对的是人的整全存在，而不仅仅是人的身体。如果教育面对的人是具有精神完整性的存在者，那么，教育技艺作为使心灵向善的艺术需要教育者具有高贵的心灵。

教育者的心灵本质规定了其能力或素养，或者说，能力或素养只能由教育者之为教育者的本质所规定，而不是反过来用教育者的能力或素养来规定教育者。教育者具有的教育能力，是出自其心灵，而不是简单地指向其实际所拥有的专业技能。教育者的心灵作为存在论意义上的本质（existential essence），是先于他们后来所发展出来的能力的。好的教育者是由其存在论意义上的本质所规定的，而不是由其技能或能力所决定的。

由于心灵及其美德在存在论意义上的本体地位，因此对教育者的精神本质的认识先于对教育者所具有的技能或素养的认识。对教育者的存在本身的理解先于对教育者被使用条件的认识。从心灵视角看待教育者，也是在人、教育、世界、存在的四重结构中理解教育者。"心灵""精神""美德"展现了一个个与求教育者同在、走向存在、融于世界的具有面孔的教育者，而不是隐匿了面孔、只具有被使用功能的"教育机器人"。

本书不是把心灵当作对应于身体的一个实体，而是把心灵作为具有实在性的存在，用心灵表现人的超实体性，把人作为一个与世界关联、共鸣的主体。一个有心灵的主体是通过追求真善美而建构自身心灵秩序与心性品质的个体，是在人性方面不断发展的个体。以心灵概念的含义去召唤人作为实存者的生存和生成的整体或主体样态，既说明人内在的心性秩序的建构，又说明在这种建构中的人的具体行动。

心灵这一概念可以指称人的精神整体，这其中也蕴含着心灵作为整体的秩序和形塑功能。心灵作为整体不仅仅是完整的，而且其内部能形成和谐的秩序，这是心灵在自身内部结构上的形塑。心灵在拥有秩序的情况下才是完整的，才是一个整体。心灵不断通过构筑自己的秩序而获得自身的完整性。同时，心灵内部和谐的秩序，使得心灵的行动具有实践力量，即心灵实现其本质功能。（亚里士多德，2010）[56]心灵的成长与完善是心灵内部的秩序与品质优化和统一的过程。这一过程的表征就是心灵美德的提升。

如果不去理解教育者的心灵及其美德是如何发展的，也就无法理解教师的能力或素养是如何形成的。教育者的心灵美德是规范性的，具有理想的形式。理念中的教育者的心灵美德是完满的。每一位教师都应当拥有成为理念中的教育者的理想。但这只是理想，是追求的目标。优秀的教育者的成长过程，就是不断塑造自己心灵的过程。教育者的心灵现象学或心灵诗学不是按照事实或经验来说明教育者的素养或品质，而是对教育者的心灵之善的本体论规定，是研究教育者的“本体”，而不是探究教育者的“用处”，是探究真的、善的、美的教育者，而不是研究有用的、适应社会的、令人满意的、拥有教育教学技能的人。我们只能先认识教育者真的、善的、美的心灵，才能明白一个真正的教育者是怎样的。所以，我所探究的是作为理念的教育者的心灵，我试图想象一个理想的教育者的心灵品质，对理想的教育者的心灵给出规范性解释。

教育者的心灵这个概念是哲学层面的，指向教育者的精神整体的构成与变革。在本书中，我将追问教育者的心灵的构型与运动、变革与完善，探寻教育者的心灵的优秀与卓越，对“教育者是谁”“教育者是什么人”给出规范性解释。这里，心灵这个概念所召唤的思，不是对教育者的专业技能的思，不是从技术、数据层面对作为人的教育者的描述或分析，而是对教育者心灵品质的形而上学之思。如果不能从存在论角度理解教育者的心灵，所谓的对教育者的专业意识、专业人格、能力等的谈论都将是无根基的，因为心灵是非物化的存在，不能把心灵作为一个与身体一样的实体去描述，对符号的任何物化都将遮蔽存在论意义上的人的心灵及其精神实践。

总之，教育者的心灵这个概念可以指向参与存在并与世界共鸣、与求教育者共生的教育主体，可以表征通过追求真善美而建构自身秩序与心性品质的有灵魂的教育者。用心灵去召唤教育者的生存和生成的整体样态，既能够理解教育者内在的心性秩序的建构，又能够解释教育者作为教育主体的具体行动。

在用心灵这个概念对教育者进行思考的过程中，我同时也在思考如何切入技治时代的生活处境。我不是简单地迎合当代的现实状况，而是真实地切入人的现代性处境，从而使思想与生活亲近。这种亲近不是向现实妥协，而是通过思考生成能够塑造现实的观念，体现思考与世界和现实的亲近，尽管这种思考刻意与现实保持必要的距离。

1.3 心灵指什么

灵魂是人赖以生活、思想和行动的最基本的实是。

——亚里士多德：《灵魂论及其他》

当我们把教师看作教育教学活动的实施者时，我们是否遗忘了教育作为人类伦理实践的品性和品质？当我们用教师的核心素养来指称教育者的品质时，我们是否忽视了他们是完整的精神主体并具有源自精神整体的本质力量？当我们把教育看作知识传授的过程时，我们是否遗忘了教育本质上是心灵变革的实践？

教师作为教育主体是引导求教育者精神转向的人，是指导求教育者心灵成长的人。他们不仅要关心求教育者心灵的善好，也要关心自己心灵的善好，并在这样的心灵实践中拥有关照心灵的教育艺术。如果教师从未关心过自己的心灵，如果他们根本不在意人的心灵是如何变好的，他们将如何关心求教育者的心灵的好？

"教育者的心灵"具有怎样的意蕴？这个概念是否能够蕴含教师作为教育者的精神面相？在这里，我先从心灵的理念来诠释"教育者的心灵"的独特内涵。

"灵魂的本性（原理）在于运动它自己。"（亚里士多德，1999）[60]心灵的运动，是心灵自身构造秩序、转型的过程，心灵是自立自存的。人的心灵是生成的，是自我更新的，是面向善好的。人的心灵具有一种本质的力量，就是去实现心灵的潜能，实现心灵的美善。心灵的运动不断美化心灵的面相，构造自身内部的秩序。心灵本质上是向善的且会建构自身，这就是心灵的自我构成原理。

人的心灵及其美德的形成是心灵自我运动的过程。心灵的自我运动是其作为完整的存在者的表现，是其作为存在者的自在性地构造秩序的过程，也即心性秩序的建构过程。人的能力、素质、习惯等都从属于心灵的自我运动，也从属于心灵的秩序。它们无法自我运动，而是在心性秩序的建构过程中形成的，并在心灵的自我构序中获得价值。因此，教育者的素养、能力、技艺都从属于心灵的完整性，从属于心灵的自我运动与自我构成。

心灵是生命的实是，是生命现实化的形式。（亚里士多德，1999）[85] 心灵赋予生命形式，是现实化的生命。心灵赋予生命形式，意味着心灵赋予生命本质，使生命得以表现自身。心灵指向人的本质，即人之为人的思想、意志、情感和精神特质。生命内在的本质与生命外在的现象是有区别的，人作为一种以心灵为本质的生命，其本质或形式的实现才使得他成为他应该成为的样子。人以心灵承负着人独特的存在境遇，培育着人的精神，表现着人与其他存在者的区别。一个人有人的心灵，意味着这个人是有人性的，是有自我的，他以人性的良知把自己的人性潜能展现在生活世界之中，展现在实践之中。

教育者的心灵就是表现教育者本质的精神。一个教师具有心灵，其才可以称得上是一个教育者。一个教育者仅仅具有一些实施教育活动的能力或技能，掌握一些教学方法，具有一些素养，掌握一些知识，还不能说其具有教育者的心灵，因为这些只能说明一个人能够做什么，不能说明这个人是怎样的人，不能说明其具有怎样的心灵或生命形式。教育者的心灵高于、先于他的工具性能力，高于他的素养。

心灵具有趋向性或目的性。心灵趋向真实的善。心灵能够认识、理解事物的本质，能够认识可见或不可见的善与恶，并指导和驾驭人的“趋向”和“实践”。“趋向”是希望，是期待，是选择，是爱欲的表现，而实践就是善行，即好的行动。“趋向”是善的趋向，就是个体自觉地追求真善美的状态。

心灵渴望分享善性。心灵具有向善的趋向性，这是心灵的本质力量。善作为心灵追求的对象，其圆满性是心灵建构秩序的目的因，目的因构成了心灵运动的理由。只有心灵包含了爱及其对象——善时，只有心灵分有了善时，心灵才会进行自我更新和自我变革。同时，心灵的实践才是向善的，这是心灵自我构成的过程。心灵永远渴望美善，但美善永远不可能实现，因此心灵的自我运动是持续不断的过程。这样一种纯粹向善的爱欲，引导心灵追求自身的善与世界的善。心灵内在的善导向心灵的行动的善，而心灵行动的善实现主体对世界的改善。

教育者的心灵蕴含着对真善美的感受和追求。教育者的心灵追求真正的善，这其中包括追求自身的善和教育本身的善。如果教育者仅仅具有处理教学活动的技能或能力，而不是爱真善美，那么其就无法把真善美邀请到教育中来，其所从事的教育活动仅仅是一种工具化的、无超越性的训练活动。只有真善美在场，才能激发教育者与求教育者对真善美的存在性体验，这是教育力量与意义的源泉。教育本身就是追求真善美的活动，没有对真善美的向往和行动，就没有教育。教育需要激发求教育者的爱，引导他们去感受追求真善美的存在张力，这是求教育者的真正动力。求教育者只有分有真善美的意义与力量，才能使自己的心灵和生活更加善好，这是受教育的方式。没有对真善美的爱，没有向着它们检审自己并分享它们的意义与力量的存在性体验，人就没有受过教育。

教育具有双重的爱，即爱心灵与爱真善美。教育的起点在于爱心灵，而教育的力量源自真善美，爱真善美才真正爱心灵。这是因为心灵本身的完善与真善美具有内在的亲缘性。教育者爱求教育者是爱他们的心灵，求教育者心灵的好是教育至高的关切，而教育爱真善美是因为真善美本身具有教育价值，教育的爱把心灵和真善美联结在一起。如果教育不爱真善美，教育就不是教育，就不能真正地爱求教育者的心灵；如果教育不爱心灵，教育就不是教育，教育也无法证明自身真正地爱真善美。教育的双重爱是统一的。

心灵作为整体，与存在、世界建立整体的联系。人的心灵作为精神的完整性存在，具有把握世界的智性，能够整体性地理解、感受整个存在，并且以拥有形式和秩序的方式与存在、世界关联。

教育者如何与教育、求教育者建立起整体关联？教育者只有具有心灵才能与教育、求教育者建立整体关联。教育者具有心灵，以心灵整体进入教育中，才能作为一个人具身化地参与教育，才能把教育作为目的，而不是作为谋求自身利益的手段或工具，才能把自身看作一个参与教育的完整的人，而不是教育的工具，与教育、求教育者之间建立起精神性的关联。

教育者与求教育者的相遇，是心灵整体的相遇。教育者把求教育者看作在世界中与自己共在的有心灵的存在者，而不是把他们看作学习者；把求教育者看作在教育中追求心灵美善的人，而不是把他们看作客体。教育者只有具有心灵，才能看见求教育者的心灵，才能关心求教育者的心灵，才能与求教育者的心灵共鸣，这是教育者进行教育的根本条件。

存在的整全性和完满性远远超出人类的有限思维。整全的存在与人能够体验、认识或理解的那一部分存在是不一样的，就如沃格林（E. Voegelin）所说，这个整全的存在是一个本体论式的假设，它存在，但模糊不清。人只有通过心灵去整体性地理解它，才能体验到它。这种体验给心灵本身带来光亮，也是对整全存在的朗照。

> 那个存在是所有能被体验到的特殊存在之基础，这是一个本体论式的假设，一旦缺乏这个前提，人类存在中那些体验到的实在之间的本体性联系将难以理解，但它绝不是人类存在中的已知物，它纯粹是一种超越性，我们只能通过沉思才能接近这种超越性。有限性本身不能从有限性的超越中获得。我们人类的有限性总是处于存在之中。一方面，以意识而言，这种存在拥有启明的特征，但是这种启明却只维系在这一特殊层面上；它启明的既非是自然的基本存在，也不是存在之根本。（转引自韦伯，2011）[47]

这一整全存在与人的心灵永远无法直接成为科学的对象，科学无法在经验层面揭示心灵本身的整体性，也无法揭示整全存在本身的整体性。存在是深邃而神秘的，我们只能依靠心灵和有限的语言对存在进行体验和管窥，这就是说，整全存在永远无法通过科学去认知，而只能以心灵的存在性体验去感通。

教育者的心灵面向整全的教育存在。教育者与整全的教育存在，不仅仅是一种学科认知和技术操作的关系，两者在根本上是一种存在性参与、感通、体验、共鸣的关系，是一种相互启明的关系，这是鲜活的、完整的、处身性的存在层面的参与，教育者的心灵在对整全的教育存在的参与中受到塑造和提升，而整全的教育存在也在教育者的参与中显明。参与、体验、感受、行动表达着教育者与整全的教育存在的关系，表现了教育者的心灵与理念中的整全的教育存在共在的根本特征，教育者具体的教育行为不过是寓于这一关系之中。

教育的整全存在远远大于教育现象，也大于教育者做出或意图做出的教育行动。教育者的心灵品质是由整全的教育存在所规定的，而不是由作为现象的教育活动所规定的，教育活动不过是这种整全的参与性体验的一部分而已。那种认为现实的教育活动规定教育者的素养的想法，那种以某些知识、技艺或能力来规定教育者的素养的想法，忽略了整全的教育存在不可被全然认知的特征，错误地把教育者在教育场域中的行动理解为操作，导致对教育者和教育的狭隘理解。

心灵具有超越性，超越性是心灵朝向真善美而变革自身的存在意向。人的心灵是不完善的，只有借助爱，真正的超越者才能处在超越之中，即参与到本质上与一切有限存在有所不同的实践中的超越者，才能实现自身的超越。真善美就是这样的超越者。这种超越性意味着心灵不是为了实现某种世俗性的目标而把自身作为手段，而是心灵处在追求真善美的过程之中，这种追求激发心灵向真善美攀登而超越自身的运动。这种心灵对真善美的真正经历，引导人的心灵不断超越，所以，真善美规定了人的超越本质，显明了教育意义的源泉。

教育者在具体的教育行动中追求真善美，才能使教育行动分有真善美，才能使自己的精神受到教育实践行动的塑造，才能让自己的心灵得以超越，也才能使教育行动具有教育价值。教育生活作为精神意义上的生活，是教育者的心灵在超越中所塑造的有形式、有秩序的生活，这不但意味着教育者的心灵在精神上进入超越的过程之中，而且意味着教育者的心灵不同于单纯进行工具性活动的素质与能力。如果一个教育者把自己的教育活动当作单纯的工具性活动，其就不会从精神生活的立场看待自己的教育行动，也不会把自己的心灵与自己的教育行动关联起来，其也许只会追求名望、地位、身份，而不是追求心灵的超越性。如此一来，其精神就不会发生变革，其教育行动的意义也必定是狭隘的。只有教育者的心灵受到真善美的引导，其行动才具有教育性。

心灵具有自反性。心灵的自反性指心灵能进行自我关切、自我认识和自我塑造。心灵具有自我关切和自我理解的能力，是人的思想和行动的主体，这意味着人具有自我认识和自我塑造的可能。心灵自我改善的运动就建立在这种自我关切的基础之上。心灵具有抵达自身、体察自身、唤醒人的存在体验的能力，也具有检视或改善自身的能力。心灵的良知与意向、智慧与美德在心灵的一系列自反性活动中形成。

心灵的自反性是教育之所以可能的基础。如果心灵没有自反性，我们就不可能认识自我、培养自我。如果忽略或轻视心灵本身的自反性，那就无法在人性中找到教育真正的基础。

教育者的心灵能够对他者的心灵和自我的心灵进行深刻体验，这是教育者进行教育教学的前提。教育者作为心灵主体具有意识和意向，具有自我感受性，这使得教育者处于与世界和他者的交往之中，也处于自我反思和自我塑造之中。教育者的技艺、能力、素养都无法反映其心灵本身所具有的自反性，只反映出其对世界的适应性。教育者不仅仅是以某种特定的技艺处理教育事件、实施教育行动，他们同时在教育中经历着自身与他者，以心灵存在的形式反思、感受教育。他们以自己在教育中的独特感受表达自己的感受；他们不是教育之外的旁观者，而是教育之中的亲在者、亲知者；他们以自己的心灵与求教育者的心灵相遇和共鸣。

心灵具有秩序。拥有心灵就意味着可以不断地建构心灵秩序，心灵秩序就是心性秩序，建构心灵秩序的过程就是在抵抗无序时不断建构秩序的过程。建构心灵秩序意味着心灵进行着建构自身内在秩序的运动。心灵需要秩序，这样心灵就处于好的状态。心灵有秩序就是心灵的善，或者说心灵具有秩序才是正当的（right）。心灵无序意味着心灵失去了主导力量，各个部分杂乱无章、相互冲突、失去宁静，也就意味着心灵受到了破坏。建构心灵秩序是个体精神更新、不断分有美善的方式。心灵秩序不仅让精神和谐与安宁，而且赐予精神幸福，同时也表现了心灵的杰出与健全。心灵的善、健康、美与心灵秩序是分不开的，心灵善、健康、美说明心灵拥有和谐的秩序。

心灵通过建构内在的秩序而追求自身的善，同时，心灵也通过参与世界的行动而追求世界的善，即心灵不仅完善自己，也完善世界。这是合二为一的过程。心灵自身追求完善，一方面通过建构内在的秩序，另一方面通过改善世界的行动。心灵参与完善世界的行动本身有助于心灵建构秩序，这是心灵的行动所具有的自我塑造的意义。

> 人类秀异性的所有特定形式都不得不从善（Good）分化而来，并且人的完美不在于力量、技术或者其他秀异性的特殊形式方面，而是存在于这样一个过程里，即借着积极回应存在张力超越极点的提升力，对整体人性进行连续和动态的有序化："对真正秀异性（Arete）的追求最后将以这样一个发现而告终，人类的秀异性（Aretail）是灵魂的习惯性，这种习惯性调和超越的实在与个人的生活；随着人类秀异性领域开始充分地分化，将会产生人类的"真实自我"，这个"自我"将会成为一个中心，个人由此以一种开放面对超越性最高善……的姿态去生活。这种对人类秀异性以有序化的方式来进行研究的转变，意味着 Agathon 已被看作为灵魂的秩序原则。"（转引自韦伯，2011）[161-162]

尽管教育者的素养和能力很重要，但其无法构成教育者整体的心性，也无法构成教育者的心灵秩序。只有教育者的心灵具有和谐的秩序，才能说明教育者的精神品质是优秀的。教育者的心灵秩序与教育者的精神品质是相称的。

心灵是潜在与实现的统一。心灵内在地蕴含了人"是其所是"的本质，实现这个本质就是心灵从潜在到现实的过程，就是心灵运动的过程。潜在的心灵，其本质是心灵的本有、自在，而心灵的实现活动则指向心灵的自为或自觉。心灵以潜在和实现相结合的形式存在着。心灵不仅蕴含着丰富的潜能，而且包含着趋向现实的动力。（亚里士多德，2003a）[187] 如果潜能是本有或自在，实现就是再创造。人性不是从人的自然属性中发展出来的，而是通过行动的创生实现的。①

人的心灵的运动过程是潜在人性的实现过程，即人的生命形式获得实是的过程，所以心灵是有待实现的潜在形式。这一方面肯定了生命所包含的可能性，另一方面肯定了实现潜在形式的行动，并把这二者的结合看作人的生命实是。潜在形式是真实的，但还不是现实，行动实现了潜在形式。心灵作为形式是由行动所实现的，所以，实现的行动在原理上先于潜在形式。（亚里士多德，2003a）[185]

心灵不但是生命的现实性的表现，而且是生命所有构成性元素的统一。心灵的现实性是生成的，或者说心灵是生命的本质表现。按照亚里士多德的观点，心灵是生命实现了的形式，没有心灵的实现，生命不过是潜在形式，生命还不是实是，所以，生命存在就是去实现心灵。只有实现心灵，生命才获得了形式，才是真实的实是。人作为一个生命体，得实现人之为人的心灵。

潜在与实现的统一，意味着人在世界中绽出自己的人性或心灵。人的最高使命就是实现自己的人性或者说实现人之为人的心灵。人不同于其他存在者之处是人只要活着，就对自己为何存在、如何存在有所领悟、有所作为。唯因人对自己的存在操心，人才称得上是在做人。实现人性的潜能是做人的本质，即人存在的本质。（参考阿甘本，2014）[428]

人是一个纯粹潜在性的存在（Agamben，2007）[2]。人作为一种潜在形式，处在实现自身本质的活动之中。放弃心灵的实现，就是放弃做人。做人是人的存在的本质，人的自我被存在的宿命裹挟。（列维纳斯，2006）[79]生命不但在自己的存在中坚持，而且想要去坚持，努力实现自己的潜在本质。存在蕴含着潜能，人的心灵尽可能地保持并实现它的一切潜能。

一个教育者具有生命自觉，意味着其在教育生活中追求教育心灵。这

① 亚里士多德所用的“隐德来希”（entelechia），在词根上，与行动或过程所内在地趋向的完成状态或完满状态相联系。隐德来希乃是形式，作为每一事物或潜在质料在自身中所实现的运动的目的。亚里士多德把这一术语与 energeia 交替使用。energeia 一词源自 ergon。（亚里士多德，2003a）[187]

意味着做一个教育者不是简单地形成或提高自己从事教育教学行为的技艺、能力、素养，而是自觉地实施实现教育心灵的行动。教育者的技艺、能力、素养只能表现一个从事教师职业的人的资质，而无法表征其是否拥有一颗乐于、善于、热爱教育的心灵，无法表征教育者的心灵品质。心灵及其实现过程，反映出教育者的心灵本质不断地绽出或实现。教育者只有通过做教育者这一过程中的实践与自我塑造，才能使自身作为教育者的心灵得以真正确立，这是教育者的构成性完善（constitutive perfecting）[①]行动，是一个没有终点的过程。

在《申辩篇》中，苏格拉底把心灵的完善看作伦理、教育的使命。如果教育不关注人的心灵，如果教师教育不关注教育者的心灵，如果教育者不关照自己的心灵，教育的本质使命就有可能落空。

1.4 什么是心灵的诗性

灵魂是不断进步的，它永不故步自封，而是在每一行为中努力创造一个崭新而更美好的整体。

——爱默生：《爱默生随笔》

我们探问教育者是谁，目的在于探究教育者真的、善的、美的心灵是怎样的。确立“教育者的心灵诗学”这一研究主题，就是要对教育者之为教育者的心灵及其创造、生成、形成的原理进行探究，即探究教育者的心灵的“诗性”是怎样的。

从词源意义上讲，心灵诗学是心灵的塑造之学。“诗学”（poetics）指“诗歌”（poem）和“诗艺”（the art of poetry），在本意上蕴含着“塑造”与“创作”的含义，这是因为诗以美的方式创造美好的意象和高远的意境，表达

① 构成性完善与取代性完善（deprivative perfecting）不同：取代性完善是改变，即从不完善到完善，是一种形式取代了另一种形式；构成性完善是之前的形式构成了后者，后者包含了前者，且是对前者的升华。

精神意向和心志境界。诗学的本质是向着美创作，把心志显现在美中。在古希腊，写诗就是创作，诗就是艺术，而诗学就是创造美的艺术。诗在德语中对应的单词是 Dichtung，该词所对应的动词 dichten 有创作、构造、使某物形成等含义。本书用诗学概念来讨论教育者的心灵的形成、塑造与创造，也指向教育者的心灵形态及其塑造艺术。心灵诗学不但指心灵形成、塑造自身之美的艺术，而且指心灵处于塑造、形成之途中的本性——诗性。① 心灵诗性地创造自身，就是创造自身的美。

海德格尔认为，心灵的本质在于寻找大地，以便在大地上诗意地栖居，心灵之为心灵，是因为它始终是在途中的异乡者，心灵始终在寻求变革与安顿。心灵在这样的乡愁中，奋力向上，不断运动，变化不息，寻求实现自己的本质，提升自己的品性，实现自己。（海德格尔，1997）[28] 心灵具有诗性，就是说心灵处于塑造、形成的途中。

诗性表现为心灵在形式层面的自我给予、自我创作和自我塑造。赋予心灵形式就是塑造，就是创作，就是获得品质。在心灵的自我塑造过程中，心灵不断地变革自身、创造出新的更好的形式。这是一种生成、变革、变形的过程，即心灵不断更新、不断诞生、不断绽出的过程。心灵的诗学或诗性就是指心灵如何成为美学的对象，如何成为美的艺术品。②

心灵处在诗性的创造行动之中，这是心灵存在的方式。心灵是它自己的作者，也是它自身的作品。心灵是实现者，又是被实现者；是塑造者，又是被塑造者；是自我创造的主体，又是创造的成果。心灵的诗性实践就是心灵的诗学或美学构成方式。因为诗性是心灵构成性的成长方式，所以心灵的诗性具有教育学的意蕴。

---

① “一切艺术本质上都是诗（Dichtung）。……由于艺术的诗意创造本质，艺术就在存在者中间打开了一方敞开之地，在此敞开之地的敞开性中，一切存在遂有迥然不同之仪态。”（海德格尔，1996b）[292–293]

② 对于希腊语 kalon（美），我国伦理学界将其译为高贵。高贵是美在德性中的表现。美德方面的高贵是人通过致力于以美为灵魂的终极目的之一的行动而实现的。美的心灵就是高贵的。若教育者的心灵是美的，则其就是卓越的，也是高贵的。在心灵的美德领域，心灵的美与善好是统一的。当然，美具有表现在灵魂的现实中的有序、适度、和谐的特点，即心灵的美是其自身创作的美的作品，它表现出了心灵的和谐、有序。

心灵的自我建构就是心灵的自我创作。人以享有心灵的方式进入存在状态，享有心灵是把拥有心灵看作生命的存在方式，看作生命进入世界的方式。人只有享有心灵，才真正地拥有了自身。人享有心灵，意味着人以诗性的方式创造自身，即人以追求心灵完善的行动享有心灵。实现心灵的自我建构是人之天命，这意味着心灵作为人的本质是人应该自觉去实现的东西，人必须去创作、享有自己的心灵。人创作自己的心灵、建构人作为人的本质就是人的天命。人对自己的心灵有所在意，有所作为，有所创作，就是对心灵进行关切，这就是人享有心灵的诗学方式。

人作为心灵或精神的拥有者而存在，而心灵或精神的变革与存在的过程是合一的，所以，心灵或精神的成长过程中没有绝对要完成的目标或达到的结果，精神永远处在追求特定目标的状态之中，永远处于创作过程之中。（黑格尔，2006）[73]

> 精神既然是实体，而且是普遍的、自身同一的、永恒不变的本质，那么它就是一切个人的行动的不可动摇和不可消除的根据地和出发点——而且是一切个人的目的和目标，因为它是一切自我意识所思维的自在物。——这个实体又是一切个人和每一个人通过他们的行动而创造出来作为他们的同一性和统一性的那种普遍业绩或作品，因为它是自为存在，它是自我，它是行动。作为实体，精神是坚定的正当的自身同一性；但实体即是自为存在，它就是已经解体了的、正在自我牺牲的善良本质（gütiges Wesen），每一个人都分裂这个善良本质的普遍存在，从中分得他自己的一份，从而成全其自己的业绩。本质的这种解体和分化，正是［形成］一切个人的行动和自我的环节；这个环节是实体的运动和灵魂，是被实现出来的普遍本质。（黑格尔，2013）[6-7]

如果心灵的诗性是把自身当作一件艺术品去创作，心灵的生成与成长是一种创作的艺术，那么，心灵就是按照美的方式去创造自身的美。这是因为心灵作为艺术品是导向美的，美是艺术创作的目的与标准，或者说心灵的诗性是心灵以美的方式创造自我之美。诗性的心灵崇尚美，心灵作为生命的形式，是以美的方式把自身作为艺术品去创作。这意味着心灵的诗学就是心灵的美学。

人在本性上向往美和善的事物，也渴望拥有自身的美和善，因为人不可能希望自身“变坏”。渴望生命的美，就是把生命当作美的对象去筹划，去创造生命作为美的作品，即以某种方式让生命或心灵成为美学的对象。

人的存在目的不是去实现生命之外的目标或任务，而是返回心灵的创造。人以自己的方式创造自己的心灵及其美德，这是心灵根本的、内在的使命与目的。只有在这一目的的统摄之下，人把自身的力量用于外在目标的实现才是有意义的。所以，心灵的诗性不是指心灵如何达成外在的目标，而是指其以美的方式创造自身，心灵的诗性指向心灵的自我创造，而且把对自身的创造当作一种艺术，从而形成存在的风格。存在的反思性体验是指对心灵的创造，也即对存在之美、生活之美的创造，这就是生活创造的艺术，即生命美学或生命诗学。生活创造的艺术不但意味着创造一种美的生活，而且意味着创造生活者美的心灵。心灵不仅在审美，而且也在创造自身的美。

生命具有两个相互照应和促进的维度，其中一个维度是通过“绝对之窗”（黑格尔语）对无限和绝对进行洞察，也就是人把自己的思想境界不断地向无限和绝对的高度提升。通过这种提升，人获得一种无法在具体的现象中获得的对理智、情感、思想的体验，而这种体验能塑造人的心灵。这是人的生命诗学的一部分，是形而上学的一部分，或者按照柏拉图的说法，心灵在创作自身的时候，在凝视永恒的美本身，向着美本身攀登，从而在心灵上分有美。这个时候，神奇的美从心灵长期的辛劳中涌现出来。

> 你要记住，当人们通过使美本身成为可见的，而看到美本身的时候，人们才会加速拥有真正的美德，而不是那些虚假的美德，使之加速的是美德本身，而不是与美德相似的东西。（柏拉图，2003a）[255]

生命同时还有另一个维度，那就是在实践中不断地塑造自己的生活与世界，在让自己的心灵变得美好的同时，也让自己的生活以及生存方式、生活世界变得美好，或者说，人的实践本身是实现自身之美和世界之美的根本方式。人扎根于自己有限的生活之中，通过追求无限和绝对的美的存在而实现精神的提升。生活经验是一种有限的经验，心灵的诗性使得个体超越生活经验的限制，走出日常的自我，走出日常的现象，超越琐碎的物质性生存，实现生命之美。这是一种相辅相成的美学映照。人实现对生命之美的创造，就是形成诗学层面的生命。人的现实的生命向本质的生命的超越，创造出自己的现实生命的美，就是心灵诗学或美学的根本含义。

一个具有诗性的教育者一方面发出教育行动，使教育的善和美得以实现；另一方面创造自己心灵的善和美。教育者拥有怎样的心灵，就会有怎样的教育行动。所以，重要的问题是，教育者如何创造自己的心灵，使之变得优秀。心灵诗学回应的就是心灵的自我创造。教育者真正的杰出或卓越，在于创造一种诗性的、美的教育生活方式，通过这一教育生活方式，教育者的教育行动与自身的心灵均得到形塑。这样一来，他们的教育行动是美的，他们的心灵也是美的。拥有美的、好的心灵，是教育者对自身的正义，也是教育者对教育行动、教育世界、教育行动的另一类参与者——儿童——的正义。

教育者的心灵是诗性的，是按照美的方式实现心灵的生成、赋形与完善，即通过对心灵的赋形与心灵的自我赋形而创造心灵的美。教育者拥有美的心灵，才是真正的教育者，教育者的心灵之美是教育行动的条件。

1.5 何谓教育者的心灵美德

人的善指的是灵魂的善而不是身体的善。

——亚里士多德：《尼各马可伦理学》

心灵的美德是心灵所实现的整体的优秀品质，是心灵自身的优秀，而不仅仅是指人具有道德。① 心灵善好和高尚的状态，就是心灵的美德。心灵趋向于实现其本质力量——美德，这是心灵具有完整统一的秩序的表现。美德既是心灵的优秀状态，又是心灵卓越的行动，同时又是心灵的幸福。美德蕴含优秀的品质、卓越的行动、兴旺的生活、健全的精神。美德既表现了心灵的本质力量的卓越，又表现了心灵的健康、完整、宁静、和谐、向善。美德表征心灵在理智、情感、品德、行动上表现出的卓越。美德真正体现了心灵的真实、善好以及高尚。个人的心灵内在的优秀状态或优秀品性表现在生活、行动中就是美德。

亚里士多德把心灵的美德看作心灵的功能，是人从事实践时“无它不能做、无它做不好”的心灵品质。人的心灵的美德是人通过实践所实现的具有稳定性的品性或倾向。作为品性，美德是人在行动中养成的卓越的精神品质，既表征心灵的优秀与美善，又使得心灵体验着完整的幸福。同时，心灵的美德也表现在心灵的行动之中，使行动实现了善。这是心灵的优秀品性、优秀状态与优秀行动的三位一体，也就是说，心灵拥有美德意味着心灵存在得好、行动得好，而行动得好又塑造了心灵的好。人通过自己心灵的优秀“行动”确证自己的存在。（杨国荣，2013）[1] 尽管人有不同的行动，尽管不同的行动需要适宜此种行动的美德，但人通过自己的行动创造和展示自己心灵的美德。

人通过心灵表征自我，心灵的品质就是人具有的品质。心灵的品质

① 古希腊语中的aretē 严格意义上应该被翻译成 excellence，即优秀。西塞罗用 virtue 去翻译 aretē 的时候并没有错，但是后来 virtue 逐渐变成了一种道德品格。这就偏离了古希腊语中这个词的本义了。（余纪元，2011）[58]

规定着人行动的品质。心灵的美德是卓越行动的构成性条件。人的美德就是心灵表现在思、言、行中的卓越品质。如果没有行动，人的心灵功能就无法实现，也无从发挥或表现。如果人的心灵没有实现其本质力量，那么心灵本身的自我运动以及心灵的外在行动就不可能达到卓越，这是因为这样的心灵没有选择、实施、完成、评价行动的力量。如果心灵本身缺乏善（没有美德）或者处于恶德状态，那么心灵就不可能采取卓越的行动。同时，心灵的行动会塑造心灵，坏的行动会败坏心灵，好的行动会提升心灵，这意味着心灵的美德与行动是相互构成的。

> 好言词、好音调、好风格、好节奏都来自好的精神状态，所谓好的精神状态并不是指我们用以委婉地称呼那些没有头脑的忠厚老实人的精神状态，而是指用来称呼那些智力好、品格好的人的真正良好的精神状态。（柏拉图，1986）[106-107]

心灵的美德是人在行动、实践中所展示的现实力量，表现为人理解世界、理解自身、改造世界、改造自身的品质，是人内在于心灵、融合于人的存在的人性品质。心灵的美德内在地作用于人的实践，使人的实践实现伦理上的善与效果上的好。人的理论行动、实践行动和创作行动的优秀状态，都依赖于心灵的美德。如果一个人的心灵缺乏美德，就说明这个人的心灵不会也不能发出优秀的行动，同时也说明这个人的心灵的本质潜能没有实现，心灵处于睡眠、蒙昧、匮乏等非善好的状态，意味着这个人缺乏人之为人的人性。

心灵具有美德，意味着心灵处于善好的状态。这是人现实化和主体化的品质，即此在的人所获得的美德是其心灵在追求美德的过程中所实现的品质。美德同时表现为行动的卓越。这种美德是人在行动中表现出的美德。只要美德参与了行动，只要人在行动中追求美德，那么行动就对人的心灵品质进行了塑造。“德者，行焉而有得于心之谓也。”（王夫之，1991）[439] 如果人没有凭借美德而行动，就没有现实化的美德状态，就不可能实现目的与目标，也就不可能有所提升。心灵的美德表现在主体发出的行动中，美德构成了行动的善，善的行动反过来又提升了美德。美德的行动构成了美德的现实构建。追求美德其实就是通过善好的行动来塑造美德。善好的行动对行动者的心灵的状态和美德具有构成性。

美德寓于心灵之中，彰显在思想、语言与行动之中。心灵内部的运动和发出的行动自觉地展现自己的品质，这就是说，心灵发出的行动展现心灵自身，体现出优秀的状态与优秀的品性的内在一致性。美德是心灵在行动中表现出的美善，就是心灵的本质功能在行动中的卓越发挥。蕴含着美德的生活就是善的生活，美德的行动是求善的行动，就是善好、卓越的行动。恶的行动缺乏善，同时损害、破坏、污染心灵。只有通过善好的行动，心灵才能善好，只有心灵善好才能有善好的行动，才能有善好的生活，心灵的美德与善好的行动相互构成。从生活世界中的政治行动、伦理行动、人际交往到生产实践，美德都参与其中，体现在人存在的各个方面。拥有美德意味着人拥有卓越行动的美好品质。

教育行动本身表现了教育者的教育美德。[①] 教育者的教育行动是教育者的心灵状态的表现。教育者具有作为人的美德，也具有作为教育者的美德。教育者的心灵美德包含两种功能。一是作为人的心灵美德，这是作为人的心灵善好所拥有的品质。做一个拥有美好心灵的人，就是实现了心灵的美德。二是作为教育者的教育美德，这是教育者在教育行动方面的美德。一个教育者是好的教育者、卓越的教育者，就在于其拥有采取好的教育行动的心灵美德。一个具有心灵美德的人具有典范性，而教育行动本身也需要独特的美德。一个好的教育行动者一定拥有作为人的心灵美德，同时也拥有作为教育者的教育美德。这是因为教育行动本身是关照与促进心灵成长的行动，它不同于单纯的操作活动。教育者必须是品德高尚之人，同时必须是卓越的教育行动者。作为教育行动的主体，优秀的教育者具有特殊的教育美德。

教育者的心灵美德具有三个相互关联的特征：第一，教育者的心灵美

① 教育行动的美德虽然具有特殊性，但却是人的普遍性美德在教育行动中的特殊表现。本书把教育者从事教育行动的美德称为教育美德。

德展现其心灵的优秀状态。心灵美德是教育者在教育行动过程中不断得到锻炼或提升的心灵品质。第二，因为美德与行动是相互构成的，所以教育者的心灵美德使教育者的教育行动出色。教育者的美德所实现的教育行动，是表现了教育理想或终极目的的行动。第三，现实教育的环境、过程、机制不一定与教育理想相合，但教育者的心灵美德可以帮助其抵抗任何与教育理想相违背的事情，使他们能够智慧地、艺术地做出杰出的、卓越的教育行动。

追求善好是所有美德的共同特征。教育者的教育行动追求三方面的善：一是教育行动的善，二是求教育者的心灵的善，三是教育者自身心灵的善。这体现了成事、成人与成己的统一。教育行动本质上是善好之事，因为它追求和实现心灵的完善，即引导心灵向善，实现心灵的优秀。教育行动追求的人性之善是终极的、纯粹的、本真的。教育者要做出好的教育行动，一方面，其行动要符合终极善；另一方面，教育者自身的心灵必须具有美德。这是因为教育行动本身的善好、有益、正当、有效，与行动者心灵的美德是分不开的，心灵的美德对于教育者的意向、判断、选择、实施行动、反思具有决定性的构成意义。教育者拥有美德，他们所发出的教育行动才能善好与卓越，同时，合目的的教育行动不仅能展现教育者心灵的美德，也能进一步塑造或提升其心灵的美德。（郝亿春，2016）

依据美德而行动，才能使得行动美善。（赫斯特豪斯，2016）[137] 教育者只有将自身理智、伦理、技艺等方面的美德展现在教育行动中，才能使教育行动以善的方式卓越地实现善的目的。教育美德是教育行动善好的保证。教育美德是教育者做出善好的教育行动不可或缺的品质。教育者的教育行动善好的必要条件是：第一，教育者具有教育行动的理智审慎。教育者作为行动者，一定得理解教育行动的善以及实现善的方式，并且把行动的具体善与基础性的终极善联系起来；在明了善的基础上，教育者出于对善的理由和目的的审慎判断，选择行动。这是教育者的理智美德参与行动的表征。教育者的理智美德使其能够理解教育本身的善以及自己所实施的各种教育行动的善，能够慎思自己的行动与这些善的关系，在明了善的基础上选择行动。因为理智美德使教育者明辨行动的正当性，所以，没有理智美德，教育者的行动就是盲目的。第二，教育者以合宜的情感或态度实施教育行动。教育者作为行动者，一定是在情感的激发下实施教育行动，并感受自己做出的教育行动的境况、过程、效果的，这是教育者的情感美德的表征。[①] 情感美德帮助教育者以适宜的情感激发、维持、感受、促进教育行动，不仅促进教育行动中的情感交流和情感升华，而且使得教育行动充满情感力量，在热情、互动、感触、感通、共鸣的情感状态中实施教育行动。教育行动需要适宜的教育情感。只有带着这些情感，教育者实施的教育行动才能善好。如果没有情感美德，教育者的行动就缺乏力度，缺乏感受性，教育行动因缺乏情感的激励与兴发而不能实施或维持，不能实现教育行动所应达到的深度或广度，不能实现教育行动的情感教育价值。第三，教育行动是伦理原则规导的行动。教育者作为行动者，一定得以反思的伦理原则规导自己的教育行动，并且以精神品性保证教育行动的善好状态。这是教育者的伦理美德参与教育行动的表征。教育者的伦理美德保证了他们所实施的教育行动是伦理性实践（伦理美德不仅在于保证教育行动实现善，而且在于保证教育行动以善的方式进行）。教育行动本身是伦理性实践，它要求行动者以伦理的方式行动，因为教育行动是关照心灵变革的交往行动，教育者必须以善好的心灵状态（伦理美德）参与教育行动。没有伦理美德，教育者的行动伦理性就得不到保证。第四，教育者凭借技艺完成教育行动。教育者作为行动者，一定得理解、明了实施教育行动的方式、方法、策略、艺术等，具备实施教育行动的关键能力和普遍技艺，能够胜任、改善自己所发出的教育行动，使得教育行动能够以有效的方式实现它所应该实现的善。这是教育者的技艺美德所保证的。技艺美德是艺术性的，它意味着教育行动虽然是伦理性实践，但也需要技艺、技术。教育行动方式、方法的运用，需要技能、技术、艺术的参与，从而保证教育行动目标和目的的实现。没有技艺美德的保障，教育者将难以胜任教育行动，教育行动就不可能是有效的。

教育行动既是理智行动，也是情感行动、伦理行动、技艺行动，而不仅仅是伦理行动或理智行动，更不是单纯的技艺行动。教育者的教育行动

① 有些美德不仅指向情感，而且其本身就是情感性的，如道德意义上的羞愧（耻）感。本书提出了情感美德这个概念。

是由理智、情感、伦理、技艺美德共同参与、合作的行动，它们是善好、卓越的教育行动不可或缺的构成性条件。从这个意义上说，教育者的教育美德由理智美德、情感美德、伦理美德、技艺美德所组成。理智美德是见识、智慧，是认识、判断善的心灵品质。教育者的理智美德引导教育者明智地辨识教育行动内在的真善美，引导教育者判断、评价现实的教育行动，选择教育行动的善好形式或目的，选择教育善好行动的实现方式。教育者的情感美德使其以合宜的情感参与教育实践，激发善好的教育行动，是教育者积极地、有毅力地追求美善的教育行动的意志、情绪、态度等方面的品质。教育者的伦理美德使其按照教育行动的伦理本质所要求的规范去行动，不仅以公正、勇敢、节制、友善、诚实等具体美德保证教育行动正当，而且保证教育行动善好。技艺美德面向教育行动的效果、成果，这是教育者实施卓越的教育行动的能力保证。

教育者独特的理智、情感、伦理、技艺四个方面的美德表现在他们的教育行动与教育生活中。教育行动是教育美德整体表现的领域。教育者的理智美德凝视教育存在，判断教育行动的美善，指引心灵朝向正确的方向。情感美德激发心灵，兴发、促进教育行动，并使得教育者抱有热爱真善美及教育的良好心态。伦理美德维护心灵的秩序，使得心灵与教育行动处于道德状态。技艺美德使得教育者在教育行动中取得卓越的成果与成就，使得教育行动本身有效地实现善好。理智美德带给教育者的是智慧和明智；情感美德带给教育者的是中和、适宜、宁静；伦理美德带给教育者的是自身的完善以及行动的伦理价值与意义的实现；技艺美德带给教育者的是对教育行动的胜任力，从而使教育者实现教育行动的目的。教育者的教育美德使得教育者感受教育行动，反思和评价教育行动的价值与影响，选择正当的、善的教育行动，积极地实现教育行动的美好与卓越。

教育行动是运用理智美德的实践。[①] 教育者的理智美德赋予其教育行动

① 阿伦特（H. Arendt）继承了亚里士多德的思想，她把行动看作发生在公共领域的、基于判断力而选择的行动。她区分了劳动、工作、行动，把行动看作人性教化和展示人性优秀的根本方式，认为行动具有伦理性和政治性。相关资料可参见上海人民出版社 1999 年出版的《人的条件》一书的第三章至第五章。

理性基础，使其所实施的教育行动成为可辩护的、有理由的行动。教育实践依赖于理性或实践理性的判断。教育行动存在着正当与不正当、善与恶、正确与错误的分界，需要运用理性进行判断与选择，需要实践者具有明智而健全的判断力。因此，教育实践是人的理性行动，其目的、方式、过程与结果，必须基于理性的慎思、判断、审定和选择。教育者只有运用理智美德，才有判断、选择、进行善好的教育行动的智慧。

实践理性的运用意味着教育实践需要寻找正确的行动目的与方式，意味着实践者对教育目的与方式的正当性的反思，也就是说，教育者依靠实践理性去追问和提出教育行动的目的，提出和反思教育行动的普遍原则，反思教育行动本身及其后果的伦理责任，从而形成正确的价值判断，并且明智地按照原则行动。这是教育者负责的、慎思明辨的理性精神。（张汝伦，1995）[96] 因此，教育实践者依靠理性，去分辨是与非、善与恶、正当与不正当、美与丑，使教育行动的目的、方式、过程与结果符合相关价值观的要求。可以说，只有通过理性的公开运用，教育者才能在实施教育行动时避免盲目、教条、狭隘、封闭、愚蠢、轻率、麻木以及无责任心。

教育行动也是依赖合宜的情感的行动。教育者的情感美德表现了其独特的情操，赋予其教育行动合宜的情感，不仅使他们的教育行动建立在其理智感、美感、道德感之上，也使他们的教育行动建立在独特的心情和心境之上。情感是美德的重要内容，教育行动需要情感的参与。合宜、中和的情感是保证教育行动兴发、进行的条件，也是教育者在教育行动中获得良好的情感体验的条件。同时，教育行动是具有教育意义的情感实践，教育者在教育行动中的情感参与、情操展现本身具有教育性和感染力。情感美德不但是教育行动具有卓越品质的保证，而且能够给教育者自身和求教育者带来教化价值。教育者运用情感美德，才能以合宜、中和的教育情感参与教育活动，才能发起、坚持、持续、深化善好的教育行动，才能在教育中感受情感的交流、感通与升华。

教育行动奠基于教育者的伦理美德。教育者的伦理美德赋予其教育行动独特的道德意义，使其教育行动不但基于对普遍的教育伦理原则的体认与遵循而获得行动的正当性，而且使其教育行动追求独特的道德上的善好和高尚，从而体现教育者作为心灵主体的人格境界与独特的美德品质，体现教育行动本身的善。教育者只有具有伦理美德，其行动才是符合道德的、以道德的方式进行的，才能使教育行动的内容、过程、方式、目的、结果等符合善、成就善。

教育行动也依赖于教育者的技艺美德。教育者的技艺美德赋予教育行动效益。技艺美德是教育者胜任教育行动的优秀品质，它保证教育行动实现应当实现的目标、效益。技艺美德面向教育行动的成效与成果，虽然教育行动的终极成果是求教育者的精神成长，但是，取得这样的成果需要教育者具有卓越的技艺。技艺是保证符合理性、伦理要求的教育行动取得成果的重要条件。卓越的技艺是教育行动富有成效的重要前提，教育者只有具有技艺美德，其才能够具有胜任力，其教育行动才能取得成效。

教育者的教育美德的四个方面构成相互协同的整体，离开任何一种美德，教育行动都不可能实现卓越、善好。若教育者的理智不健全，其教育行动就会失去方向，其善的目的的实现就无法得到保证；情感的缺失或不合宜，会使教育行动失去教育的意义或感染力，也会使教育行动难以进行；伦理美德的欠缺会使教育行动的善无法实现；技艺上的糟糕会使教育者的行动无法取得理想的效果。所以，这四个方面的美德在心灵的本质功能上相互协同、相互补充，如果教育者以这四个方面的美德致力于教育行动，那么，我们可以说教育者拥有实现教育行动的心灵美德。

> 在柏拉图看来，各种美德不仅不是不相容的，而且单个美德的存在需要美德之全体的存在。这个美德的统一性的强有力的论点，在一些重要的地方被亚里士多德和阿奎那反复论述过，虽然他们不同于柏拉图，而且彼此也不尽相同。而他们三人共有的前提条件是存在着一个宇宙的秩序，这一秩序规定着人类生活的总的和谐系统的每一美德的位置。（麦金泰尔，1995）[179-180]

1.6 提升教育美德的主体实践是什么

当人们领悟了我们所习以为常的表达（譬如，回到自身、摆脱自身、做回自己、活出本色，等等）曾经被赋予的真正意义，或更确切地说，当人们看到这些表达曾被赋予的意义在今天几乎完全丧失了的时候，……在今天不可能重建一种自我伦理的说法可能会引来质疑。不管怎样，如果只能在与自我的关系中才能抵制政治权力，那么建立一种自我伦理（关于自我的伦理学）也许是一种紧迫的、根本的和在政治上不可或缺的任务。

——转引自麦古欣：《福柯的修行：哲学生活入门》

教育者的心灵美德如何得到提升？教育者如何塑造自己的心灵美德？其心灵如何使教育者形成教育实践的主体性？这是教育者的心灵诗学，也是其主体实践伦理学。教育者的主体实践是不断提升自己心灵美德的过程，是一种通过思想与行动而富有热情地把自我及品性展现在教育实践中的过程，在这个过程中，教育者积极地把自己塑造成有心灵美德的教育者。或者说，教育者的主体实践是自觉地把自我教育为教育行动主体的过程。通过这一主体实践过程，教师关心自身心灵美德的生成①，把自己锤炼为卓越的教育行动者，淬炼为心灵优秀的人。

主体实践是将自身作为美德拥有者而主体化的行动。（巴迪欧，2014）[101]这种主体实践过程是一种将自我构建为行动和生活之道德主体的伦理实践，这种伦理实践突出了人的自我认识、自我关切、自我治愈、自我形塑、自我救赎，凸显了人对自身心灵变革的忠实与真诚，表现了人对自身在美学和伦理学方面的要求。可以说，主体实践是人形成美德的实践，即人通过使心灵朝向目的，突破生活中的困境、束缚、平庸、困难，改变自我，把自己塑造为伦理主体的方式。主体的伦理实践不是主体简单地迎合或符合

① 福柯认为，关心自己与认识自己是分不开的，而且关心自己是认识自己的目的，关心自己的律令是高于认识自己的。（福柯，2010）[8]

某种社会以道德名义提出的要求，而是其心灵以本有的伦理性存在方式去实现自身，即心灵作为善的存在在善的行动中实现本身的完善，形成心灵的杰出品质——美德。

行动主体不仅向世界表现认识意向与行动欲求，同时也向世界展示自我建构的过程。在自我建构中，行动主体把自己看作心灵主体、美德主体、伦理实践主体，这是主体的认识与实践向自身的回归。主体通过认识外界与认识自我、关心外界与关心自我、变革外界与变革自我，进行其转向自我治理的伦理实践。这种转向返回自身心灵及美德的塑造，通过生活的艺术，塑造心灵的美，建构实践中的心灵整体。这种伦理实践就是生活的艺术，就是自我的修行。主体实践作为伦理实践，是主体心灵历险的过程，是主体寻求新的自我伦理形式与伦理关系的过程，是一种获得美的心灵现实的可持续的历险过程。

对于教育者而言，主体实践是心灵美德的诗性创作过程，是其认识自我、关切自我并由此实现美德变革的过程，这其实是针对心灵进行的教化、提升和完善，所以，教育者的主体实践通过自我治理的实践和精神变革，使自身的心灵处于完善的过程之中，其目的是让心灵本身体验并显现自身的善和美，实现美德的完善。这不仅是心灵的伦理学，也是心灵的美学，可以合称为心灵的创作学，即心灵的诗学。教师通过把自身变成自我心灵美德的塑造者，成为一个教育者。

教育者的主体实践是一种自我塑造、自我治理的过程。在这一过程中，教育者不但把自身显现为一个参与教育、创造自己的主体，而且把自己作为一个主体进行治理与塑造。即一方面，教育者是行动者，是创造教育生活的主体；另一方面，教育者是创造自己的主体，在自我教育与自我塑造的过程中，显现出自己的主体性，创造自己的美德品质。所以，教育者的主体化意味着教育者创造或发现自己作为教育者的心灵和教育生活的新的可能性，并在教育生活中完善自我心灵的品质。教育生活的创造和心灵的完善处于同一过程之中，即心灵主体的生活与心灵主体自身的完善处于共同构成的过程之中。在这一过程中，教育者自觉地通过关心心灵美德的方式把自己锤炼为一个高贵的、智慧的、卓越的教育行动者。

教育者的主体实践就是对自我的伦理构建。主体实践意味着发挥创造自己生命之美的主体性，让心灵真正地处在诗性创作之中，使心灵的美不断地绽放。教育者的主体实践是一种教育参与方式和心灵的自我培育方式。这是主体自由的伦理实践。没有这种主体实践的过程，人不可能成长为一个具备伦理美德的自由实践的主体。

教育者的主体实践建立起与自身的伦理关系。心灵美德的建构过程是创造性的、艺术化的，具有美学和伦理的意蕴，因为这一过程实现的是心灵本身作为教育行动主体的完善，即心灵之善和心灵之美的统一。这是心灵向更好、更美、更真变革的过程。人通过不断反思，发现心灵需要变革的因素，不断发现新的变革的可能性，不断实现心灵的净化，从而使得心灵不断变革，这就是心灵在人主体化过程中的创造。苟日新、日日新的过程，就是心灵主体化的过程。这既是心灵向可能性的绽放，又是心灵对善好的追求。这就是心灵主体实践与生成的教育动力学。

生活、行动与主体化的分离成为现代人的一种标志。世界的加速发展与行为的碎片化、机械化使得人感受到世界、工作乃至日常生活与人的心灵的疏离。人们疲惫地忙于工作、忙碌地卷入日常生活，被社会和教育的快速发展拖着走，找不到心灵与生活世界的共鸣之处，自我及其生存时空被碎片化，生活无法成为塑造自我的艺术。这恰恰紧迫地要求教育者必须把教育行动、教育生活作为一种伦理创作，把自我的成长当作艺术创作，这样，教育者才能真正地主体化。所以，如何在教育生活中修炼一种自我关切、自我治理的艺术，与如何让教育成为教育、让教育者成为教育者是一致的。或者说，教育者如何通过教育生活的艺术、自我的主体化创作而进行自我治理和自我提升，不仅是其自身进行主体实践的重要任务，也是其生成教育价值的行动。

2

智慧：教育者的理智美德

如果离开了心灵之眼，明智就不能提升为品质德性。

——亚里士多德：《尼各马可伦理学》

心灵的理智美德是智慧[①]。智慧是理智的杰出状态，这种杰出状态源于人对真善美的敏锐洞见，也源于人践行真善美的坚定意志，还源于人通过思想和行动分有真善美的经验与意象。通过对真善美的追求与探索，理智为心灵建构秩序，也为心灵发出的行动指明方向。

心灵运用理智盯住超越性的真善美，这是心灵与真善美之间的交往，在这种隐形的对话中，心灵努力探明真善美，并试图分有它们。在这一过程中，心灵的理智美德得到实现与提升。真善美是超越性的存在，是真正的引导心灵的力量。心灵渴望理解真善美，这是心灵的本性，而真善美因其超越性和完善性而对心灵具有塑造性。心灵的理智美德向往真善美，在理智的参与性体验中，心灵获得指引。这就是心灵把超越性的真善美放进自己的存在性体验之中，分享它，与它相应和，形成心灵体验超越性引导的各种形式。心灵能够认识真善美，并将其落实于行动中，这就是理智美德——智慧。有智慧之人，借助对真善美的期待，通过对它们的探索和理解，克服蒙昧、迷茫、无知、愚蠢、偏见、狭隘、封闭、自大等，达到睿智、深刻，通过智慧的行动追求心灵的完善。个体具有智慧，意味着其对行动的敏锐判断、反思与正确抉择。心灵具有智慧，就是指心灵居留在真理之中，居留在对超越性的善的理解之中，居留在对美的热爱之中，并努力在现实中分有真善美。智慧是人参与存在的必然方式，也是人的美好生活与实践的构成性要素。

爱智慧是心灵明智的决断状态，即心灵通过正确的决断而选择超越性的真善美，从而实现心灵的和谐、安宁的良序状态。智慧不是自然产生的，而是心灵通过学习和锻炼形成的。人们由于心灵不完满，总是处于迷茫无措或盲目自大之中，偏执、幻象、假象、蒙昧、愚蠢、欺骗、无知、狭隘处处存在，物欲、激情容易让人丧失理智，人不能清楚地把握真实的世界和真实的自己，错误的判断、选择、行动比比皆是。因此，爱智慧是让心灵意识到真善美的存在及其超越性，意识到自身智慧的欠缺与匮乏，追求

---

① 智慧是梵语“般若”的意译，佛教认为般若是人超越世俗虚幻的认识而把握真理的能力。英语中的 wisdom 与希腊语中的 sophia 和 phronesis 密切相关，sophia 指理论智慧，phronesis 指实践智慧。

对于心灵的和谐、完整而言真正重要或美好的事物，改变或提升自己的心灵，实现心灵的优秀。在这个意义上，爱智慧就是对心灵的治愈与提升，即对心灵的教化。

理智美德与理智恶德是对立的。理智上的恶德最严重的危害就是对真善美的蔑视和漠视。蔑视是指理智上的恶德对真善美的自愿拒绝、压制，乃至反对，是对真善美的不在乎、无所谓；而漠视是指理智上的恶德对真善美的视而不见，缺乏认识、理解、感受真善美的理智意向。理智上的恶德不但是无智慧的，而且是反智慧的，缺乏智慧就是理智的不健全，而反智慧是自愿无知，是自愿处于蒙昧、愚蠢状态。毫无疑问，教育本身作为一种理智行动，其重要目的包含反对理智上的恶德而培养理智美德。在这个意义上，教育者的理智美德是教育行动的构成性要素。

2.1 教育者是爱智慧者

志于道，据于德，依于仁，游于艺。

——《论语》

教育者的教育智慧是理智美德的体现。智慧的教育者不但运用自己的理智理解、发现真善美，也认识、发现善好的教育，而且在自己的教育处境与教育行动中实现善好的教育理想和形式。他们不但在思想、信念、见识中表现出对教育深刻、澄明、感通、广阔、高远的洞见，而且在教育行动中表现出坚韧、通达、睿智、从容、果断、明智、审慎的品质。教育智慧会帮助教育者审视教育行动的处境，了解行动的复杂性以及好的教育实现的可能性，洞察、想象、思虑如何以善的方式实现善好的教育行动，睿智、通达、艺术地实现教育的善好。

没有人会对“教育者应当具有智慧”提出异议，但是流行的意见往往把教师的智慧看作某种熟练的技巧、机智，看作老练地应对教育事务的策略、经验或行动知识。这无疑消解了智慧的真正含义，而把智慧降格为一种工具性的个人素养，看作个人可以占有、使用的技能，看作个人某种特定的习惯或策略。柏拉图认为智慧只能被追求，不能被占有；康德也曾经说过，智慧不可以从他人那里获得，智慧本身不能被传播，智慧只能被追求、被热爱。（康德，2008）[193-194] 这是从存在论角度把智慧看作人的理智所追求的对象，而不是人能够充分拥有的经验或能力。人只有把智慧当作理智美德去追求，才能把智慧放在心灵中最高的位置，其生存境界才是澄明的。

智慧是存在性的，它上通下达：上通天道与至理，下达行动、经验与人的品性。就教育智慧而言，上通是指教育者对教育之道、教育本然的领会与把握，这是教育者对教育之为教育的本然之善、普遍之理的发现与明了，同时，正是由于教育者运用理智对教育的本然之善的必然性、普遍性予以把握，并将其运用于具体的判断，教育行动才有可能是智慧的，教育行动的方式与结果才有可能是明智与善的。教育智慧对教育目的与教育目标的选择、教育情境与教育机遇的创设和判断都是好的教育实现的必要条件。教育智慧既是睿智的教育洞见与理解，又是卓越的实践经验与艺术，同时也是教育志业与人生的融合。教育智慧融通于教育者的人生、事业、人格、生活、工作之中，融通于教育者的信念、品性、经验、风格、境界之中。教育智慧使得教育者所有的教育行动取得成就，此处的成就，既是一种智识的成就，也是整体的教育行动的成就，还是教育者完整人格的成就和整体的人生成就。

> 智慧以及运用智慧也可以是自我的一个重要的组成要件，自我在应用和发展智慧的过程中得以表达。因此，智慧不仅是实现其他目的的一条重要途径，而且本身也是一个重要的目的，是人生及自我的一个内在的组成部分。（诺齐克，2007）[256]

教育者成为爱智慧者，才有可能具有教育智慧。教育智慧的获得在于追求智慧或真理。若教育者不热爱真理，陷于各种相对的意见，封闭于偏见，狂妄自大，教育者就无法敏锐地领悟真善美，无法理解善好的教育，无法从泛滥的意见中认识关于教育的真理，无法认识教育行动丰富的可能性，也就不能深刻地反省自己持有的关于教育的意见与观念，就会使自己的教育行动陷于盲目、混乱之中。

2.1.1 教育者的灵慧

在古希腊，灵慧是指灵智，指向心灵最高贵的智慧，体现了人对天道与人性的深刻洞察，或者说是人洞察天道与人性的方法与收获。灵慧是人对存在最深刻的参与、感应、直觉、理解、洞察，是人对生活最根本的关切、感受、体悟、体验。任何人都有可能或多或少具有这种经历和体验，拥有这样的智慧。生活的境况本身能够塑造人深刻地把握生活道理的灵魂。

灵慧对真理之光的追寻过程，将心灵本身带向光明与再生，这就是心灵的启明与变革过程。每个人的心灵都需要启明，运用心灵自身内在的光明（良知）寻求真理之光，从而与存在相呼应。灵慧就是人以内在的光明和本心感通存在的声音，就是人对天道和人性至理的追求，就是人心在本真的根源处找寻光明的努力。所以，灵慧也意味着心灵的澄明。

教育者的灵慧是教育者对教育至理的洞察与行动的体验，这是对教育本有的参与性理解，也是一种通过反思性的沉思、理解本真的教育而启明自身的努力。没有这种对本真的教育的理解和感悟，教育者就有可能仅仅看到产生实际效果的教育行为，仅仅看见世俗的观念和现象，其存在体验和存在知识就不可能扩展到更广阔的存在之中，教育者就难以形成灵慧，自身的思想和行动就难以超越。教育者用灵慧对本真的教育进行把握，使自己对教育的理想与现实具有更深入的认识，从而能够实现对教育和人性的融合性洞察，超越对教育的习俗性理解，超越教条、庸常、偏好、私利对教育行动的限制。

性与天道相联系，认识自己与认识世界是同一过程的两个方面。就所知而言，人的认识在于化自在之物为为我之物；就能知而言，认识则在于主体精神由自在而自为。单纯的感官活动实际上没有“觉”，这种感性直观的我还处于自在状态，通过化所与为事实，我才真正有了觉。自我由自在而自为的过程，既是作为精神主体（心灵）的自觉，又表现为由天性到德性的进展；灵明觉知之心的发展与人性的发展相互关联，而其总的演进方向则是主体由必然领域提升到自由之境。（杨国荣，1998）[455]

灵慧的存在方式不同于实践智慧的存在方式，也不同于哲学智慧的存在方式，更不同于经验与知识的运作。教育者用灵慧开启了自己对教育真理的审慎认识，体悟现实的教育与周遭万物、生活境况、心性秩序及未来的关联，洞察教育与世界、自我、生活的本真关系，创生教育的实践艺术。教育者具有灵慧的体验，就是具有对本真教育的明晰，具有从内心深处对本真教育的追求，具有对现实教育的反思。因为洞察了本真的教育，所以教育者的灵慧具有对现实的教育行动的指引力，其能照亮未来的道路。

2.1.2 教育者的哲慧

与灵慧一样，哲慧也是理智美德。哲慧表现为睿智，是对事物本质、理念或形式的洞察，是对事物内在性的理解。人对事物内在性的理解是把自己的内在体验与对事物的内在理解联系起来，对事物进行思考与洞察。这种智慧能使人理解人性自我变革的过程与样态，也能使人理解事物的本质及其完整性。哲慧不是意见的汇聚，而是一种哲学的通达和眼光，是一种整体性的思虑。哲慧是澄明深刻的思想，与意见性的、表象性的认知构成强烈的对比。如果一个人习惯于只认识事物的表面，就无法把握事物的内在性和完整性，就体验不到事物的本质存在，从而缺乏面向事物本质的洞见。

教育者的哲慧是对教育的本质存在的洞察，也是对自己作为教育行动主体的洞察，是通过思想获得的对教育的真理性认识，同时也是自己作为心灵主体对自身参与教育的情况的澄明。教育者通过哲学式的思想，即以一种整体的理性眼光对教育存在进行整体思考，获得对教育本质的把握，形成对教育的洞见，并通过实践不断反思。这与形成关于教育的理论知识不同，哲慧把思考与行动深刻地联系起来，既显现了教育的本质存在，也启迪了教育者自身的行动。

哲慧是教育者从教育存在整体的视角对教育进行观照。教育者运用哲慧，把握了教育的本质、本真与本源，明了了教育本原的意义，从而把自己的思想、行动与教育的重要性关联起来，明确了教育价值的秩序与教育行动的秩序。这就意味着教育者通过运用哲慧发现并把握了教育的意义，给予了教育本应当被给予的地位，赋予了教育本然的重要性。

教育者通过思想不断地认识教育存在和作为教育参与者的自我，去伪存真，真实地面对本真的教育，同时也真实地显明本真的自我，这一过程就是哲慧形成的过程。所以，教育者的哲慧的反思性把其自我的生存超越与教育联系起来。如果说教育者的灵慧是把教育与超越者、牵引者的真善美联系起来，那哲慧则是把他们的心灵完善与教育存在的整体性联系起来。前者的超越是方向性的，是对教育的本原基础的理解与明确，即在追寻真善美的过程中向善的精神超越；后者是通过对教育世界的整体性思考而获得的思想超越。前者是灵性的，而后者是智性的。前者获得对教育存在的牵引，而后者获得对教育存在和自我的明晰。前者奠定了教育秩序的基础，而后者形成对真实的教育秩序的洞见。

教育者的哲慧是对教育存在意义的理解，也是对自我存在于教育中的状态的深刻体验，这二者都是本质性的思考，即思考教育及其与人的本真关系，把握自我与教育的本质关联。这不是在教育现象中经验性地描述教育，也不是让习俗性的意见决定教育观念，而是让自己的教育思想和行动跟着教育真理走。如果教育者仅仅从世俗的视角去看教育，将无法获得对教育的真理性洞察，无法按照教育之道走教育行动之路，无法建立自身与教育的意义关系。这样，教师虽在教育情境之中，却把自己简化为某种教育体制和教育过程中的行动者，简化为在某种教育机制中获得利益的工作者，如同教育的旁观者，无法真正参悟教育，不能真正地进入教育之中。这恰恰是缺乏哲慧的表现。

教育者的哲慧超越了用感觉经验去看教育现象，而是用哲思深入整体的教育存在之中，获得内在性的理解。教育存在不限于可见的现象，不限于可经验的对象，教育存在包括不可见的教育本质以及理念。教育的本质、价值、意义，是哲慧的对象。如果一个教育者仅限于对教育现象的经验认知，无疑是隔断了自己心灵之思对教育存在之整体、世界之整体的思考，即隔断了纯粹的理智之思对教育本质的把握。

如果教师沉沦于习俗性意见，或者限于从经验层面看教育，就很容易让日常的教育现象遮蔽自己对教育的理智之思。这不但让教育者的哲思不再活跃，让他们关于教育的情感寂灭，而且让他们对教育行动失去反思意识。这样一来，他们把教育表象当作教育本身，仅仅相信关于教育的习俗性观念，忘记了对本真教育的洞察，不但他们的教育智慧无法形成，而且他们的教育行动也会扭曲。

灵慧和哲慧是纯粹的，是思想性的。人的理智面对的是宇宙的永恒秩序和永恒真理，理智的有限性决定了它只有面向真善美，改变人的理智，改变人自身所具有的观念、意见、经验、理论或知识。在这一路途中，理智才能分有智慧。所以，人对智慧的爱是对自身理智的变革。教育者若没有对智慧的爱，他们所具备的技能就算不上真正的能力。一个人不爱智慧，就无法成为教育者，因为教育与爱智慧是同构的，或者说，教育就是教人爱智慧，教育者必须成为爱智慧者。

2.1.3 教育者的实践智慧

实践智慧是实践理性的德性，而哲慧是理智理性的德性，灵慧是灵智的德性。实践智慧作为美德，具有统领行动的作用，这是因为实践智慧是指人能在恰当的时机以正确的方式做出正确的决断、实施善好的行动。实践智慧为行动实现本来的善好服务，或者说，实践智慧是实践行动的所有方面得以卓越的品质。

实践智慧是人面向世界而展开生活行动的智慧。它所面对的不是超越性实在，它本身不是沉思，而是表现为人在具体的行动、情境之中的明智、睿智、审慎、果断。亚里士多德用实践智慧表示人对生活事务（包括共同生活）的深刻洞察，指称人所具有的审慎与明智。灵慧、哲慧面向永恒的、不变的存在，它们是沉思、体悟、直觉，而实践智慧面对的是不断变化的实践，目的是实现卓越行动和美好生活。实践智慧是判断和创造美好生活的智慧，它面向生活与世界的变革，它的目的是幸福。通过运用实践智慧，我们改变自己的行动，进而改变自己，朝向美好。

教育者的实践智慧是对教育行动的周密洞察，不仅表现为对教育行动的处境与可能性的明察，也体现为对教育行动的理想与实现方式的明察，还表现为对自己作为教育行动者与教育处境、教育本真目的之间的关系的明察。此外，实践智慧总是表现为教育行动的卓越。

教育者的实践智慧关切的是如何以善的方式实现教育本来的善好。教育者的善的教育行动方式如果是明智的，就意味着在恰当的时机，以正确（好）的方法、方式实现教育行动的好。这涉及教育者明智地把握自己行动的目标与目的，以自己合宜的情感和娴熟的技艺进行教育行动，使教育行动的善好得以实现。

教育者的实践智慧是把对教育本真理想的洞察与如何通过教育行动实现理想联结起来的理智美德。实践智慧不仅观照教育应当是什么的问题，也关切教育者应当如何做的问题，关注现实的教育如何参照理想的、善好的教育去改变自身。所以，实践智慧能够导向对教育应当是什么的正确理解，也能够对教育现象与问题进行反思和判断。一句话，实践智慧把教育者对教育理想的洞察与现实的教育行动融合在一起。

教育实践智慧包含着教育实践推理，这是对教育行动的目的与教育行动如何实现目的的推理。教育实践推理不仅包括慎思教育的普遍目的，也包括慎思教育的具体目标与教育的普遍目的的关系，并从教育的普遍目的推理出教育行动的伦理原则，还包括慎思在具体的经验情境中如何灵活、明智、合情合理地运用普遍原则，从而使得教育行动实现善好。运用实践智慧所做出的判断不是对具体手段的选择，而是关乎教育行动如何实现善好的伦理抉择，是如何运用普遍的伦理规范去合目的地实施教育行动的选择。实践智慧在实现善好的教育行动中不可或缺。

教育者的实践智慧不仅是理性智慧，也是伦理智慧。实践智慧既是实践者有判断力的体现，又是实践者进行慎思的体现。因为教育者总是处于由习惯、信念、欲望、价值、利益、条件、环境等构成的活生生的关系之中，教育者需要站在本真教育的立场分析各种影响教育行动的因素，明智地选择做出何种教育行动，所以，具有教育实践智慧是选择好的行动的基础，没有教育实践智慧，就不可能正确地判断教育行动的目的、价值与方式，就不可能实施正当、正确的教育行动。[①] 实践智慧不是对行动方式、方法的简单选择，它是对好的行动的决断。在这个意义上，实践智慧不等于经验丰富、审时度势，更不是老谋深算，它是理智在实践领域中的创造性运用，是智慧的真正成就。

实践智慧调节其他的德性。任何其他的德性，如正义、勇敢等都需要实践智慧的支持。没有实践智慧，人就不可能明智、审慎地运用其他德性，不可能明智地发挥技艺或能力，就不会产生其他的德性。（亚里士多德，2003b）[189] 只有在实践智慧的引导下，在实践智慧的参与下，一种技艺或能力才能被善好地使用，并产生善好的结果。所以，只有在实践智慧的指导之下，一个教育者的教育行动才能达到卓越的水平。有操作技能的运作，但没有实践智慧的参与，教育行动很难实现善好。一个人没有实践智慧，即使其再有技艺，都不能算作具有优秀品质之人。一个教育者是否优秀或卓越，不仅仅在于其所掌握的技艺或技能的水平的高低，更重要的是在于其是否具有智慧，是不是爱智慧者。

实践智慧实现教育行动本身的善好，同时，善好的行动提升实践智慧。这意味着实践智慧包含实践者（行动者）对自身的洞察，也就是说实践智慧把实践者的具体处境、行动境遇与行动和谐地结合在一起。教育实践智慧使得教育者敏锐地把握了本真与善好的教育，同时也明了了教育者的本真，更重要的是它明察了教育行动的处境，并明智地实现教育行动。实践智慧把这些方面完整地统合在教育行动的过程中。所以，教育者的教育实践智慧不仅是实现教育行动善好的明智，也是将教育者从现实处境的各种

① 亚里士多德认为明智是人对有益于人类的、善的事物和行动进行明察的心灵品质，是一种与正当相联系的品质，相关分析参见商务印书馆 2003 年出版的《尼各马可伦理学》一书的第 173 页。

迷雾之中拯救出来而本真地行动的智慧。可见，教育者的教育实践智慧不仅促进教育者行动的完善，也有助于教育者的自我完善。（韩潮，2007）[120-122]

教育者的教育实践智慧使他们理解自己作为教育者的理想，并且把自身实现理想的行动放在具体的机遇、环境中考量，从而以善好的方式实现教育理想。所以，教育实践智慧使得教育者理解教育的本然目的，理解自身的处境与机遇，并且把握自己的行动与教育理想的关系，慎思、决定自己在特殊的境遇中行动的方式与原则。教育实践智慧珍视并关切教育理想的现实处境，也关切教育者自己行动的目标、方式与教育理想之间的一致性。实践智慧的实践性在于主体审慎地把实现理想的行动落实在具体的、充满偶然性的处境中。

教育者的教育实践智慧能够明察教育行动的整体意义。如果教育者仅仅理解行动的方式、过程、程序，而不能把握教育行动的意义，如果教育者不能把自身的真实与教育的善好深入地联结起来，不能以本真的方式与教育共在，那其就不具备教育实践智慧。

> 智慧不仅认识如何[①]在积极的人生中如何进行操控，如何应对难题，以及其他等等。它也认识最深层次的内容，有能力理解和重视任何出现的事物的最深层次的意义；这包括重视每一事物或活动在各种各样的实在维度上引起的后果，不仅认识和理解眼下的益处，而且认识和理解终极的益处，并且以这种眼光来看待世界。（诺齐克，2007）[257]

教育者的实践智慧体现在行动之中，但不是行动本身。我们不能把教育实践智慧视作行动本身，教育实践智慧是使教育行动善好、杰出的品质，而不是教育行动的具体过程。教育行动的发起依赖教育者的情感，教育行动的完成也需要伦理、能力与技艺。

① 此处的“如何”应被删去。——编者注

2.2 教育者的理智真诚

真诚是美德的首要和基本的部分。

——蒙田:《蒙田随笔集》

理智真诚是理智美德之一。理智真诚意味着什么?理智真诚从何而来?对于教育者而言,理智真诚是必要的吗?为什么智慧以理智真诚为基础?

理智真诚是对真实的热爱与执着,即忠于真实。(孔特－斯蓬维尔,1997)[212] 这不仅是一种追求真理的精神,也是一种致力于真实的行动,同时也是真实的生活本身。真诚与谎言、伪装、欺骗、虚伪、表里不一相对。真诚既指人保持对自己内心想法的慎思,实现想法的真实、正确,又指人保持在与他人交往或对话中的真实,保持行动的真诚,即保持思、言、行的一致。真诚的品格与追求真理是不可分的,如果没有对真理的追求,也就没有对真诚的热爱,换句话说,真诚来自对真理的热爱,只有保持真诚才能有智慧。

在现实生活中,真理是一个被"用坏了"的词,有人把自己虚构的事情或谎言当作真理,也有人把自己的意见作为真理向他人推销。真理似乎变得空洞,有些人热衷用它来装点自己,也有人拒绝使用真理一词,好像真理是宏大叙事或者是某种确定的信条。热爱真理似乎离现实生活很遥远。在这样的状况中,教育如何教人热爱真理?特别是对教育者而言,他们是否热爱真理真的就无所谓吗?他们的理智真诚还有必要吗?他们的教育教学真的与真理无关吗?

教育者追求真理,这似乎是不言而喻的。一方面,教育者从事的教育教学工作是智性的事业;另一方面,他们从事的教育教学工作只有在与学生真诚的交往之中才能进行。真诚是思想、言说、交往、行动的构成性品质。我认为,教育者与求教育者之间进行的教与学是探究真理的游戏,如果教育者否认真理存在,拒绝追求真理,言行不一、言不由衷,那几乎是不可理喻的，是与教育的本质精神相违背的。不过，说教育者追求真理还是过于笼统，不能阐明教育者追求真理意味着什么，也没有解释教育者为何追求真理。也许，有人会追问这类问题：追求谁的真理？追求哪种真理？这使得我们越来越迷惑于教育教人追求真理的含义。

实际上，在现实生活中，没有人会否认自己在追求真理，这似乎预示着我们总是与真理有某种关系，或者显现了在我们的思想与行动中、在我们的人格中，我们与真理有一种不可分割的联系。但是，在日常生活的思想与行动中，真理似乎不是我们的思考对象，我们根本不知道到底什么是真理，我们似乎并不关心真理。真理离我们的学校生活、离我们的教育行动好像相差十万八千里。

教育者为什么要关心真理并追求真理？这个问题在今天还有意义吗？如果知识与真理有关系，如果教育者引导学生探究知识，发展理智能力，那么，教育就必然蕴含着追求真理的含义。教与学的过程是教师和学生共同探究知识的过程，如果真理是衡量知识的标准，那么，教学就必然追求真理。教育包含着知识的教学，因此教学是追求真理的实践，是要把真表现出来的实践。知识是真实的，探究知识、交流知识是在追求真理中进行的。不仅仅如此，教育者也要引导求教育者学习真的思想，学习真的生活，学习如何真诚地行动。生活本身、思想本身、行动本身都与真理分不开，因此，追求真理是教育者的本分。

教育者不仅仅要说真话，不仅仅要真实地思考，还要真实地生活，获得真实的经验；教育者不但在有知的基础上与求教育者交流，而且在教学中判断各种意见或经验的真实性，选择有效、有意义的解释框架与言说方式，追求真实合理的思考结果，检验自己或他人的见解与意见的真实性，分析现象或经验。因此，真理就意味着存在判断真实性的标准，判断何者更真实、何者的依据更充分。每个人的所思、所言、所行都应该基于真实的、合乎理性的理由，在追求真理的路途中，任何意见都不是不可更改的、终极的、绝对正确的。所以，追求真理就意味着不寻求终极答案，始终保持开放的心态与追求真理的敏锐性。

教育者追求真理意味着其真诚地言说、真实地行动。真诚意味着言说之真与行动之真是相符合的，而且所言是经过内心之思确证为真的。教育者所说的真话，不但通过语言为人所听见，而且通过行动为人所看见。真理不仅仅是思考的标准，也是行动、行为方式、品格等的标准。真诚的语言对于一个主体非常重要，因为主体本身通过言说表达自己的存在。不真诚的表达或者歪曲的表达，就会使主体晦暗，无法在生活中显明。理智真诚不但意味着说出真话，而且意味着说真话的方式。说真话的人没有遮掩，直抒胸臆，并且努力证明自己所说的是真实的，这样的话语是符合道理的，而不是与普遍的道理不相容。所以，理智真诚是教育者的伦理品质。在师生关系上，教育者所给予学生的理智上的教益、帮助、指导是在师生交往中发生的。这是一种操心、关照、赋能、指导的关系。如果没有理智真诚，如果一个教育者在学生面前伪装自己，如果教育者把假话、谎言、错误的意见当作知识传播给学生，如果教育者对学生是否获得真理漠不关心，教育者不就违背了教育精神吗？

理智真诚意味着一种运用理智进行判断并存在的勇气，因为它使得生活者对自己的生活以及世界持续进行反思，对自己说真话，对他人说真话，对世界说真话，使得生活者有一种说真话的勇气。理智真诚，意味着生活者审视各种主宰生活的意见，意味着生活者对人们习以为常的生活方式或生活意见问题化，意味着生活者对寻常的一切进行反讽。生活者没有理智真诚，就没有对“异见”开放的态度，就不会有对自己观点的反思，就不会追求真理，就无法创造知识，也无法分享与传播知识。生活者没有理智真诚，就不会把真理、真实放在心上，不会以理智的态度对待所思、所言、所行。

在现实中，我们很容易把某种意见教条化、固定化或绝对化，把真理当作某种要固守、掌握的对象，这恰恰阻断了自己对真理的追求。这其实是不真诚的。真诚意味着思想的敞开，意味着对任何意见、知识、理论提出疑问，因为真诚渴望真实。所以，真诚是指思想瞄准真理，之所以瞄准真理，是因为真理总是向未来或多样性敞开。追求真理的恰当方式可以用孔子的“四毋”来表达，即毋意、毋必、毋固、毋我。如果追求真理意味着相信或者遵守教条，那么这种追求就会导向盲目、谎言，这既不是追求真理，也不是理智真诚。

> 但我说的爱真理是未来引起的兴奋，我们已知的东西向未知敞开，生活在知和未知、真理和非真理、可能和不可能的边界。人类是边界动物，活在中间，活在现在向未来的变迁之中。获得真理要求我们承认我们会接触到还不是真实的东西。当我们声称我们看到了的时候，我们必须同样承认我们看到的会受到无法预见的东西的影响。当前的东西会暴露给正在到来的东西。真理事件会再次显露、重新发明我们的生活。它重新开启世界，改变它因此也改变我们，改变我们永远不止息的后现代内心。不然当前把我们封闭起来，也封死了未来。（卡普托，2016）[239]

真理深不可测，它存在，也许仅仅存在于未知之中，“真理”概念永远为真理开拓空间，让我们肯定真实，并对未知进行探索。这是一个过程，而且没有终结之时。如果这是对的，爱真理或者追求真理就意味着思想向未来、向不确定性开放，向更好的解释开放，向理智精神的培养开放。

追求真理，带来的不是掌握了真理的自傲，而是心智的真诚与谦逊，即心智本身的真实、睿智、开放。在这个意义上，追求真理不仅仅意味着我们在寻求知识，更重要的是代表着我们以真实的方式寻求真实。这不仅是对我们真实的思考的邀请，也是对我们真实的行动的邀请。真实的思考意味着不掩藏自己内心的真实想法，也不放任自己的想法，而是对自己的想法进行公正的检验。真实的行动就是公正的行动，就是按照事情本身去行动。这种真诚与真实是智慧的应有之义。

追求真理意味着诚实地坚持真实，意味着对清晰、准确的热爱。这与虚假、伪装、空洞、无知、愚蠢、无意义、夸耀、吹嘘等截然不同，不仅不同，而且对抗这些与理智精神相悖的东西。追求真理意味着对非真实的东西的拒绝。柏拉图说过，心灵本身与真实相合，而与虚假、虚伪不相合。这是说，心灵在本质上愿意与真理生活在一起，但心灵只有努力追求真理，真理才能与心灵生活在一起，支持心灵的健康；心灵只有遵循真理，才能真实。心灵与真理的相合，也意味着心灵与教育的相合，这是因为真理教导人真诚，具有教育性，真理是真正的教育者。教育本身培养求教育者理智的真诚与真实，因此，教育反对虚假、虚伪的言辞与行为。虚假和虚伪是反智慧的，也是反教育的。教育与智慧本质上是相通的。

真诚意味着追求真理。英国哲学家威廉斯（B. Williams）在《真理与真诚：谱系论》中把真诚看作人追求真理的重要品质。真诚表现了一个人在表达自己的观点时的准确与真实（威廉斯，2013）[15]，即尽自己智性的努力，表达自己确定为真的观点，也即保证“我”所说的是经过“我”确证为真的观点。真诚的人可能会犯认知上的错误，但是当其提出一个观点时，其尽己所能地去检验该观点，之后说出自己信以为真的观点。他们不信口雌黄，不盲信盲从，同时，对于没有根据的主张，他们坚决地怀疑、拒绝、抵制。

> 追求真理的意志也可解释为“不骗人”的意志，前提条件是“我不骗人”这个一般法则，也包括“我不欺骗自己”这个个别法则。（尼采，2007b）[325]

教育者的各种表达方式中包含着自己对知识、生活、世界的信念，传达着经过他们理解或解释的知识、经验、观点、主张。他们对自己或他人的信念都进行了认真的检验吗？他们真的能够为自己的主张或见解辩护吗？他们能够努力坚持正确地理解事情吗？如果教育者对以上问题的回答均是肯定的，则他们就在努力做到理智真诚。教育者的理智真诚意味着他们从不伪装自己的想法，他们对自己的想法不偏执，不会欺骗自己，因此，他们也不会把明知错误的主张教给学生，不会把错误的经验、信念传播给学生，也就是说，他们在理智上不会欺骗学生。教育者是诚实的交流者，他们不会误导学生，他们具有尼采所说的智性良知——在理智方面保持诚实，即具有求真的意志。

教育者的理智真诚意味着其热爱智慧。热爱真理与热爱智慧是一致的。当然，在日常生活中，没有人愿意做愚人，也没有人愿意被看作愚蠢之人，但是，聪明人多，而有智慧的人少。真正具有智慧的人不是占有智慧，而只是热爱智慧。教育要教人热爱智慧，教育者要做热爱智慧之人，这似乎是不言而喻的。但是，热爱智慧意味着什么？智慧为什么值得无条件地去爱？热爱智慧在哲学的源头上是指对真善美的爱，这是人对最高事物及其价值与意义的显明，即人通过追寻、探问、诠释让最高事物显明在言说与生活之中，让自身沁融在来自最高事物的教诲之中。苏格拉底和柏拉图都把热爱智慧与眼睛盯着真理看作一回事，眼睛盯着真理是相信有真理存在，但经由理性探究所得到的知识只是真理的摹本，而不是真理本身，所以，热爱智慧就是不把真理的摹本当作真理，而执着地追问真善美是什么。热爱智慧就是通过追寻真善美而形成关于真善美的洞见，并把这种洞见融入自己的心灵之中，追求自己心灵的真诚、善好与美，同时也将之融入自己的道德生活、教育生活之中，让生活本身能够显现出真善美。这样，追求真理或热爱智慧才是真实的。

尽管真正的智慧是对真善美的执着，但因为真善美的存在超越了理智，所以热爱智慧并不意味着占有智慧，只是意味着理智的开放，向多样的思考方式、艺术方式、生活方式的开放。理智真诚意味着心灵认真地检视自己所面对的任何意见，不封闭自我，不排斥多元性。热爱智慧，包含着对新的经验的学习、对新知识的期待、对新生活的理解、对未来的希望、对世界新的解释。追求智慧或追求真理就是拒绝、反抗愚蠢。

愚蠢是与追求智慧相悖的。最大的愚蠢是对生活的多样性的拒绝，对不同思想的封闭，对求知、学习、新经验的剥夺。因为愚蠢把理智与生活都关闭在一个铁笼中，形成刻板的、一成不变的经验及其模式，不愿意接纳理智的创造与生活的丰富，所以，愚蠢意味着思想的干瘪、封闭、固化，也意味着生活的无趣、无感、无序，意味着经验的贫乏与封闭，这是厌恶智慧、拒绝真理的自愿的愚蠢①。热爱智慧的内涵就是睿智地思想、明智地

---

① 有一种愚蠢叫自愿的愚蠢，这是指厌恶真理、厌恶论辩而产生的品性上的自觉的愚蠢，但这种愚蠢往往表现为自以为有知。柏拉图多次批评了这种愚蠢，并把它看作反人性的。这个意义上的愚蠢是道德上的恶。正如朋谔斐尔（D. Bonhoeffer）所说，有些人拒绝理智，放弃独立判断，放弃向新的事物或不同见解开放，从而把自己变成愚蠢的人。

生活，并把二者统一起来，对抗愚蠢、抵制恶行。

> 在一个有开放意识、尊重理智并有自我批评精神等基本的理智品质的人和一个不具备这些品质的对手之间；在一个具有深刻而恰当的实际知识的人和一个腹中空空的人之间；在一个仅仅凭感情用事、异想天开（人们在讨论政治问题时通常都是这样）之辈和一个深思熟虑之士之间有着根本的不同。这种尊敬的轻蔑的矛盾态度是一种诚实的态度：尊敬他人的理智的优点，而蔑视其智力或情感的弱点（当然是以自己的眼光来观察的，大凡人类莫不如此）。（普特南，2005）[186]

热爱真理或热爱智慧是一种使心灵更真实、更宏大、更开放的力量。也正是在这个意义上，我们确实看到，学校教育中可能有许多方式与内容只是在遮蔽、蒙蔽心灵，而不是为了让心灵去蔽、绽放、澄明，这意味着现实中的学校教育不总是热爱智慧的，也不一定是追求真理的。学校教育可能试图给儿童的心灵灌进某些封闭心灵的内容，可能窒息或浇灭儿童追求智慧的心灵火花。

儿童天生就热爱智慧，因为他们的心灵是敞开的。作为求教育者，儿童的天性蕴含着对知识和智慧的渴望。他们热爱智慧的心灵也许只有在热爱智慧的教育中才能养成。如果教育本身就是启蒙，那它就要扫除那些遮蔽、蒙蔽、阻碍人的精神或心灵发展的事物，为人的成长开辟道路。这只有在培养理智真诚的基础上才能实现，只有在热爱真理的基础上才能实现。热爱真理也就是海德格尔所说的去蔽。在这个意义上，教育者自身热爱智慧就成为教育不可分割的一部分。热爱真理就是人真实地走在理智精神成长的道路上。教育者热爱智慧不仅仅表现为其在心智上向新知、新经验开放，也表现为其在思想上以让真理或意义显明为己任，还表现为其在行动上真实、真诚、敞开与澄明，这意味着教育者的知识、经验、思想、行动、生活都向未知、未来敞开、绽放，都是真实、真诚、真挚的。在这个意义上，热爱智慧或真理并不仅仅是某种认识论意义上对教育者的要求，而且是存在论、伦理学意义上对教育者的本质规定。

热爱真理具体表现为思想与行动的真诚精神，这种精神代表个体是开放的，而不是封闭的，是自谦的，而不是自满的。[①] 这种精神让我们敏锐地观察世界、积极地感受生活、真诚地体验自己、深切地理解自己的无知、准确地解释世界，并审慎地改造世界与自我。我们甚至可以说，热爱真理的方式就是人精神成长的成长，就是教育的方式。离开了对真理的热爱，人如何在精神的封闭与蒙昧中成长呢？因此，教育的本质蕴含热爱真理或热爱智慧。教育者不仅仅是把某些确定的知识教给学生，而且应教学生热爱智慧，培育、巩固学生热爱智慧的精神与品质。

> 所以，[从洞穴中出来直到光明，这种解放的完全转变]，并不是看起来就像在手里翻转贝壳[希腊小孩的一种游戏]那样简单，而是将人之本性从一种漆黑的夜晚，导引并导向真正无蔽的白天，这是朝向存在者的提升，对此我们说，这是真正意义上的哲学活动。（海德格尔，2008）[109②]

教育乃是让心灵转向、精神变革的活动，是在追求真理的过程中进行的。只有热爱真理，才能有真正的精神变革，才有真正的教育。教育者岂能放弃对真理的追求？岂能放弃求真的意志？

2.3 教育者健全的判断力

> 我们判断的能力，分辨是非、美丑的能力是否依赖于我们思考的能力？不能思考与我们通常叫做良心之物的可怕泯灭是否一致？紧要

---

① 如果我们想追求真理，我们就得承认自己无知，我们首先得把自己放在“真理欠缺”的位置上，这样，我们才能在追求真理的道路上好好前行。

② 这一段是海德格尔对柏拉图的《理想国》中的一段话的逐译。

的问题是，这样的思考活动，即对于那些发生于周围的事件——无论其内容和结果是什么——进行审查和反思的习惯，它本质上能否阻止人为恶？

——阿伦特：《责任与判断》

康德对智慧进行了规定。他认为智慧是理性合法则的、完善的实践运用。哪怕是在最低的程度上，人也不能让另一个人向自己灌输智慧，而是必须自己追求智慧。为此，一个人必须做到以下几点：第一，必须自己思考，独立做出判断；第二，必须与他人交流，站在他人的立场思考问题，所做出的判断必须是在主体间可辩护的；第三，在任何时候都与自身一致地思维，一个人的思维或判断不能是自相矛盾的。（康德，2010）[193-194] 这意味着，智慧源于理性的运用，是理性统摄思想与实践的能力，智慧蕴含健全的判断力与实践力。

健全的判断力是指我们通过思考保证自己在具体的境遇中具有辨别是非、对错、美丑、好坏的能力，可以说，判断力是智慧所蕴含的，其是表现在具体实践境遇中的智慧的运用，是个体把思想、行动与具有实践的美善、真实关联起来的能力。健全的判断力源于心智的健全，其不仅仅源于精神健康意义上的健全、开放与睿智，而且源于心灵整体的健康，即心灵以完整的方式、优秀的状态存在，并发挥自身通过理智的判断而引导个体卓越地进行思想和行动的作用。健全的判断力是一种理智美德。

判断特殊事物的能力（正如康德所揭示的），说“这是恶的”、“这是美的”等的能力，不同于思维能力。思维涉及不可见事物和不在场事物的表象，而判断则涉及特殊事物和近在咫尺的事物。不过，这两种能力是相互关联的，正如意识和良知是相互关联的一样。如果思维——无声对话的合二为一——实现了在意识中和在我们的同一性之内的差异并由此产生了作为副产品的良知，那么判断——思维解放作用的副产品——则实现了思维，使思维出现在现象世界中，……思想之风的表现不是知识，而是分辨正确和错误、美好和丑恶的能力。只有当危险明摆着的时候，它才有可能阻止灾难的发生，至少是为了自己。（阿伦特，2006）[215–216]

什么是道德上可赞许的行动？什么真实性上可接受的思想？什么是美感上可赞赏的对象？针对生活中的这些根本问题，我们应该有一种良好的判断力。杜威说，当价值判断的力量不能成为指导人们行动的力量，或者人们缺乏指导行动的价值及观念原则时，偏见、压力、个人的利益或阶级的利益、习俗等就会取而代之。因此，判断力就是超越个人偏见而以主体间的理性指导思考与行动的力量。价值判断是行动的基础。指明行动的重要性和必要性的判断是一种真正的实践判断，而实践判断就是价值判断，因为这一判断与行动的价值或意义密切相关。一个人进行价值判断是其避免用冲动、机会主义、习惯、自我利益去主宰自己的信仰与行动的唯一出路。杜威指出，价值判断就是对作用于行动的情感、欲望的判断与抉择，因为情感、欲望等决定着人的个人行为和社会行为。（杜威，2005）[205]

实际上，虽然我们有思维活动，但是我们不一定是在进行判断，我们可能进行的是操作性或工具性的思维，我们可能是在计算适切性或功利性，我们可能是在衡量一种结果是否符合我们的利益。这种工具性或策略性思考不是判断，判断是建立在价值慎思基础上的思想与行动，是对真善美的抉择，或者说，判断避免用私人的情感、意见武断地评判事物，而是用主体间的理性进行反思。判断援引普遍的价值原则、善的目的、根据与标准对现实事物进行推理，并以这样的推理指导我们的思想与行动。所以，判断离不开理性的普遍运用。健全的理智就是追寻理性的精神，也是分享意见和乐于考察不同意见、运用理性的精神，这是判断者援引普遍理性的过程。所以，健全的判断力是心灵抉择善的能力，是拥有健全的理智的表现。

健全的判断力之所以指向智慧，是因为其表现了心灵的开放、睿智、明智。拥有健全的判断力的人能够对自己的观点、信念、理由和判断进行反思，能够不断地根据新经验以及与他人的交流而改变自己的意见，能够根据行动的本然善好以及行动的方式、过程、结果的善好而改变自己的行动，能够反思行动的理由并合理地推理指导行动的普遍原则，也能够反抗庸常、超越惯习而对真的思想和善的行动进行抉择。健全的判断力内在地迫使我们按照普遍的善或正义进行思考与行动。拥有健全的判断力的人不仅反观自我，重建自我与世界的关系，也审视现实，建构当下与未来的关系。敏锐的判断力是判断力健全的根本特征之一，也是正当行动的构成性条件。

判断不是私己的，判断只能在共享的公共空间中显现。判断的智慧与行动是发生在主体间的，判断是在公共交流中进行的。一个人的判断是否合理、正当，必须由其他判断者判断。判断是提出一个意见，这个意见只有与他人的判断交流、向他人的判断开放才能有效，才能形成公共的判断。所以，健全的判断力保证个体能够以普遍原则、普遍价值和普遍真理为根据进行判断。在这个意义上，健全的判断力不仅是个人思维具有独立性的表现，而且其也在个体与他人的交流和讨论、辩理和对话中发展。可以说，判断力的运用及其发展，是在公共交流中实现的，想象、共情，交流、对话，从他人的视角观察事物，与他人交换意见、辩论、辩护，是判断力发展的实践。判断使一个人具有了非私人的对世界的丰富体验，既包含对一起共享世界的他人的心灵的丰富体验，又包含对与他人共同探讨真理和创造世界的丰富体验。这一发展人的精神能力的过程，恰恰是教育培养人的理智精神的过程。判断力的使用与提升，与教育所蕴含的理智精神的培育、爱智慧的精神是一致的。

> 不是因为人是有思维能力的生物，而是因为人仅仅以复数的形式存在，所以人的理性也需要交流，如果没有交流它就会迷失方向，正如康德所说的，因为理性确实“不适合于孤立自己，而适合于交流”。（阿伦特，2006）[109]

个体运用判断力，与他人一起分享经验，并以普遍的视野想象自己的思想与行动如何实现世界、人间、人事、人情的善好。判断力让人超越自我立场和自我利益的限制，而以促成普遍性的善好来思考和行动，与他人共同分享世界和共同生活。判断力反抗愚蠢、偏执、盲从、迷信、僵化、封闭，而蕴含宽容、共享等态度。当判断力作为精神能力存在于我们的品格之中时，我们就不会对经验上的无知、道德上的错误、行动上的恶无动于衷，我们也不会对自己的黑暗之心无所谓，因为这些与理智的本性相冲突。这种冲突刺痛心灵，使得心灵无法安宁，因为健全的判断力无法容忍冷漠、麻木、蒙昧、遮蔽、伪装、虚伪。判断力不单单是一种意识，它需要依托实践。人只有去行动，才能表现出睿智的判断力，所以判断力不是思想，而是思想的结果表现在行动的正当选择上。

拥有健全的判断力的人卓越地思考或处理现实情境。有知识或有学问、聪明或者老练的人不一定有健全的判断力。康德曾经说过，判断力的缺乏就是我们通常所说的愚蠢，而对于愚蠢是没有救治之方的。个体缺乏判断力就是持有偏见，固执而愚蠢，而且自作聪明、自以为是，因此不可救药。康德认为，不能进行理性的思考、做出原则性判断的人愚笨不可治。因为他们无法或不能援引普遍的原则进行判断，他们不能依靠原则、运用原则分析具体现象，也不能对现象进行普遍化的反思。他们固执己见，拒绝心灵的开放，因此，他们无法进行普遍推理，无法对行动进行辩护，也不在乎判断的正确与否，也就不知道如何分辨真假、美丑、善恶。今天有许多人，根本不相信存在普遍的原则，实际上是不想就普遍的原则做出承诺，他们没有进行判断的勇气。他们是不是愚笨不可治呢？阿伦特指出，判断力的缺乏表现在所有领域，在知性方面称为愚蠢，在审美方面称为缺乏趣味，在行动方面称为道德的迟钝或精神错乱。（阿伦特，2011）[108]

健全的判断力是健全的心灵的表征。健全的心灵不是个人完整的自我实现的结果，也不是单纯的自我超越，更不是躲进个人天地里洁身自好。健全的心灵就是在公共生活中与他人一起分享有依据的、可辩护的思想，就是具有睿智的判断力。在这个意义上，健全的心灵面向真理。拥有健全的心灵的人不与世界疏离，其脱离自我中心式的自恋而进入公共生活，与他人一起交流思想、一起探寻真理、一起判断、一起为世界和生活的善好而行动。如果个体不能通过判断力形成自我以及与他者的关系，不能运用共通意识享受和体悟公共判断所带来的对自我精神的扩展，那这个人的心灵就是不健全的。一个拥有健全的心灵的人，是一个享受世界的多样性并不断拓展精神世界的人，其不会局限于自我，或者把自我放在世界的中心，也不会放弃思考与判断，其健全的心灵就是通过反思性的判断力的运作，在心灵中给真理、智慧、善好留出空间而形成的。

健全的判断力是健全的思考力的表现。拥有健全的思考力的人不停发问，并且可持续地、积极地对自己的观念和行动进行反思，对普遍性原则进行推理，也对任何呈现在自己面前的意见、思想、主张进行思考。这是爱智慧而不是爱意见的表现。爱意见者往往缺乏判断力，因为爱意见者站在自己偏爱的意见的阴影里，以既定答案遏制对话和发问，停止探索，走向精神的封闭，从而无法扩展自己的心灵。理智精神的封闭是心灵的封闭与蒙昧，这是缺乏判断力的表现。思考不仅仅是对未知领域的思维探究，不仅仅是知识的构建。作为一个思考者，如何让自己的意见或行动经得起理性的审查，也就是在任何情境中，一个思考者如何就自己的主张与行动提供正当的理由，是非常重要的。

> 思考和记忆是我们在世界上扎根（striking roots）和安身立命（taking one's place）的人性方式。不同于单纯的人类存在（human being）或无名之人（nobody），我们通常称为人格或个性的东西，实际上就产生于这种思考活动的扎根过程。（阿伦特，2011）[79]

拥有健全的判断力意味着人以健全的理智进入共同的生活世界之中，能进行智识、思想、精神、行动的共享和扩展，进入世界和生活的美善创作之中。个体如果缺乏判断力，其智慧如果不能运用于实践，那么，其就没有与他人共享行动和公共生活的方式，生活与世界就会处于被任意的观念引导或被任意的行动处置的危险之中，生活与世界也就失去了善的定向和伦理的规导。生活和人本身因没有判断带来的澄明，而进入晦暗之中。

教育者需要分辨各种相互冲突的关于教育的观念、意见，需要分辨各种激发教育行动或教育行为的动机、理由，需要分辨教育行动或教育行为的过程、方式与结果的美丑、善恶。从这些方面看，教育者需要具有健全的判断力。判断力是教育者的理性能力，教育者做出判断意味着其做出抉择，这一抉择表明教育者把教育的具体现象、具体行动与教育的目的、价值、理想等联系起来，从而为具体的教育行动确定合乎理性、合乎价值、合乎伦理的方向、标准、方式。教育者的判断力导向具体的教育实践，是为了具体的教育行动的善好。

判断力的培养是教育的目标之一。在培养判断力的过程中，教育者健全的判断力使其能够较好地面对现实和自我的复杂性，从而在现实的多样化的处境中进行思考或表达，实施自己应当实施的行动。教育者的判断力表现在对日常的教育行动或教育信念的思考之中，就是通过思考明确自己的教育信念与行动是不是可辩护的，分辨现实中发生的一切是不是善的，就是给予教育中的一切疑问合理正当的解释，也就是诉诸思考或慎思。判断力是教育者之为教育者的构成性品质之一。

一方面，由于教育环境的复杂性，由于我们惯常的思考与行动的模式，我们对许多现实或现象缺乏判断；另一方面，我们基于个人私利的考量，有时不进行普遍性或公共性的判断，这就是自愿让判断力缺席。在面对价值冲突的情境时，我们可能是麻木的、怯懦的，我们有意识地回避反思，从而回避卷入其中或参与其中的麻烦，或者回避因为坚持独立判断而导致的被孤立。判断力的缺席可能是一种习惯性的无思状态，或者是一种怯懦的拒绝反思的状态，这是一种逃避对现实进行判断的精神状态。在现实的教育领域中，教师的无判断状态是存在的，从而催生了因为缺乏判断或独立思考而导致的不以为然的平庸的恶。

只有热衷于苏格拉底式的思考，才能养成判断力，因为苏格拉底式的思考追寻的是普遍真理。判断力把个别情况置于普遍性之中。判断力不是无源之水，不是随意根据偏好选择，而是需要基于普遍真理，如道德判断涉及普遍准则的运用，知识判断需要普遍的理由。所以，人做出判断不是依据某种自然的或天然的情感，而是依据理性，以便为自己的思想或行动寻找共通的基础。

最大的为恶者是那些人，他们因为从不思考所做的事情而从不记忆，而没有了记忆，就没有什么东西可以阻止他们。对于人类来说，思考过去的事就意味着在世界上深耕、扎根，并因此而安身于世，以防被发生的事情——时代精神、历史或简单的诱惑——卷走。最大的恶不是根本的，它没有根基，而因为没有根基，它就没有界限，它能够到达无法思虑的极端并席卷整个世界。（阿伦特，2011）[75]

不去做判断就是不去思考。“无思就是内心对话的缺乏。”无思者在自己的内心听不到任何异议，听不到任何反对之声，只是习惯性地遵从习俗、成规，习惯性地与习俗、庸常保持一致，而不考虑如何保持正直。审慎地做出判断就是在内心深处发问，对庸常的一切进行拷问。自觉地、积极地、认真地进行价值思考，是健全的判断力的基础，因为这种思考导向对封闭的、固化的、庸常的现实的否定。健全的判断力具有一种解放人的作用，即把人从惯常的无思状态或工具性考量中解放出来，也把封闭的现实从“一潭死水”的状态中解放出来。

做出错误的判断有时在所难免，这就要求教育者监督自己内心的论辩。内心的论辩指向自我关注，即通过沉思而保持自己的一致性，警醒自己。这样，一个人就能够意识到自己所想和所做的事情，不仅如此，还能够意识到自己如此想和如此做的理由。这样的意识的净化，端正行动的目的与方式，是一种理性的意识，是一种判断的意识，当然也是一种道德理性的意识。

教育者的判断是终极性的自我发问，在面对价值冲突的情境时，自问如下问题：我是谁？我应当如何抉择？我如何在内心深处保持一致性？我在教育中所做的一切都是合理而正当的吗？现实中的一切都是合理的吗？这些问题导向慎思或判断。慎思或反思让人不断地返回自身，让人具有敏锐的判断力。判断不是工具性的，而是反思性的，它所涉及的是面对价值冲突时所做出的价值抉择的理由以及遵循正当的理由去思考或行动的意志。健全的判断力抵抗面对价值冲突时麻木、无意志的状态，抵抗各种惯习和外部指令，抵抗各种庸常的恶，抵抗犬儒主义态度。健全的判断力推动人进行审慎的判断，把自己的思想和行动与普遍的善和正当联系起来，并永远站在善的一边。

2.4 热爱对话

让我们的谈话成为一场讨论，而不要成为一场争论。

——柏拉图：《柏拉图全集·第一卷》

dialogue（对话）源于 dia 和 logos 的结合，dia 有穿越的意思，而 logos 有言说与言说方式的意思。对话这个词具有理性主体之间语言交往的意蕴。对话创造流淌在人们之间的意义溪流，所有对话者都能够参与和分享其中的意义，并因此让对话者的心灵中萌生理解和共识。（伯姆，2004）[6]

对话是对话双方共同热爱真理、追求真理的过程。教育蕴含着共同追求真理的目的、意义、方式、道路和过程，所以，教育行动是对话结构，教育的过程是对话性的，教育行动具有对话性质，对话是教育本质性的过程、方式。教育存在于教育者与学生相互呼应的交互行动之中，这种交互行动不是两种行动的交叉，而是共同行动的融合。实际上，教育中的对话不仅仅是在具体的教育活动中刻意地计划或者设计某种交往形式，不仅仅是建立一种对话性的空间，更重要的是实现教育的对话本质。

> 论辩是一种特别的手段，借助于它，哲人能够影响自己和其他人，因为，如果它是讲出它的那个人的生活抉择表达的话，那么，论辩总是间接或直接地具有一种塑造的、教育的、招魂的和精神治疗的作用。它总是着眼于产生一种效果，造成在心灵上的一种体征，或者引起自我的一种改变。（阿多，2012）[186]

双方共同探究问题就是双方共同追求真理。柏拉图把双方共同探究问题的对话看作教育者这一方照料心灵、塑造心灵的纯粹的教育实践。在这种实践中，或者只有在这种实践中，我们才能学会探究真理、认识自己、改变自己，从而成为好人。这意味着对话就是教育的本质方式。苏格拉底热衷于讨论，但他并不是简单地用对话的方式进行哲学探究，也不是把对话或讨论当作一种教学方法。苏格拉底教学法中作为教育方式的对话——共同讨论，直接通向哲学活动的根基，也通向人的心灵变革的本质。因此，对话是教育的根本方式。

对话不以某一主体为中心，每一个对话者都是平等的参与者。对话者不是以自我为中心的，而是面向真理的，既倾听他者真诚地言说，又认识自己的思想，或者说，对话蕴含对话者们共同向着真理前进而变革自己思想的精神渴望。对话不是为了传递现成的知识或告知什么信息，或者协商某一个权宜之计，也不是要达成结论或共识。对话是开放的，是澄明真理的方式，也是通往他者和自己的心灵的方式。在共同追求真理和智慧的对话过程中，共同的意见、看法并不重要，重要的是对话者们爱智慧的心灵相互通达、相互激励、共同变革。

教育中的对话，体现了师生对真理的爱。第一，真理是共有的，没有私人真理，真理只有在共同的探究与分享中才能显现出来，真理只有在共同的见证、共同的检验中才能存在。教育的过程，是分享知识、探究知识的过程，这本身就是师生共同探究真理的过程。第二，教育中的对话是对话双方对善好的共同追求，对话双方讨论的是共同参与的活动或共同关心的话题，这就造就了"有理性的语言环境"。对话因此是对话双方追求智慧的共同生活，这种共同生活因为对话双方分享观点而美好。对话让心灵分辨真假、善恶、美丑的能力得到提升。第三，对话意味着贡献与接纳，不仅意味着对话双方对共同善好的热爱，也意味着对话双方理智的真诚与谦逊，因此对话也导向认知的公正，对话在给予中接纳，在倾听中言说，在反驳中做贡献，从而培育理智心灵。因此，对话本身是心灵教育的方式，而热爱对话是心灵成长的动力。

对话是对话者的心灵交往，对话者们就讨论的主题不断你来我往地拓展、检验、加深、延展、给予、吸收。这是充满探究精神的合作，不是仅仅寻求某种相同性，而是在合作的路上寻求真理。这种合作式探索具有交叉性，具有给予、接纳的双重特点。对话不是宣传某种正确的意见，也不是诉诸情感说服他人，而是一起辩明真理。对话者们共同探究真理，他们所分享的就是对真理的爱以及对真理的见解，对话者们通过分享不同观点而成为朋友，而不是为了拥有同质化的思想。

对话中的讨论与争论不同。我与你对话是因为我们有共同探讨问题的兴趣，有对我们彼此相异的观点进行检视的兴趣，这基于我们对真理的热爱。而争论是为了给自己的立场、观点争取更优越的地位，争论并不一定面向真理。讨论者们面向真理而讨论，就意味着真理不在任何一个讨论者那里，只有通过理性、谦卑的探究才能发现真理。大多数争论只体现了好胜心，而不会有谦逊的接纳，更不会有对真理的热爱。讨论是相融的，而争论是排斥的；讨论是探究的，而争论是独断的；讨论是共同追求智慧的，而争论是为意见争取特权地位的；讨论是对话的游戏，而争论是说服的喊叫。讨论者具有对智慧的热爱，是由对智慧的爱欲所驱动的，但争论者是试图竞争意见的地位的。参与讨论是理智正义的表现，理智正义就是承认真理存在并且是为大家所共同拥有的，而争论者热衷于宣布自己的意见，骨子里把自己的意见看作最优的，因此排斥对话式的讨论。争论是言辞的竞赛或竞争，而讨论是去蔽，是对各种遮蔽真理的意见进行检验。对话不是灌输式的说服，也不是试图把自己的意见强加于人的论战，更不是一部分人对另一部分人的意见控制和支配。（弗莱雷，2001）[38] 真正热爱讨论或对话的人必须具有理智上的真诚与正义。无对话的意愿，厌恶讨论，厌恶追求真理，是自愿的无知，是愚蠢。

对话不是双方争吵或者争强好胜，而是双方共同努力追求真理的方式与过程，或者是主体间心灵交流、共同追求真善美的方式。对话者共同遵循合理论辩或逻各斯的理性要求，论辩式对话是心灵间真实的响应、映照和唤醒，共同在逻各斯的指引下探索未知。因此，对话是对话者共同爱智慧的过程，或者说是双方在对话场景中追求真理的过程。这是显明真理的根本方式。我们只能一起追求真理，因为真理是公共的，是需要他者检验的，没有为私人所拥有和不可检验的真理。真诚的思想者都是对话者，不是与他人讨论，就是与自己讨论；不是进行外显的对话，就是进行缄默的对话。

对话者在对话中的分享、平等交流，意味着与他人一起公开运用理性。在追求真理的过程中，大家相互协作，而不是分离的。真理的公共性，逻各斯或语言的公共性，决定了我们只有通过合作探究，每个人都负有对意见进行审查的责任，负有让自己的信念接受审查的义务，这样，我们才能真正地探究真理。

一场真正的讨论由所有对话者共同维持，不存在假定或预定的权威，也不偏袒某个人的意见，每个人都应得到充分的尊重，每个人的意见都应得到充分的检验，对话者间是追求真理的合作关系。对话者同等重要，但这并不是说每一种意见都同等重要，只有检验为真的意见才值得被珍视。如果把每一种意见都看作同等重要的，都看作不可辩驳的，那就阻碍了对话与讨论，因为讨论就是去辩明哪些意见是正确的，哪些是错误是不可接受的。乡愿式态度因为缺少检验或辩明的意愿，所以是反对话的。对于共同探究或共同讨论而言，进行讨论就意味着建立共同检验的标准，具有辩明的意愿，或者说，进行讨论是由于各方所持的纷杂的看法、信念或主张可能是错误的，因此只有在讨论中通过检验，才能确认真实的意见或主张。在这一过程中，每个人都是意见的仲裁者，都是平等的检验者，即真理的探究者。

对话是探究真理或热爱智慧的基本方式。热爱智慧的方式就是热爱辩明，即热爱辩证法，就是柏拉图所说的热爱对话式论证（交互式检验）。一个人的“言谈”总是蕴含着某种观点和价值观，如果缺乏检验，个人的观点中的盲点或错误就不会被辨认出来。只有在交互式检验中，在讨论所构建的公共话语空间里，各种差异和不同的声音借此促成一个充满张力的检验过程，才有可能发现真实的意见，才能面向真理、创造知识。

教育中的对话开启了对话双方多种方式、多重关系的相互学习的过程。学习可以发生在许多场合中，但是当一个人认为自己才智超人、学富五车，其就不会是一个善于学习的人。自傲、自恋、凌驾于他者之上，都不是好的学习态度。对话反对自我中心主义，倡导建立一种相互开放的学习关系，创造了多向度学习的可能性。对话双方在对话过程中发问、质疑、辩护、检视都是双方相互学习的过程。对话中的学习是共同学习。

对话把一个个意见有别的主体召唤到共同的说和听之中，让大家一起思考，一起检验和判断，一起辩明荒谬的、虚假的意见，一起为真理的显明担负责任。在这一过程之中，傲慢、自命不凡、不真诚都将遏制对话，乡愿、同质化都将遮蔽真理。这个过程有可能是合作性的对话过程，也有可能是竞争性的对话过程，但不是哗众取宠、争夺名声的争论过程。在对话中，也许大家对某一主题均有兴趣，也许大家可能持有某种相似的意见，但每个人都知道自己的意见是不完备的，因此需要进行智识上的攀登。

热爱对话源于一种对自我的“怀疑”。我对自己意见的证明可能是不充分的，因此我需要一个同伴，与我一起思考、讨论、检验。如果我认为自己的想法是最好的，那就是自我封闭，就阻断了意见向真理的迈进之路。在对话中，我所思考的问题都不是我自己的，不是我独自占有的。我需要与他人共同思考，这种共同思考是交织性的，包含发问、质疑、检验等。在对话和共同思考中，我们作为说话和倾听的主体，召唤着其他的主体，我们的意见或想法也在召唤着来自其他主体的质疑与检验，这些使得我们的思想相互交织，个人的意见变得不再重要，而合乎理性的、被证明为真的信念才值得尊重。这是让自己向智慧与真理、无限与宇宙、天地与万物、他者与世界敞开的过程。

对话作为探究真理、热爱智慧的过程，具有未完成性。未完成性意味着对话永远处于进行之中，对话不但具有在途性，而且具有一种展现其过程的重要性。这不是说对话双方讨论的观点及其真实性不重要，而是说对话双方对真理与智慧的热爱使得讨论过程本身非常重要，因为真理或道理是在对话过程中显明的或者说被去蔽、被证明的。如果没有讨论过程，那么对话双方对真理的探究就显得不足，同时他们也无法获得真实的观点。对话的未完成性也意味着向未来可能性的敞开。对话的过程性突出了其开放性。对话排斥霸权话语，因为独断性的话语会封闭讨论。在对话中，作为说者或听者的主体并未被湮没在对话之中，而是作为存在者在对话中在场并绽放自身的主体性。每一个对话者都把他者作为拥有理性心灵的主体予以尊重，既尊重他们的理性及其表达，又尊重真理本身的显明所带来的对观点的检验与修正，这是真理或智慧向讨论者通达的过程，也是显明对话者和其通过真理塑造自身主体性的过程，这个过程表现了主体间的对话对真理的显明以及真理对对话者的主体性的塑造。

对话不是为了告知，而是为了塑造。（阿多，2012）[73] 对话的迷人之处，就在于它能够培育教育者和学生的认知品质和道德品质，这是因为，每个人只有在通过对话去追求真理的过程中才能生发出对智慧的热爱，只有在发现并承认自己的意见有错误之处时才能表现出认知上的勇敢，只有在明确地知道什么是善时才具有践行善的可能，所以对话被看作个体爱智慧和修炼心灵的过程，即形成自我的过程。[①] 对话召唤整个人的心灵投入，召唤人的理智真诚和谦逊。一方面，我们通过不断提问，改进我们对好的理解——这种好我们永远不能完全达到；另一方面，对话过程本身是一种对他人的心灵、智慧的尊重，是理智、共通性、智慧形成的实践。我们想成为好人，也许只有通过对话才能实现。一个真正的好人是学习做好人的人，对话是学习做好人的过程，我们只有通过对话才能成为一个好人。在对话中，我们学会了在追求真理的过程中合作，表达了对世界的虔敬；我们分担了检验不同观点的责任，承认自己认识的局限，尊重他人的理性与智慧。通过审视我们的意见，我们变得真诚，认识了智慧与自己的无知，并且把智慧真实地落实在行动中。这就是成为好人的过程。

热爱对话或热爱共同追求智慧，是教育者的理智美德。在教育中，师生不但通过对话而共同生活在真理之中，而且因对话而实现对知识、真理的共享。师生间的对话是师生共同参与的活动，因而具有公共性。教师与学生共同探究观点的真实性，也许彼此之间见识、经验、知识量差异很大，但师生的心灵是开放的，教师激发、引出学生观点，让每个学生在对话中互相质疑、互相批评，对自己的观点进行辩护，对他人的观点提出疑问，从而辩明真正值得拥有的知识。因为对话面向、尊重和接纳合乎理性的认

---

① 尽管我们的对话、交流以及论辩似乎是主体间性的，但是，我的论点的提出、我对自己的思想的责任、我所表现出的真诚都是我的主体性的体现。在论辩中，我不仅与对话者有关系，也与自我有关系。我不知道最好的论证是什么，因此我积极地参与对话和交流，这其中也包含着我对自己的确证，因为我在重新认识自我。因此，对话不是消除了主体性，而是确证了主体性。

识，因为每个人都相信他人在理智上是真诚的，所以对话不会影响师生之间、学生之间的对话友谊，即对话不会造成对立或冲突，对话所形成的不是乌合之众，而是以智会友的共同体。

> 哲学的训练即智慧的练习，旨在引导我们提及的生存抉择的充分实现，通过这里暗示的思维原则和生活原则的理智和灵性的同化，为此，根据苏格拉底和柏拉图的传统，师生之间的生动的对话和讨论是必不可少的，在这种双重目标的影响下，教学总是采取一种对话和辩论的形式——就是说，即使在权威的阐述中，也同样保持着对话的模式，即一问一答的交替进行。（阿多，2012）[106]

心灵需要对话，就如同心灵需要唤醒。心灵的和谐需要理性的主导，而对话恰恰就是在理性引导下的迎接真理的活动，对话或论辩是心灵接受理性引导的表现。对话或论辩是理性智慧的生成过程。在理性的主导下，对话者不会要求另一方接受自己的观点，而是在逻各斯的主导下接受或放弃对方的观点，捍卫或批评自己的观点。所以，对话基于双方心灵的真诚，不仅是心灵共通的过程，也是意义融合的过程，每一个对话者都超越自己的立场与观点，每一颗心灵都不断被唤醒、被启发、被引导。教育者要培育学生热爱智慧的理智精神，对话是不可或缺的方式。

如果教育本身必须以对话的方式进行，教育者自身的理智品质和对话态度就是教育对话的构成性条件。这意味着教育者热爱对话的精神是教育活动中的对话产生的关键因素。教育者拥有热爱对话的精神意味着在现实的教育生活中教育者必须摆脱控制性话语，必须祛除任何支配性、塑造性意志，必须祛除教师中心化意识，不但树立自己与学生之间的平等意识，而且通过教育自由、教育权力的运用创造一种支持性的、鼓励性的教育对话空间，从而把教育活动本身变为学生积极参与的对话活动。

教育作为对话是多种不同的声音共同存在的时空，主体之间具有表达、倾听、交流这些不同的声音的可能。不同的声音保持平等是对话进行的根本条件。每一个参与教育对话的人都是平等的表达者，他们通过自己的言语进入教育对话所创造的共同生活中，平等交流、互相倾听、共同分享。交流和合作、尊重和理解是教育对话形成的基础。（Burbules，1993）只有这样，班级、学校才能成为教育的对话性共同体。如果学校仅仅有教师或者处于优势地位的人的声音，如果学生没有表达自己见解或异见的机会，如果师生仅仅在课堂上重复所谓正确的话语，那学校就不可能成为对话性空间。如果学校把学习简化为单纯地学习某些知识的活动，如果师生关系仅仅是命令与接受、教训与听话、支配与服从的关系，学校或班级就不可能形成一个对话性的教育共同体。

2.5 智性解放

如果理智（智性）是人性的关键因素，如果教育包含促进学生智性能力的成长，那么教育必须解放智性。如果现实的学校教育存在不同形式的、显性或隐性的愚化学生智性的观念或行为，那就是与教育理想截然对立的，是反教育的。正因为这样，教育需要破除那些愚化学生智性的迷思或惯习，进行智性解放。教育者应当是一个促进学生智性解放的教师，而智性解放本身也是教育者重要的理智品质。

智性解放意味着对智性的发挥、展现。面向智性解放的教育，就是激发学生运用智性的意志与行动。按照法国哲学家朗西埃的说法，教作为智性解放的活动，是教师与学生意志的相遇，教不是教师把现成的知识传输给学生，而是教师的意志吸引或者唤醒学生，让学生积极地运用智性去获取知识。（Rancière，1991）[13]

教育是解放智性的活动，因为教育需要培育智性。智性解放不同于社会解放，社会解放针对的是压迫，是把人从社会压制中解放出来，是权利的解放。智性解放针对智性的被忽视与被剥夺，在智性平等的意义上促进人广泛、充分地运用并发展智性，形成理智精神。解放智性，就是解除智性的束缚，让智性表现出来，在各种各样的活动中运用起来，让智性带出经验和知识，去创造自身和人性。与智性解放相对立，智性愚化就是压制或剥夺智性的发挥，限制智性的自由应用，造成智性缺乏运用的意志，造成智性的失效，使人没有机会与空间去行使或张扬自身的智性。

智性的运用是心智的积极投入，是智性主动、自由地卷入行动中。学生的智性是独立的、自主的，学生循着智性自主地学习。感受、体悟、体验、观看，理解、行动，做、游戏、说，都是智性表现的途径。学生感受自己的感觉，理解自己的经验，反思自己的看法，体悟自己的直觉，表达自己的所思、所见、所感，并且采取行动，完成有价值的事情。智性是这些活动的基础，因此智性解放对于学生的发展是重要的。

面向智性解放的教育，不再把知识讲解看作教育的核心，不再认为教师的教学技能是教师履行教学职责的关键要素。在智性得以运用的解放型教学中，重要的是教师激发学生意愿，引导学生积极而充分地运用智性，让学生把自己的经验、热情、信念、知识与学习联系起来。在这种智性解放的学习中，学生的学习成果是不确定的，学生不是把某些预定的知识（教师传输的或教科书提供的）纳入自己的头脑中，而是运用自己的心智去形成学习成果，至于学习成果是什么，则是未知的，我们只能把这种学习成果定义为心智的收获或者一种根本的教益。

所以，智性解放是解放人的思想、理解力、感受性、判断力，解除任何预先设定的关系、模式、结构、目标等对智性的束缚。在这个意义上，面向智性解放的教是一种教学的转换，涉及对压制和束缚智性、要求智性臣服的教学结构和教学关系的拒绝。没有这种转换，教学关系是教所主宰的，学生在教学关系中被设定为被动的，他们的智性被看作非自主的，教学被看作从外部向内部“灌输”或者“添加”教学内容的过程。这种教育其实还是愚化的，而不是解放的；是传递的，而不是指向精神变革的。

智性解放是为了主体性的显现，或者说，智性解放是一个人主体化的过程。这种主体化通过一系列朝向解放的行动实现，没有智性解放的行动，便没有这种主体化的实现。这种智性解放可以培养一个个生动绽放的、自由成长的人，所以在这个意义上，解放的教育是生成的、变革的、诗性的。智性解放培育主体的心灵，塑造主体性，使自然人主体化。解放就是“生育”，它给主题带来新的生命，给世界带来新的主题（弗莱雷，2001）[49]，这恰恰是教育的意蕴。

解放指向学生的主体化，即让学生成为真正的主体，让学生充分地在场，显现自己的智性，这就是智性解放的主旨。智性的在场、绽放，意味着主体经验的显现与丰富，所以，智性解放是存在者智性发展的过程，是主体精神到场、在场、成长的存在过程。（张志扬，2010）[47] 也许，智性在场就是生命在场，智性解放就是生命解放，学生的解放就是教育的解放。

解放的教育不是从外部解放学生。严格地说，任何解放只能是自我解放，是自我的主体化，而不是靠外部拯救。在这个意义上，运用智性就是在解放自我。在教育中，学生是解放自我的人，这种智性解放是指主体智性的发展，而不是指把主体从某种压迫情景中解放出来。在智性解放中，每一个人的智性与其他人是平等的，每一个人都可以运用智性创造更好的自己。这样，在智性解放的过程中，每一个人都可以解放自己，不论其是谁，每一个人在每一个时刻都可以解放自己，不论其在生命的哪个阶段。而不论处于什么境地，解放只存在于智性运用的行动中，人不可能只通过等待他人的解释、指导、解救或指引而获得解放。

智性解放与教育培养人的理智精神是一致的。但在现实的教育中存在着一种关系，教育者被放在中心或枢纽位置，是教导者、引领者、控制者、领导者，而学生是听从者、跟随者、被领导者（Biesta，2010），教师相对于学生在权力、智力等方面有更高的地位。这种教育关系突出了教师作为领导者的重要性，突出了学生在各方面对教师的依赖、服从。这样的教育关系意味着教师永远在智性上、知识上领先于学生，甚至也预设了教师在道德上高于学生。这种教育关系的设置把学生置于依赖、服从、被指派的位置，把学生看作无法依靠自己的智性去探究知识、付诸行动的人，这贬低了学生的智性，造成了师生智性上的不平等。

智性解放是教师的首要任务。（Rancière，1991）[7] 真正的教师反对教育中的智性不平等关系，以智性平等原则开展教育，他们相信学生的智性与教师的智性是平等的。一个真正相信自己无知并且在智力上与学生保持平等的教师才有可能是致力于智性解放的教师。教师也许学富五车，但其知识不是学生学习的对象，也不是学生学习活动不可缺少的中介，因为教不是教师把知识传输到学生那里。既然教不是传输知识，学不是接受知识，那么学生的学习和教师的知识丰富与否关系不大。如果一个教师认为学生应当接受或储备自己所传输的知识，那么，教师就等于宣称自己是有知的，而学生是无知的，学生应当向教师学习。这无疑把学生置于无知的地位，把学生置于智性的不平等的关系之中，可能造成对学生智性的压制或愚化。（Rancière，1991）[15] 致力于智性解放的教师必须打破这种智性不平等的局面，激发学生运用自己智性的意向。

致力于智性解放的教师是无知的。一个教师必须站在学生后面，显示出自己的无知，才能真正地教学生，因为教育重要的是解放学生的智性，让他们应用自己的智性去理解事物。致力于智性解放的教师相信自己是无知的，因此激发学生的探究意愿，通过智性的运用去倾听真理发出的微弱的声音，去寻找真理显现的蛛丝马迹。在课堂中，不是教师在教学生，而是真理在教学生，正如苏格拉底所说，不是学生跟着教师学习，而是学生跟着真理学习。教师是指引者，而不是教导者，更不是教知识者，教师是与学生一起玩探究真理游戏的同路人，而不是用知识来教导学生的人。课堂教学是一个探究的过程，教师和学生一道来探寻真理，在解蔽的道路上迂回前行、见证真理。在这一过程中，真理微弱的声音给予学生教诲，而不是教师给予学生教诲，教师只不过在与学生共同追求真理的过程中给学生树立了追求真理的榜样。

致力于智性解放的教师只是用令人精神愉悦的方式，邀请、唤起、启迪学生对智性运用的喜爱；致力于智性解放的教师不会把自己看作学生学习的中介、解释者或者摆渡人，不会把自己看作知识的传递者，不会把自己看作已经储备知识、理解知识并教别人学习的人，不会把自己看作预先掌握了知识的博学之人。相反，他们把自己看作激发学生意志的人，他们相信课堂教学中的探究、追问、表达、讨论，是从学生的意志出发解放学生的智性并促进其自由运用智性的过程，而不是学生沿着教师设计好的路线、向着教师的知识或智力靠拢的过程。

学生的智性获得解放因此也意味着学生自由运用智性，摆脱教师教的束缚，摆脱教师思维的束缚，或者说摆脱任何以预定方式显性或隐性地限制学生智性的方式。致力于智性解放的教师不会为学生设定学习的路线、目标、方法、技巧，因为这些东西会限制学生的思考、探究、想象、表达，会导致教与学只能按照预定的步骤和程序进行，导致学生的智性被束缚。致力于智性解放的教师不干预学生的学习，他们只是激发学生运用自己的智性，去发现自己学习的方法，去探讨已知与未知之间的关系，去体验自己获得知识的过程，去积累自己智性解放的经验。

致力于智性解放的教师相信智性平等。解放是证明智性平等的过程。智性平等是教育必须予以实践的根本原则，它不是发展结果。这个原则在乎的是教育是否激发了每个人的智性，它不看重每个人运用智性所取得的成果。所以，致力于智性解放的教师在乎学生智性探险的过程，在乎学生自身的理解的表达，在乎学生的实践，在乎学生所获得的“被教”的经验，在乎学生通过智性解放而实现的精神变革。

致力于智性解放的教师相信教师不是教知识的人，相信学生具有智性，具有思考的潜力，具有与他人一起分享思想的能力。这类教师不会将教学看作传递知识的活动，而是把它看作学生进行智性历险的活动。他们不把教室作为展现自己满腹经纶和高超教法的场所，而是作为学生理解、证实和交流观点的场合。致力于智性解放的教师只是以丰富的人性和热烈的情感与学生交往，激发学生的意志。他们只想发起一种交往的活动，把学习活动看作教和学共享教益的活动，通过无知之教引导学生的领悟力、感受力或行动力的发展。致力于智性解放的教师相信，那些在教育活动中被感受到的或是被理解的东西，是在教育中真正存在的东西，是一种让学生产生“被教”的经验的东西。（Biesta，2013）[53] 这种教育的结果或效果远远超越了知识层面，是真正的“教益”。

教育的机构文化和教师文化对智性解放可能存在隐性的敌意，教师的知识与教学技能在专业主义的教育体制中被置于枢纽地位，知识之教或传输被置于学习活动的中心地位，知识之教的权威不可动摇，而学生的智性解放被置于次要的地位。学校的文化会把智性解放当作堂吉诃德式幻想。教学的技术化越来越把学习过程看作程式化的操作过程。虽然教育在表面上越来越强调以学习为中心，但是所谓的学习过程不过是学生完成“规定动作”而已，学习越来越标准化，越来越易于被监控和评价，而受此规定的课堂教学只能成为学校教育的核心。学生的在校生活只剩下这种知识“学习”活动，教师只能以知识掌握者的角色出现，学校变成准备机构，教师成为操作者。行政化的教育管理机制设计了教与学的等级关系，教隶属于教材和教学专家的引导，学又隶属于教师的引导，学生处于这种等级化的结构之中。在这种结构中，不但学生的智性被矮化，而且教师的智性也被桎梏。在这种状况下，现实的教育如何解放教师与学生的智性是摆在我们面前的首要任务。毕竟，教育要解放智性、培育人的理智品质。

2.6 理智谦逊

出于人类的认识范围与宇宙万物的奥秘之多之间的巨大差距，出于人类认识能力或理智能力的局限，出于人类文化、知识、经验的深厚，出于他者与我们智性的平等，我们永远应当在追求知识、追求智慧中保持理智谦逊。理智谦逊是重要的理智品质，一个具有理性智慧的人是清醒的、谦逊的，因为其知道自己的局限性，总是向世界、未知、他者保持理智上的开放，时刻保持学习状态。

> 理智谦逊是一种在自然和社会的广阔视角中准确把握自我的认知表现，并进而以此为基础与人交往的倾向。这样一种观点一方面把理智谦逊彰显为一种认知美德，因为在对自我认知表现进行评价时，我们以准确性为标准和导向。另一方面，理智谦逊也促进了我们认知状态的提升。理智谦逊的人会意识到自己在某些方面的无知，自己的认知状态的不完善，以及自己对其他认知者或机构的依赖。（王聚，2019）

教师所从事的是理智的事业，他们被认为是拥有知识的人，所以，教师更应该认识到人类认识所包含的错误、矛盾、谬误，更应该认识到认知上的狂妄自大所隐含的认识风险，更应该理解理智的谦卑、开放与公正的重要性。教师要知己无知。谦逊与傲慢、虚荣、蔑视、自大是对立的，也与自卑、自轻对立。傲慢的人是把自己放在居高临下的位置，具有一种盛气凌人的态度，不论是在知识还是在道德上都认为自己超过了他人，会不经意地蔑视或漠视他人的见解。这种人没有意识到更广大的世界，没有意识到未知，没有意识到"三人行，必有我师焉"。傲慢或虚荣的人在世界中只看到自己的影子，他们的眼中没有更宏大的存在。这种傲慢与追求真理的精神是相悖的，不是明智之人的表现。自轻与自卑之人否认自己的价值，不予以自身应有的重视，没有保持应有的自尊。真正的谦逊无损于谦逊者的尊严。

苏格拉底具有理智谦逊的美德，他是人类最伟大的教师之一，但他在《申辩篇》中说自己从没有教过什么人，从来没有做过什么人的教师。他说他清楚地知道自己的无知，所以他没有什么东西可教，也没想要教什么。苏格拉底不虚伪，他没有说假话，他的确不是一个教知识或传授技艺的人，他只是把哲学对话作为生活方式的人。从柏拉图的各种对话录中我们可以看出，最受欢迎的教师不是苏格拉底，而是高尔吉亚、普罗塔戈拉等人，他们被人们认为是好教师。他们也自以为拥有知识、智慧、技艺，是能够教给青年人这些东西的教师。他们口若悬河、出口成章，高价出售自己的技艺，受到众多人的热捧。正是为了质疑这类智者的所作所为，苏格拉底才一直追问什么样的人才是合格的教育者，谁懂得教育的德艺等问题。

真正懂教育的人一定是理智谦逊的。苏格拉底是理智谦逊之人的典范，这不仅表现在他作为教育者的人格中，也表现在他的教育对话方式中。苏格拉底在对话中没有教授任何知识，而是刨根问底，检验自己或他人观点的正确性，让那些自以为有真知的人最后发现自己所自豪的信念根本站不住脚，或者发现哪些信念经过检验是真实的、值得相信的。那些追随苏格拉底的人，不是因为苏格拉底能够教他们知识、智慧，而是因为他是一个睿智的、讲真话的对话者；不是因为他能够说出真知灼见，而是因为他的发问总是引导人在理智上取得进步。与苏格拉底一起对话，常常会遭遇理智上的困窘，但也有智性经过历险之后的愉悦体验，因为苏格拉底总是让人检验自己所说的话，检验自己的意见与信念，似乎只有通过检验、反思，人才能探究真正的知识，才能追求智慧，才能拥有真正的生活。苏格拉底的对话艺术让每个与之对话的人的理性一次次经历攀升。如此看来，苏格拉底的理智谦逊，反而激发了对话者对知识、真理及智慧的爱（Hadot，1995）[154]。

苏格拉底所说的“无知”意指人的认识的有限性，意指智慧是无法占有的。对于事物、世界、社会、人生的任何一个方面，一个人不但不可能全知，而且还有许多错误的看法或信念，因此追求知识对于人来说是本己性的，是绵延一生的。人因无知而求知，同时因求知而意识到自己更无知。只有通过检验或审视自己的信念，发现自己的无知，才能剥去遮蔽知识的意见之壳。追求智慧要通过人的知识实践与人生实践的有机结合而进行，离开了人生实践的知识不是真知。一个人对智慧的追求表现为不断地面对生活中的各种处境，检验生活中的各种意见，发现谬误，探究真理，明智实践，追求善与真理，取得成就。一个人只有勇于追求真理并用真理引导生活，表现出理智谦逊，其才是智慧的。

理智谦逊能够帮助教育者避免过度突出自己作为教者的教人的欲望与做法。理智谦逊的教育者不简单地把自己看作一个教者，因为其知道智慧是不可教的。例如，苏格拉底之所以专注于对话性的探究而不是教导，是因为他明确地知道知识或智慧只有通过探究、践行才能显现在人的心灵中。知识、真理都不是传输的对象。知识的学习不是学生从教师那里接过知识，教师无法把知识像传递一个物品一样传递给学生，学生不可能像保存一个物品那样储存知识。教是对知识的一种富有教育意义的探究过程，而学是对知识的再探究过程，或者说是通过对知识进行论证而掌握知识的过程。教学不是教师帮助学生单纯地理解、接受、巩固和运用知识，而是教师和学生共同围绕任何教学材料进行的探究过程。知识、经验只有通过学生的探究或实践，才真正为其所拥有。所以只有师生去参与、去创作、去共同探究，教与学才能存在，知识才能显现出来，知识的教育意义才能产生。

杜威也说过，思想、观念不可能由一个人传输给另一个人，那种传输可能窒息理智的兴趣、压制思维的努力。只有当一个人考虑问题的种种条件，寻求问题的解决方法，其才真正地开始思考。只有当一个人开始思考，其才能真正地学习。只有学生自己思考、产生观念、证实观念、坚守观念，发现事物的意义，其才能真正地形成自己的知识，才能建构经验。在这个意义上，真正的教育活动是教师和学生共同参与的活动，其中教师是学习者，而学生同时也是教师。（杜威，2001）[175] 苏格拉底在反讽中所表现的理智谦逊，恰恰创造了运用理智的辩明实践，这一实践是探究性的，在其中，教师与学生共同学习、互相引导。（Scott，2000）[47]

教师的理智谦逊使其把自己定义一个受教者，即教师与学生都是学习者。真理是真正的教师。奥古斯丁认为，把一个人称为教师是不合适的，因为学生不是通过师从他人而获得知识，而是通过在内心中成为真理的学生而获得知识的。教师也许是一个让学生能够探究内心中的真理的人，或者说是一个借助教学这种“共同经验”的活动而与学生一起探究或见证真理的人，教学是师生向真理学习的活动，教师和学生都是真理的学生，都是通过探究真理而向真理学习。学生是通过成为真理的学生而获得知识，教师也是通过成为真理的学生而教学生的，如果没有对真理的理解，二者就不会因知识结缘。真理是教师，意味着让真理显现是教导的充要条件，而教师不过是促使学生学习的偶因。（克尔凯郭尔，2013）[26] 苏格拉底认为真正的教师是真理，是逻各斯，是它们在教导教师和学生，教师和学生仅仅是在寻求真理教诲的过程中的同伴，他们共同置身于真理的引导之中。（参见福柯，2016a）[127] 教师和学生的理智探究活动就是把这位隐藏的教师请出来，因为只有通过理智探究，才能让真理或知识显现出教育的力量。没有辩理或理智探究，真理是不在场的，逻各斯是隐匿的，知识是不存在的，只有进行理智探究或者辩理才能让真理或知识显明。

教师对自己的教需要节制。教师具有教的权力，也希望学生更多地听从于自己，以便显示自己正确、高大、有魅力与知识渊博，但是，过度或过多的教不是理智谦逊，而且过度或不适宜的教难以具有教益性。教的效果是由教益衡量的，而教益是由学生判断的。过度的教压制了学生通过自己的学而获得教益的空间。教应当有度，适可而止。

苏格拉底是典型的理智谦逊之人，他知道真理与知识只有在去伪存真的探究过程中才能显现出来。对话是为了探究，探究是为了进一步探究，不断攀登，因此，在对话过程中，教育者为了引出对话者的看法，他一定要理智谦逊，节制自己的教，在对话者的话语基础上进行提问，把对话者放在对话的中心，而把自己放在次要的位置。（克尔凯郭尔，2005）[218] 真正的理智谦逊之人的教是反讽式的，其总是在他者面前表现自己的无知。真正的教育者都应当有这种高贵的掩饰，这种掩饰是指教师应当戴着面具，不是戴着知识的面具，而是认真地戴着显得无知的面具，而这个面具具有教育学的必要性。（Hadot，1995）[151] 苏格拉底的反讽就是一种掩饰的方法，就是隐藏自己的智慧。（莱波维兹，2015）[21] 这就是高贵的掩饰，就是高贵的心灵意识到自身在宇宙万物面前的有限与谦卑，这种掩饰是自然的、坦诚的、朴实的，它不是隐藏真实的自己，而是为了让对话者敞开心灵，是为了探究真理。（施特劳斯，2012）[46] 如果哪位教师能做到苏格拉底式的高贵的掩饰，永远表现出自己比班上那个最不起眼的学生还愚笨，那其真的是深谙反讽的教育艺术，其就具有理智谦逊的美德，就可能是一位好教师。

2.7 自我明察

认识了我们自己就知道了关心我们自己，不认识就永远不知道。

——柏拉图：《阿尔喀比亚德》

一个缺乏自我认识的人能否成为杰出的教育者？一个人没有自知之明，可能就意味着这个人没有充分的自我意识，与自我没有建立起真诚的关系，这样的人可能就没有良知，无法听从自己内心的声音，其对自己可能就是不正义的。一个没有自我意识的人是没有认识到自我的人。一个没有自知之明的人，其又如何成为教育者呢？又如何在教育中建立与求教育者的关系呢？

人在世界之中，同时也在自我之中。我在世界中在场，尽管我的在场构成了世界的一部分，但世界与我不是分离的，我的存在本身包含了对世界的介入。这不是说我与世界是一体的，而是说我在世界中在场，在世间成为自身，在场本身意味着对自身在场的认识。“人们在拥有存在的同时，也被存在所拥有。世界被给予了意向，留给自我的是对世界的自由。”（列维纳斯，2006）[46]一方面我们进入世界，走近世间的万物；另一方面我们进入自我，建立与自我的关系。

人的自我认识，不但包括自我意识，而且包括自我理想。人具有自我建构的伦理自觉。自我认识是人重建自我意识的积极方式。自我意识是人的理性的表现，与无理性的动物或者其他物体相比，人凭借自觉的自我认识形成了自我意识，从而超越自我。当一个孩子刚刚开始用“我”来指代自己时，对于他来说，从这一天起，他就再也不用以前那种说话方式了，之前他只感觉到自己，现在他能思考自己，他开始形成自我意识。

自我是完整的。自我是作为和谐、统一、完整的“一”存在的。这意味着“我”与自我时刻联系在一起，“我”不能与自我相冲突、相分裂，“我”应该时时刻刻都与自我和谐一致。“我”是自我的见证者，“我”必须使“我”的思想和行动能够符合“我”内在的声音——良知。自我具有神秘的整体性，其是原初的“一”。自我不能分裂，这是人与自身和谐或和解的基础，在这种“一”的整体性上，一个人才能意识到对更大、更高的存在的参与意愿。这种体验到自身完整性的经验是人转向智慧的开始，引导求教育者认识自我也是教育的任务。

> 无论怎样我都是一个整体，这种整体特点能够在朝着一定方向形成和再形成我的生活模式时的内在联系中发现。自身完整要求我识别那些能整合到我的自我个性中的东西，分辨其中哪些适合我，哪些不适合我——我选择的赋予生命活力的方式与汇聚在我内部的各种力量有关：对这些力量我是欢迎它们还是害怕它们，认同它们还是反对它们，追随它们还是拒绝它们？通过选择自身完整，我会变得更加完整，但是完整并不意味着变得完美无瑕，

通过承认我原本是的那个整体，就意味着变得更加真实了。（帕尔默，2005）[13-14]

人是一个说“我”者。人也试图认识自我、改造自我。但人在改造自我的过程中，首先得认识真实的自我。每个人都具有一定的自我意识，但是不一定每个人都有高境界的自我意识。自我意识不是关于自己的一般的事实性知识，而是对自我在生活处境中的精神活动、伦理生活、道德理想、交往方面的自我洞察。这是一种对我与自我、我与他者之间的关系的判断，是对自我的自觉。良知概念就是这样一种内在精神的自觉、自省。自我意识作为良知就是一种澄明，即通达自我的人是诚明之人。这是对自我的洞察，是一个内心追求明朗与真诚的人的伦理自觉。这样的自我意识是形成自我与他者的真诚关系的基础。

人是唯一能够与自己对话的动物。它保持着一种相当连续而内在的对话，在对话中他支持或否决自己的行为，甚至支持或者否认他自己。他在内在的对话里对自己的谴责和辩护，极不同于他在他参与外在的对话时对自己的谴责和辩护。在内在对话中，自我可怜自己、荣耀自己，也谴责自己和宽恕自己。如若他不使用自己的“理性”，他就不能进行这种对话；因为内在对话意味着自我一方面在形成自己，另一方面又是自己思想的对象。（尼布尔，2018）[5]

自我理解、自我意识是自我形成和发展的重要基础与条件。德尔菲神庙上的“认识你自己”的神谕，是告诫人不要自我陶醉、自我蒙蔽、自鸣得意。自我知识之所以在希腊哲学家的眼中极为重要，是因为其认为自我知识是其他类型的知识的前提，先于或高于理论知识、实践知识和技艺知识。德性中的“节制”就是自知之明。在柏拉图的《卡尔米德》中，节制被定义为知道自己或其他知识的知识，是一种主导性的知识。

如果一个人了解自己的向往、价值、理想、品质，并且通过自我关心而致力于自我塑造或完善，那么其就是具有自我意识的。自我认识指向对真实的自我的理解，也就是自明，即理解真正的自己，追求本真的自己，自己主动建构真实的自己。自明是我与自我处于对话之中，并明确地把握了自己，凸显了个人在成长过程中对自身的反省。

> 据我们所知，道德行为似乎首先建基于人与他自己的交流。他一定不能因为为自己作出一个例外而与自己相矛盾，他一定不能把自己置于一个他不得不鄙视自己的地位上。从道德上说，这无论对于使他能辨别善恶还是对于使他做正义之事、避免邪恶之事都是充分的。因此，以这种标志着伟大哲学家的思想一致性，康德把人对自己的义务置于他对别人的义务之前——当然这是一种非常奇怪的做法，明显与我们通常对道德行为的理解相矛盾。这当然不是不关心别人而关心自己，也不是谦恭，而是关乎人的尊严，甚至关乎人的骄傲。其尺度既不是对邻人之爱，也不是自爱，而是自尊自重。（阿伦特，2011）[53]

积极的自我认识形成关于自我的智慧。自我认识是自我建构的基础。自我认识将自我与世界、自我与他者联结为一个整体。自我如何逾越某些界限、挣脱束缚获得新的经验？对自我的经验是生命的一部分。自我智慧通过人对自我的经验而不断升华。一方面，人形成外部世界的经验；另一方面，人也形成自我的经验。生命实践的经验是人不断重构、不断创造的，即人通过生命实践创作自我，包括形成自我经验或自我意识。自我经验是向内的，而且是在不断突破的，深度也在不断延展。一个人形成了对自我新的经验，他就突破了原有的自我认识，看到了新的自己。这种自我经验的生成，是人经过自反性的体验而意识到自我的表现，对自己具有了新的顿悟，从而意识到超越或变革自己的可能性。

认识自我是为了超越自我，对自我的超越不是由那些关于我们的事实所确定的，而是由我们关于“我是谁”“我想成为怎样的人”的解释所确定的。自我源于我们每个人持续不断地对生活中的自己进行价值定位，蕴含着我们关于自己的价值选择，蕴含着我们对未来想成为的人的希望。在认识自我的过程中，“我”尽量地保持自我的完整和统一，以使“我”能够不断进行这种建构，这就是人格建构的经历，是善于认识自我的结果。（阿伦特，2011）[75]

个体自我经验的丰富意味着精神的丰盈。关于自我的反思性体验把人显示在自己面前，让人打量自己，发现自己的新奇之处，让自己在场。我们的自我很多时候是隐身的，我们要有意识地去体验它，让它显身。这样的经验能不断地让人把自己显现出来，所以，建构这样的自我经验，就是把自己从习惯中拔出来，显示在光亮之中，这便是自我启明。自我的任何一次出场，都意味着自我的新生。在这一过程中，人不断地自我明察，形成自知之明，突破自我的局限与自我的封闭。

> 在使我们沦为墨守成规的自我时，我们也就不再是完全的人，我们让自己变得越来越轻贱，并开始走向死亡。我们拒绝超越每个有限的决定，这些决定是灵魂肉身化的条件，其结果是我们无法抓住可以让我们恰当领会（更不用说去解决）那些问题的手段。那些问题是在我们与他人及与语境的关系中提出来的。为了在我们与他人的关系中找到比中间距离更好的位置，我们必须能够自我试验。为了在我们与集体的安排及信念背景的关系中寻求变化，我们必须能够在我们与自我性格及习惯的关系中找到变化，如果我们不改变自己，我们就无法改变世界。（昂格尔，2012）[153]

自我认识就是向内明察。这不但涉及向内部看，而且涉及向内部走去。这是一种行动，一种使得内在经验变得活跃、变得丰富、变得开放的行动，也是让自我变美的行动。个体通过这种行动，不但将外部的经验主体化，而且也形成自我的内在经验，让外部的经验与内在的经验相互融合、相互构成；不仅获得关于外在世界的经验，也形成内在经验，使得自己澄明、丰富、优秀。个体形成自我经验就是去塑造自我、成为自己，个体内在经验的更新与变革就是自我的主体化过程，所以，主体化的经验就是自我形成的经验。

> 自我的这一活动不仅被当作自我的本质特征，而且还是创造性的，不可复制。精神不太像熟练的工匠接到材料，然后在另一地方计划，再根据社会共识（conformity）来工作；准确说，精神像艺术家，从自身制作新颖独特的对象。（托马斯，2010）[251]

人通过自我认识形成内心经验，这个过程与获得外部经验的过程不同。外部经验源于人对一个可观察的对象的体验，而自我认识是人对心灵存在过程与状态的内在意识。这是一种探索自我的可能性、突破自我的限制的认识，是创造自我的智慧，它是人内心的探险，面向自我的可能性而扩展自我。外部经验导向外部世界，虽然其也向人敞开了外部的精彩，把自我带向了外部，但是外部经验受制于外部世界。尽管人的经验方式与态度为自己外部经验的形成搭建了基本框架，但外部世界本身会把限制加之于人，从而造成外部经验的有限性。内部经验能敞开人的自我，让人把自己深处的内在展现出来，把没有意识到或经验到的自我可能性展示在自己面前。在这个意义上，自我的实质就是人在自我创造过程中实现了的“我”，或者说自我就是自我建构的结果。

> 自我在某种程度上也是由它的变化过程构成的。自我并非简单地经历这些过程，它塑造和选择它们，它启动和控制它们。自我的价值的一部分存在于它改变自身、因而（在相当大的程度上）具有自造能力……（诺齐克，2007）[113]

自我具有自我建构的倾向，这是一种把自身作为作品创作的倾向，即进行艺术创作的倾向。自我建构是塑造自我的艺术。塑造自我的艺术是把自我当作艺术品进行创作，从而创造出自己的美来，这就是自我的美学。自我的经验，使得我们从繁杂、庸俗中走出来，清醒地进行自我创作。我们有希望、期待、计划或行动，在某种程度上我们筹划和塑造着未来的自我。自我面向未来，自我的创作面向可能性。沉迷于过去的自我会阻隔可能性，只有不断地塑造自我才能创造新的可能性。回忆过去也许能产生经验，但只有创作产生的经验才使得自我突破限制，从现实走向可能。也许，自我意识总是在寻找另外的可能性，一种能够更加明察自我的可能性。

经验不仅源自对自我的经历和承受，也源自对世界的行动和承受。凭借经验，我们理解自己，也居住在世界之中。自我经验与外部经验一样，是一种探索自我的可能性、突破自我限制的经验，是创造自我的经验。让自我经验、自我意识活跃起来，是自我认识、自我超越的方式。只有不断认识自己的人，才能不断地重建关于自我的经验，这是自身经验的更新。只有经历自我经验的不断重构，自我才是自明的。

自我意识本质上是一种针对自我的伦理活动。（阿多，2012）[212]意识到自己，明察自己，就是意识到自己将成为谁、自己在伦理意义上应当做什么。一个人如果对自己具有明亮的判断，其就具有了内在精神的朗照，就明智地知道内心的向往与外部的行动。一个积极地认识自我的人是一个对自己负责的人，因为其试图保持对自己友好，不想让自己因为违背内在的原则而羞愧。所以，自我意识体现为对自己敏锐的道德感。自我意识是自己与自己同在的觉悟。这是自我的评判意识。一个不认识自己的人，无法与自己同在，而一个不能与自己同在的人，也就是失去自我约束的人。所以，自知是一个人返回自身所做出的判断，这不是去获得关于自己的确定信息，而是对自己的明察。

教育者的自明是重要的。教育者的自我意识是对实施教育行动的自己整体的自我觉察和自我警醒，这是通过自我关注而对自我和行动进行抉择的意识，这是对“我”——自身作为生命实践者的“我”和作为教育者的“我”的认识。

教育者的自明意味着自己对自己的洞察，始终保持自己的统一和澄明。一个不够澄明的教师，无法成为好的教育者。教育者对自己的认识——自知，既是一种寻找自我的行动，又是一种自明的精神状态，这是一种精神明亮的自觉。一方面，教师的精神内部是明亮的，就是自己能够对自己负责的觉醒和明智；另一方面，教师面对教育和儿童时，其精神是明亮的，则其是真实的，没有掩藏什么，没有进行伪装。教师的自我意识——自知之明不是让其把自己缩回内部，与他者隔离开来，成为一个自娱自乐或者自怨自艾的孤独者，反而教师通过自我认识的澄明，可与儿童建立一种积极的、伦理性的教育关系。

> 我不能做某些事情，因为假如做了这些事情，我就不能再和自己生活在一起了，这种和自己一起生活（living-with-myself）不只是意识，不只是那种无论我做什么和不论我在什么状态下都陪伴着我的自我意识；在思想的过程中，自我存在和自主判断得到澄清和实现，而每一个思想过程都是一种活动，在其中我与自己谈论所发生的关于我的事情。那种呈现在这种无声的自我对话中的存在方式，我现在就把它叫做独在（solitude）。（阿伦特，2011）[77]

教育者自明意味着其具有教育良知。第一，教育良知意味着教育者的自我是教育行动睿智的见证者和审视者。使人明察自身，具有内心的光明，以此光明照亮行动者，就是良知。教育者具有教育良知意味着其听从善的召唤，不断反思自己的教育观念与教育行动，使之改善。人擦亮自身意识，就是在不断唤醒良知。良知作为自我见证者，意味着我无法忽略自己的道德错误，因为我是自己的第一见证者，我无法容忍自己的恶行，我必须成为自己能够接受的人。第二，良知意味着我具有分辨是非的能力。我有良知，意味着我能够区分善恶、是非。第三，良知是超越于自我的判断者。我不但向自己求证行动本身的正当性，而且我能够超越自我，援引普遍性的理由求证。第四，良知也是我的心灵内在的声音，我应当去倾听这一内在的声音。良知的存在意味着我与自己在内心深处进行着斗争，意味着我在进行善恶的抉择。

教育者的自我理解就是不断地注视自己，与自己对话，评价自己，体会自己，不断地回归自身，在自我考量中实现对自我的认识。这是对自我的审视，这是一种自我判断力。这样一种能进行自我理解的教育者，与自己和谐相处并保持自我的明察，具有良好的自我判断力，具有内在的光明。

这种教育者拒绝自我欺骗，也拒绝被欺骗，他们能明辨是非，明了自己行动的方向与方式，具有自知之明，因此是正直的、正派的、具有智慧的教育者。

我们往往不会自觉地体验自我，不去进行自身经验的重构。我们可能把自己作为满足利益或欲望的工具，或者作为实现外在目的的工具，而不把自己作为行动的反思者和审视者，无法在外在的工具化活动中把自我主体化。久而久之，我们的自身经验被固化、被封闭、被湮没。这造成我们内在经验的贫乏，造成自明的丧失。

作为教育者，我们应该让自我经验活跃起来，自觉地形成自我经验，促成自我经验的更新与变革。自我经验的活跃是专业成长的必要内涵。也许只有不再被经验的经验才会死去，任何经验只要重新被经验，就意味着它活着。自我经验作为内在经验是生命内部的创造，只有导向再创造，它才不会僵化。教育者要让自己的生命丰富或活跃起来，把自我作为一个展现者、创造者、诗人、表演者，在各种各样的限制中体验超越，体验可能的自我，体验自我的变革。教育者创造新的自我经验，创造新的自我形象，形成一种不断建构的积极的自我经验，这样的主体化的经验，就是自我生长本身，就是人通过自我教育成为教育者的过程。一个教育者必须具有关于自我的智慧，这是教师作为教育者真正具有自我意识的标志。

2.8 经验重构

教育者的经验如何重构？经验如何创新？如何摆脱经验的贫乏？

经验是经验主体针对被经验的事情或事物而产生的个体所有物。经验包含着洞见、见识、能力、技艺等。经验是重要的行动体验。经验既是行动及其过程，又是对行动结果的感受、反思及收获。经验是动态的、生长的、重构的，而不是固定的、僵化的、封闭的。经验不仅仅意味着人亲身观察、参与、遭遇、实验、尝试，而且意味着人通过感悟、感受、反思、解释、评价获得的意义。人行动的过程就是形成经验的过程。在形成经验的过程中，我们把自身的精神整体投入进去，体验感受，反思评价，对我们的生活进行判断和选择、检验和证实。经验既向外展开，使人形成对外部世界的经验，同时又向内在展开，使人形成关于自我的内在体验。

实践经验是一个变化、融合、连贯的整体。（奥克肖特，2005）[245] 经验反映了一个人与世界交往的主体性的整体参与过程。经验是生成性的，是人的生命成长和创造本身。我们作为经验主体处在经验之中，通过经验事物形成经验，自觉地借助经验与经验互动，扩展经验。在经验自身生成的过程中，我们的经验才能活跃和丰富。在这个意义上，经验重构在于经验的超越。一个人不否定自己已有的经验，或者不能改变、生成、重构新的经验，其经验就是缺乏活力的经验，就是僵化的、缺乏适应性的。所以，人有经验意味着其面向未来重构自己的经验，这是经验丰富的必要标志。

经验在重构中超越或更新，这样的经验才是活的，才是开放而有意义的，才是智慧的组成部分，才是具有生命力的。所以，经验的更新、重构、生长、变化是经验与实践创新的方式。每一个人都能形成经验，但只有人在运用经验的基础上不断反思、重构经验，其经验才是活的，其经验才能成为智慧。

有经验的教师往往被看作好教师，但是经验本身的惯习化会造成经验的固化，从而导致教育活动的定式化与庸常化。如果教师不对经验进行更新或重构，经验就会僵化，而僵化的经验会导致教师仅仅凭经验行动，从而失去对行动境遇、行动后果、行动理由、行动方式的思考与判断，进而导致盲目、失败，导致错误或糟糕的行动。所以对于教师来说，超越自己的经验，创造自己的经验，使自己的经验丰富和多样，其经验才不会封闭或僵化。教育者的经验重构是他们形成理智美德的关键。

如果一个教师仅仅依靠已有经验去处理丰富、多样的教育情境中的事情，难免会犯错。如果一个教师拘泥于某种固定的经验模式，把自己封闭在已有的习惯中，不再对自己说不，不再向未知的可能性和多样性开放，其经验就会程式化，其就有可能在面对新的情境、新的事物时套用既定的模式。如果主体拒绝尝试，其经验就无法增长，这时主体就成了墨守成规之人，这其实是真正的经验贫乏。经验贫乏不是没有经验，而是经验僵化，其对新的可能性、对新经验构成限制。经验的重构若没有创造性，则经验不能生成，这自然会造成经验贫乏。墨守成规无法产生新经验。墨守成规的行为是指人依照习惯而不考虑事情与行为之间的特定联系，不考虑新的情境、新的可能性。同时，经验的创新也不是任意的行为，任意的行为也是缺乏判断的行为，不会带来真正活的经验。（杜威，2001）[160] 一个智慧的教师能够保持开放，不断进行经验重构，克服经验的固化。

人进行经验重构的真正动力就是不断地行动、经历，给予自己重构经验的机会，让自己的经验具有一种奔放的秉性，让它飞，让它跳，让它突破障碍，获得解放。经验的活力来自生命的解放，经验的扩展意味着生命的绽放，这是生命具有活力的表现。生命有活力就意味着生机勃勃，而不是死气沉沉。死气沉沉与活力相悖。如果经验使得人死气沉沉，麻木陈腐，那就意味着经验已经僵化，而僵化的经验限制了生命的勃发，生活失去勃勃生机，人失去热情，缺少活力。这是一种恶性循环的无智慧状态。

让经验鲜活、让经验变革、让经验自我否定等，是经验重构的方式。经验在人尝试或试验中扩展。让经验本身活跃起来，不但是生活的原则，而且是一切生活行动如教育行动的原则。人丰富、扩展经验只有通过创造性的行动，创造我们的生活世界中的事件，在事件中生成新的主体经验，让事件带来新经验的生成，让经验和自我重新活跃。

经验的开放、更新是重返经验的自我塑造，即让经验成为一种不断再经历、再体验的动力。“再经历”“再体验”实际上强调的是一种持续的亲历和在场，是经验超越化的建构过程，是把认知活动和生命的创造融为一体，是把认识、体验、反思、成人融为一体。不断地突破经验的边界，不断地创造体验与经历的机会，对知识、经验、见识、技能不断进行整合，形成经验的源头活水，把经验变成实践智慧的人，是不断塑造自我、经验和智慧不断丰富的人。

就教育者而言，也许重要的不是看其是否具有经验，而是看其是否能够不断地重构经验，看其是否“体验”着经验的变革。让经验不断“更新”，是对经验的持续理解与建构。教育者重构经验不但具有对经历过的事件不断进行反思和整理加工的含义，而且具有面向未来或可能性而不断尝试、超越已有经验的含义。教育行动作为创造性的实践，是由千变万化的具体场景、机遇、事情、过程、方式组成的，如果教育者用已有的经验保守地应对教育过程的这种新颖性和绽放性，不仅会造成对教育行动的阻滞，同时会造成经验的封闭。若教育者按部就班地实施教育行动，则其很难重构经验。

经验重构对于教育者来说，就是教育经验建构的自觉，即经验自觉。经验作为行动，本身包含了直接的给定性，即人的经历产生结果，但人只有自觉地、不断地去感受、体验与反思，才能接纳经验内容，才能在日常的教育行动中不断地“唤醒”自己的体验，让自己的经验保持开放性。这是经验的持续运动过程。教育者只有让这一运动过程自动进行，才能把教育经验转化为教育智慧。

经验重构是主体经验乃至精神展现的过程，也是其经验、智慧、人格动态提升的过程。伴随着人的经验、见识、能力、素养的融通，其人格也在不断充实、丰富、完善。经验重构关乎经验的再体验，关乎见识与体悟，关乎“亲知”，同时也关乎实践、世界、事情、自我的完善。经验重构表现了智慧的完整性，是见识明理和为人处事的高度统一。只有教育者具有经验重构的意识与品质，才能够说其具有教育行动的智慧。

2.9 想象高远

悠远则博厚，博厚则高明。

——《中庸》

世界展现出多重可能性，教育生活可能也有不同的美丽样态。我们是否具有一种纯美的想象力想象它们？教育中的意义或教育的语言、形式也许是多重的，也许是隐匿的，教育的本质或价值也许是根本不可见的，我们作为教育者能够觉知它们吗？一个教育者是否能够在可见的教育现象中看见不可见的教育本质？是否能够从具象的教育事实中抽象出普遍的教育理念？是否能够在庸常的、琐碎的学校事务中想象高远的教育价值？是否能够在有限的教育现实中想象更好的教育形式？一个教育者能否想象尚未存在的可能的教育？

我们人是宇宙中的沧海一粟，就如太阳系不过是宇宙中无数个星系中的一个；我们所知的与未知的相比，简直就如一米与亿万光年的差距；我们个人存在于地球的几十年与宇宙变化的历史相比，简直微不足道；我们人类所创造的文化也许仅仅是宇宙小小的游戏。人是如此有限、如此渺小，以至于我们只有依靠想象，依靠超越当下的思想，才能与世界产生更丰富的联系，才能创造出更壮观的人类生活的世界。如果我们自己丢掉对未知世界的幻想，放弃对没有经验过的可能性的想象，只看到具体、有限、可见的世界，那我们将会把自己限制在狭窄的场域中，将会把自己限制在狭隘的生存游戏中，对生活、对世界、对存在只能坐井观天。

如果想“到达”超越自己的视野能及的远方，就一定需要想象。这不容易，这需要特殊的努力，特别是需要我们超越自己所看到的现实就是一切的观念，相信世界之所是比我们所知大得多。多亏有了想象力，我们才可以思想宇宙、思想无限、思想可能世界，才可以面向未来，才能超越现象的变化而去想象理念世界，甚至我们才能够想象不可能的可能，“看见”不可见的存在。想象对人的世界的扩展，使人以超越现实的方式存在于世界中。

想象是对未来的可能性的观念展现。这是一种思想、视野、眼光的转换。向普遍的视野敞开，向丰富的未来可能性敞开，这是人的境界。因为这样的视野把人从自己观念的狭隘、视野的盲点、行动的局限、眼界的具象中解放出来，把人置于整体之中，置于世界之中，置于历史之中，让人更真实地思想和更真诚地行动。（阿多，2014）[202] 教育者的智慧蕴含着想象高远。

没有想象，我们看到的往往是沧海一粟。我们如果没有整体性视野，就无法在具身处境中想象超越自身的存在。我们如果从自己的利益出发，就只能看见对自己有用的关系与事物，这就会把我们局限在狭隘的空间中。我们需要超越自己，看人间、人事、人情，转换我们的视野，想象自己从新的视角看问题，尝试把自己的思考、言说和行动放在人类共同体甚至宇宙的坐标上，重新考察事情、事物。也许，我们需要不断地超越，从具体到整体，从特殊到普遍，从自我到他者，从个体到人类，超越自身狭隘的立场，把握存在的丰富性、复杂性和本质。

我们的信念固着和思维定式可能总是会让我们以已有的模式去看待世界丰富的可能性，这可能掩盖世界的美丽风景和意义，限制我们改善自身做法并使其朝更好的方向发展的可能性。因此，谁具有了想象高远的能力或品质，谁就能更完整、更全面、更清晰地看到存在，谁就能更好地理解或解释事物，谁就能更澄明地看待生活以及自己所实施的行动（包括教育行动）的方向，谁就生活在一个趋向可能完善的生活的过程中。

> 我们对于事物之存在或者已经存在的理解，取决于我们对于下一步会发生什么或者本应发生什么的洞察。变化的机会总是超乎既定结构内被认为是可行合理的那些行动。我们只有参照那些未被确定的事物才能理解什么是确定的。想象是意志的先导，它预示着我们如何从这里走到那里，或者走到各种不同的"那里"。（昂格尔，2012）[115]

想象高远是我们对自己与现实的距离进行判断的品质。想象力把事物的存在拉向我们的内心，让事物与我们的心灵接近，探索和发现我们与事物在共处中的可能关系；想象邀请尚未实现的更好的可能性进入现实、改变现实，让现实变成一种可以被否定的东西。所以，想象在肯定现实的基础上寻求更好的可能性，是对现实的一切，包括人行动的方式、现状、自身状态的否定性超越。没有想象力所带来的否定性超越，我们不可能开拓更好的未来。

想象高远之人不是出于控制、使用或支配物体的目的，而是给予物体与之相配的尊重或对待，建构自己与物体的共在关系，让心灵与物体显示出更丰富、更高远的意义。所以，这样的想象力是一种反思性判断力，它把人置于更大的时空之中，让人以更开阔的视角观看事物的多个层次，让人体悟和体验事物的可能、变化与纯粹，让人摆脱自己的狭隘性或偏执性，更好地理解事物存在的可能性，从而让事物所包含的整体存在中的一切都处在“启明”状态。

想象的品质帮助教育者把日常生活陌生化。这里的陌生化是指以新的眼光看待教育。我们每天看到的、所做的教育事情可能是熟悉的、日常的，我们对很多教育过程、方式、内容、程序都习以为常，我们的惯习使我们懒得反思寻常现象，懒得欢迎新事物、新事件，我们甚至抵抗或抵制新生事物，而不是以更高远、更广阔的心态去面对它们。我们要么恐惧新的可能性，要么对新的可能性没有感受力。我们不知忽略了多少种可能性，不知丧失了多少丰富性。如果我们通过想象，把熟悉的世界陌生化，将习以为常的当作新生的，把每天都见的学生当作第一次遇见的学生，把每一次的教育行动都当作自己的第一次教育行动，转换我们的目光，带着爱仔细、纯真地看教育，我们就会产生全新的感觉，就会不断发现新的可能性。如果每一天都意味着新的启程，每一次相遇都是新的开始，世界对我们而言就每天都是生机勃勃、诗意盎然的，生活就是新颖而新奇的，而我们面向教育所呈现的就是积极介入的状态，而不是以平庸蒙昧的姿态对待教育，我们与广大的教育世界就会互相敞开。

以想象的方式看事观物、看自身，这既是智慧，也是艺术，是更清晰地看事情之为事情、存在之为存在的方式，也是把自己从平庸或习俗中解放出来的方式。

> 正是想象的重新发现减缓了社会日渐麻木瘫痪的进程，让我们重拾信心，以尊严与人性的名义采取措施来为这个社会做点什么。我所追求的是这样一个想象的观念，就是要对人类社会当前的发展加以伦理关注，这样的关注必然要涉及正在形成的共同体以及赋予共同体色彩与意义的价值观念，因此我关注的焦点再一次回到全能觉醒的重要性，认识这个世界的未来会是什么样的重要性。（格林，2017）[47]

想象的品质可以帮助我们从具体的教育事情中思考具有普遍性的教育，或者说，想象的品质可以帮助我们形成普遍性的视野，即以普遍性的视野看待具体的教育现实和我们具体的实存，从而让我们超越现实，更加澄明地理解普遍性的教育理念与价值。人具有普遍性的视野，就是指其超越具体与狭隘，在整体性、普遍性、超越性上观察和思考自己所遭遇的事情，把教育置于一个更广阔的存在领域，在永恒时间和宇宙空间的维度上，看待各种各样的存在之关联、存在之高度、存在之方式，这样，教育者就给予教育中的事情、事物真正相配的地位，给予应有的尊敬，让它们显示其本原和本真。教育者应具有这样的在场意识，去体悟教育，从而摆脱狭隘的眼光。这是一种精神扩展方式，也是认识教育的方式。

教育者不应从个人的立场、境遇、意见出发去看待教育，而应明白自己的狭隘与无知，从普遍性的高度看待教育。

但是，我们更多的时候是自发地从个人的立场或视野看待问题，我们觉得我们个人的立场越明确，就意味着我们的观点越独特，因此我们的视角是自我化的，而问题在于，这种个人立场和视野可能存在对事情、事物的遮蔽，使得我们不能认识事情、事物本身。如果没有普遍性的视野，我们看到的现实中的教育仅仅是冰山一角，我们仅仅是在有限的教育现象中分析我们所实施的教育行为，我们无法想象更多可能的教育。以一种具有普遍性的方式、一种想象的方式进入世界与教育，才是我们要学会的观察世界之道的方式。我们只有在这样的层面，才能真正地把握“在世界整体中在场”的教育之道，才能回到教育本身。置身于广大的世界之中，唤醒理性，用普遍性的视野看待教育，邀请教育本身在现实中在场，这才是一个教育者看教育问题的正确方式。

想象的品质帮助我们在更高的地方俯瞰我们所面对的教育世界。我们在更广阔的空间中默观日常的教育事情，站在更高的地方看大地上的教育，把教育放在一个新的高度。什么是教育的高度？如何在高处看教育？为什么要在高处？教育者如何超越自身狭隘的、局限的经验来面对更广阔的世界和永恒的教育，如何超越自身的视野且跳出有限的自我，以普遍性的眼光看待教育？教育者如何把自身置于宇宙之中，具有一种整体意识、普遍意识、宇宙意识、永恒意识，从而把握自己与教育的关系？没有想象力，人就不会尝试从高处、从远处观看近处的教育现象。想象力就是人跳出当下、跳出自我、跳出狭隘的能力，它改变人的目光与视野，把人从既定的框架、庸常的观念和行动中解放出来，使人避免沉沦于狭隘。

想象力赋予教育者一种思想和行动的高度。教育者需要站在高处以普遍的视野把握教育行动的整体。高处使教育者拥有更广阔的视野，从而能够容纳更多可能性。一个教育者既需要在教育现实之中观看、认识、把握教育的本领，也需要在现实教育之上想象、理解教育的智慧。只有用普遍性和永恒的视野看问题，才能发现普遍、永恒的教育及其价值，发现在现实中看不到的可能的教育。在普遍性的教育视野中，教育者会超越个人的立场，把握到更多更真实、更微妙的教育事物，会重新为各种视野里的教育事物或教育事情定位，为自己的教育行动定位。普遍性的、整体性的视野更能让教育者把握本真的教育行动是什么，因为这是向教育、向生活、向广阔的宇宙敞开的视野。没有这种视野，教育者就无法把握教育行动本身所蕴含的意义。如果我们以非宏大的视野看教育行动，就把教育看小了、看狭隘了。

教育者的想象力是一种心灵能力。想象力使人的心灵向宇宙万物敞开，并促使人在心灵中构建关于世界、关于教育的形象。想象力是在思想上创造新的可能性的能力，这种能力为教育实践等方面各种新的可能性提供了机遇。发挥想象力是教育者突破常规、惯习和习俗，理解教育、建构教育活动、完善自己的教育行动的一种方式。如果一个教师具有想象高远的能力，那么，其所想也许不合时宜，但其绝对是教育活动的创造者，因为想象力让其不断构思新的可能性。想象扩展着认识，使现实的教育更美。

教育者的想象力是一种理性能力。理性能力与想象力是相通的，理性也许就是想象的动因，或者说想象力是人类无比复杂的理性能力的另外一种表现形式。总之，理性能力与想象力是一致的，要么是受过教育的人的想象力因为理性的运用而成为健全心灵的杰出能力，要么是人的理性受到的培养使人的想象力更为丰富。运用理性进行质疑的能力是人克服一切现有模式的强大力量，理性之人不会迷信既定的事物，其总是在探索更令人信服的观点和更合理的可能性，所以，理性不是所谓的计算或判断工具，它是人拥有健全心灵的表征。因为理性不受拘束和禁锢，人运用理性就是在发挥心灵的直觉，发挥想象力和判断力，它与华而不实、花言巧语、蒙昧、禁锢、墨守成规截然对立。理性同时也给想象力增添勇气，因为它支持想象力突破任何试图限制其驰骋的障碍，不论是外在的还是内在的，理性在普遍理由的基础上让想象力充分地表现自己。理性与想象力一起，冲破任何专断的约束，发出耀眼的光芒，照亮前方，使人在生活实践和思想探索方面取得激动人心的进步。

我们常常以为许多事情是“理所当然”，或者“理所当然”地对待教育，这种“理所当然”变成了惯习后就会制约新的可能性。一个教育者只有超越这样的信念、思维、行动的惯习，才能够召唤教育的各种不同的美丽样态或可能性，所以，想象力是一种召唤能力，能把尚未存在的美召唤到教育者的思想和行动中来。没有想象力，不仅意味着教育者的思想与行动的僵化，而且意味着教育者的创造美的现实的激情被浇灭。

我们日常的行为、熟悉的环境是我们存在之际遇，我们可能愿意在其中安享稳定，或者我们想走出惯习的无趣与乏味。没有想象力，我们即使付出努力也仍是原地踏步，看不到自己的新，看不到世界的新，看不到未来的多重可能性。想象力是开启可能性的钥匙，它让我们的思绪自由驰骋，能够让我们看到事物别样的美。想象力会推动我们不断地对自己说：“也许不是这样的，也许还有更好的”，给出否定的理由，不断地使熟悉的事物陌生化，使稳定的事情动态化，使熟知的事情新颖化。我们也许只有不断地进行假设与想象，才能突破现实和自我，才能使世界保持一种生机盎然、常新的状态，才能带来教育生活的不断转型与变革。这样才能化解已然，才能带来希望的绽放，才能实现尚未实现的。

高翔远举

飞过池塘，飞过峡谷，飞过高山，
飞过森林，飞过云霞，飞过大海，
飞到太阳之外，飞到九霄之外，

越过了群星灿烂的天宇边缘，

我的精神，你活动轻灵矫健，
仿佛弄潮儿在浪里荡魄销魂，
你在深邃浩瀚中快乐地耕耘，
怀着无法言说的雄健的快感。

远远地飞离那致病的腐恶，
到高空中去把你净化涤荡，
就像啜饮纯洁神圣的酒浆
啜饮弥漫澄宇的光明的火。

在厌倦和巨大的忧伤的后面，
它们充塞着雾霭沉沉的生存，
幸福的是那个羽翼坚强的人，
他能够飞向明亮安详的田园；

他的思想就像那百灵鸟一般，
在清晨自由自在地冲向苍穹，
——翱翔在生活之上，轻易地听懂
花儿以及无声的万物的语言。
（波德莱尔，2002）[206]

3

中和：教育者的情感美德

对崇高的事物具有感情的那种心灵方式，在夏日夜晚的寂静之中，当闪烁的星光划破夜色昏暗的阴影而孤独的皓月注入眼帘时，便会慢慢被引到对友谊、对鄙夷世俗、对永恒性的种种高级的感受之中。光辉夺目的白昼促进了我们孜孜不息的渴望和欢乐的感情。崇高使人感动，优美使人迷恋。

——康德:《论优美感和崇高感》

在柏拉图所设想的心灵构成中，情感处于重要的地位。虽然情感需要智慧，但是没有情感的参与，心灵的马车飞驰的动力就显得匮乏。情感借助理性的指引，实现自身的活力，表达自身，并与理性齐心协力，使得心灵的马车向着善奔驰。情感被正确地体验与表达，不仅表现为智慧本身对情感的力量，也表现为情感本身对智慧的力量。生活需要理智，也需要情感，健全的理智与健全的情感一样重要。人关于世界与生活、自我与他人的情感，影响人行动的意向、态度和方式。

情感本身不是理性的敌人，其是心灵的本质力量之一。① 人不仅是理性的存在，也是情感的存在。人的生成与存在本身也是情感性的，情感不仅参与存在，而且被存在所需要。存在依赖情感，也生成情感。情感、情绪、心情、心境表现了基本的情感性的精神状态。情感展现着人的内心世界，抒发着人的情绪与感受，展示着人的精神品质与美德。方东美指出，哲学循理而有情，衡情度理，究情之实与理之真。就人生智慧而言，情理相调和，智慧才是有情有理的。人之知审乎情、合乎理，才是智；人之欲称乎情、切乎理，才是慧。② 智慧使得情感合理，而情感使得智慧怡人、生机勃勃。方东美的这一智慧观在哲学上给予了情感重要的地位。如果情感本身是品质，人自身也有义务形成情感美德。（努斯鲍姆，2010）[97] 事实上，情感不是美德的工具，而是美德本身，同时也是美德实现的能动性。（努斯鲍姆，2018）[96]

践行美德本身是人的心灵表达感受性的过程，而且建立在必要的情感感受之上。情感不仅是对行动的推动，而且是对行动的体验性评价和反思。心灵的行动需要情感美德的推动和维持，在任何一种行动中，基本的心情、心境参与行动，同时，行动本身激发情感感受，享用情感感受。健康、合宜的情感感受或体验本身会加深、促进、增益行动，而扭曲、病态的情感

① 努斯鲍姆（M. C. Nussbaum）阐释了情感的意义，并且提出了情感的力量这一概念，参见《思想的动荡：情感的智慧》（*Upheavals of Thought: The Intelligence of Emotions*）一书（剑桥大学出版社 2001 年版）。

② 方东美在《哲学三慧（上）》中把智慧与情感统一起来，阐述了他关于智慧的思想，详见以下网址：http：//zhwhdx.ustc.edu.cn/zhwhdx/news/detail_197634.htm.

感受会阻碍、削弱行动。行动所需要的情感是行动者行动时所应当拥有的情感美德，或者说是行动所建基于的基本情绪。

行动本身产生的情感感受与表现，可能会唤起行动者的不同情感，可能是健康的，也可能是不健康的。健康的情感感受加深基本情感，促进情感美德；不健康的情感感受与行动所需要的基本情感不一致，与情感美德相悖。这就意味着情感感受需要在行动中合宜地表现。不合宜的情感是不合理的情感，也是不正确的情感。合宜的情感需要抒发，而不合宜的情感需要净化。正如我们需要改变错误的信念一样，我们需要改变不正确的情感。这是情感教育的内容与任务。

情感美德的尺度是中庸，中庸即中和、合宜。情感美德是合宜的，是指其既合宜于心灵本身，也合宜于行动。就行动本身的情感感受或情感表达而言，如何合宜地将其表现出来或者是达到情感的中和，关乎重要的情感美德的养成。情感的合宜、中和有益于行动本身，也有益于参与行动的人的心灵。

> 喜怒哀乐之未发，谓之中；发而皆中节，谓之和。中也者，天下之大本也；和也者，天下之达德也。致中和，天地位焉，万物育焉。(《中庸》)

人作为一个情感动物，以合宜、健康的心情兴发、参与存在行动。生活是生命的情感实践，心情能兴发人，而心情是人对生活之为生活，对规定生活、引导生活的根本存在的应合。如果存在本身发出一种召唤的声音，作为存在者就以合宜的心境应合这种声音，即与这种声音相合、协调、共鸣。海德格尔所说的情调就是对存在的倾听与应合的心境。生活是向着生活而生活，生存是向着存在而存在，这就是生活情调或者心情。心情是人以合宜的情感或心境领受、承受、感受、表现存在的声音，或者是人在感受存在的声音中，生发出内在的与此声音相合的热情、激情。

任何生活行动都源于并需要适宜于此行动的基本情感。就如海德格尔所说，任何哲学生活都始于一种心情，其中基本心情是“乡愁”。适宜于教育生活或教育行动的心情是什么？如何唤起这种心情？对于教师来说，需要保持教育心情，使其能够在教育行动中得到表现，使得自己的心境或心情与教育行动本质上是相宜的、协调的。

教育者从事教育实践需要基本情感，即合宜于教育本真实践的教育情感。教育情感是教育者参与教育行动的心情或情绪，这是教育者在教育行动的处境中所应持有的情绪或情感状态。教育情感是教育者兴发教育行动并与教育行动应合的情绪、心境、态度。海德格尔在解释心情的“应合”时说，“应合必然而且始终就是一种合辙的应合，而并非仅仅偶然地和间或是一种合辙的应合。它在一种合辙状态（Gestimmtheit）中存在”（海德格尔，2011）[18]。教育行动需要应合于合宜的心情。教育者特有的心情总是表现在其心境或精神上，是一种合于行动的情调或情感。“应合”就是一种与教育行动合拍的教育心情的抒发或表现，这是一种本然情感的生发、表现、感通、呼应，而不是表演。教育者的情感应当以“应合”的方式存在，与教育之为教育的行动、交往相协调。当教育者有了合宜的教育心情，他们就成为与教育本真同行的人，他们才真正地参与了教育，成为教育的寻求者、守护者。若教育者没有基本的教育心情，即如果没有从事教育行动的根本心境、心态、心情，他们就与教育不合拍，可能处于没有情感而去做“教育”的状态。人若没有被唤起或兴发从事教育的基本情感，就没有从事教育的精神。

教育心情也可以称为教育心境或教育情感，这是从事教育应有的感情。杜威（2012）[23]说：“一种心态意味着（而且仅仅是意味着）一种心情（frame of mind），它是表现在某种行为方式里的一种情感倾向。”一个教育者的心境或心情产生于他的实践活动。但同时，一种实践活动基于其自身的本质，要求或邀请行动者以与实践活动相符合的心境、心态、心情去行动，这就是教育行动者的基本心情。教育心情反映了教育者从事教育活动的精神状态，反映了教育者个人独特的教育行动的价值生成或意义绽放。

教育情感的合宜，使得教育者呼应教育的本质，进行情感响应和行动卷入。教育行动是教育者心之所向、兴致所在，所以，教育心情是教育者响应教育的方式。教育者的教育基本心情的唤起，使其教育行动指向真正的教育。教育心情，是教育者倾听教育本然发出的召唤而予以积极响应的热情或激情。这意味着教育者感受、领悟、实施着教育之为教育的活动，以当然之情去应合教育，以合宜的心情、心态、心境去实现教育之为教育的本质。教育心情是合辙于、相应于教育本原的心情或情感。这是教育者的本质性情感或心情。只有教育者真正领悟、感受教育的本真、本然，教育者才具有这种心情，而这种心情把教育者拉向本真的教育，激发教育者在行动上响应本真的教育。

教师也可能会把一些非教育的或者与教育无关的情感包括心情带入课堂之中，带入教室之中，带入师生交往之中，表现出与教育行动不合的情绪。这是偶然的情绪，而基本情感是教育者做教育时必须具有的心情。偶然的情绪或心情是变化不定的，它们是无益于实现教育行动的心情，因此不是教育者要予以兴发的对象，反而是要予以节制的对象。在教育行动中合宜、适宜的情感表达与感受是教育情感的美德。教育是一种情感实践，是情感的事业，教育者的教与求教育者的学包含两者间的情感交往或情感理解，同时，教育行动本身促进双方情感的产生，并包含健全情感的培育。（Hargreaves，1998）学校、课堂、教室都是教育者与求教育者体验、表现情感的场域。不论是教育者还是求教育者，在教育场域中都有独特的心灵感受，都有可能在具体的境遇中生发出情感，都以富有情感的面孔在场。

教育者的教育情感是其参与教育行动时积极的、自觉的、合宜的心境、心态、情绪等，表现了教育者的情感力量、精神面貌、心理感受，显示了他们的希望、热爱、关切、期待等。教育者具有合宜的感情或态度，其教育行动才能更出色、更优秀。合宜的教育情感和情感美德是教育行动卓越的必备条件。（赫斯特豪斯，2016）[139] 健全的情感品质带来的是教育者自身与求教育者积极的、健康的、美尚的情感体验，并积极地提升双方的情感美德。所以，教育者的情感品质是他们开展教育活动、进行教育交往的构成性品质。

合宜的教育情感是教育者的心灵美德的重要组成部分。教育者的情感品质表现着他们的心灵品质，展示着他们的精神境界。教育情感是教育者的教育行动的激发者、塑造者以及保护者。教育者的教育行动包含了合于教育的情感参与、情感表达、情感感受等情感活动。教育情感能够告诉教育者可以做什么、应当怎样做，可以激发他们善好和美尚的教育行动。作为教育者心灵美德的重要组成部分，教育情感不但影响着教育者教育行动的方式、表现与效果，而且适宜的教育情感能够带给求教育者积极、美尚的情感体验，对他们进行健康的情感塑造。教育情感本身不仅具有重要的道德价值，也具有重要的教育意义。

3.1 对教育的“操心”

海德格尔在《存在与时间》中将操心看作人作为存在者对存在进行关切的原初情态。操心形成了人与存在的原初关系，其是人实存的基本心情，是实存得以可能、通达存在的条件，同时，操心也基础性地、形而上地奠定了人的实存。操心表明人源于存在并对存在尽心尽力。它是作为世界中的实存者的人表现自身的方式，是人作为此在或者生活之为生活的根本方式。可以说，没有操心，人就无法成为一个积极的存在者。生活本身在操心中进行，人通过操心而追求生活的美善，对生命或生活的操心就是对生命和生活如何变得美好的劳心劳力。

教育者在教育行动中实存。教育不但是他们存在的行动，而且是他们存在的境遇，是教育者试图实现自己实存的方式。他们对教育具有形而上的操心，即操心“何为教育”，操心“我与教育的本质关联是什么”。操心是教育者参与教育的本质性情感或心态。操心体现为教育者与教育的情感关联，这种情感关联激发教育者牵挂教育，思考教育是什么、教育者自身与教育的关系是什么、可能的教育如何实现等问题，从而对其教育行动和教育生活发挥作用。教育者对教育的操心是他们在教育之中的情态，表现了他们与教育的原初关系，以及对教育具有的“上心”状态。

教育者的操心是教育者的教育情感之一。教育者的操心是其与教育本身“融为一体”的状态。教育操心这种原初的教育情态，不是教育者具体的行为，也无法还原为教育者进入教育的具体过程。它是教育者对教育本身的挂念这一心态、心境或心情。这体现了教育者与教育“共在”“共鸣”的情感关系，是教育者对教育的承认或承诺。没有“操心”的教育心情，教育者就没有对教育的“忧虑”；没有对“教育者”之名的关切，教育者与教育就可能是“异心”的，即教育本身没有进入教育者的“心”，教育者与教育还没有达到融洽的状态。

教育者对教育的操心，不是指向行动或行为层面的操作及技能，不是对具体哪所学校或哪件事情的操劳或操持，不是对求教育者的“嘘寒问暖”，不是“春蚕到死丝方尽”，而是对教育存在的询问、追问，是对教育本真的领会，是在领会教育本质的过程中把自身投入本真的教育实践之中的精神状态。所以，操心是教育者把自身展现在教育中的心情，这是一种原初的、基本的、过程性的心情。若教育者没有对教育之为教育的操心，而仅仅表现为卷入现实中的教育，则其还不是对教育真正操心。因为操心意味着询问本真的教育意义及其在现实处境中的显现。教育操心不仅是向着教育的，而且其本身是教育者自身成就自己存在的心态，因为教育操心唤醒了教育者的自我意识，让其作为本真的教育行动者和教育的承担者存在。

操心是教育者完善自己、从事教育的基础性情绪。海德格尔把操心看作人最原初的先于行为的存在情态。这一情态为人的生存奠基，这就是说操心是人生存并生成的基本方式。教育者的操心就是对教育具有一种兢兢业业的心态[①]，一种把自身投入其中的情绪。教育者的教育行动，是在操心情绪中展开的，是对教育的存在性参与。教育者的这种参与不是其把教育看作外在于自身的活动，而是看作自己操心的、挂念的、关切的、表现自身的活动。这既是教育者对教育的一种牵挂，又是其对自己作为教育者与教育同一性的照看。[②]教育者为教育操心不仅仅表现为其关切教育，也表现

---

① 海德格尔在《存在与时间》中引用了布尔达赫对“操心”的解释：心有所畏的忙碌和兢兢业业、投入其中，相关分析参见生活·读书·新知三联书店 2014 年出版的《存在与时间（修订译本）》一书的第 229 页。

② 海德格尔所用的 cura 包含着“牵挂”“忧虑”“照看”等内涵，相关分析参见同济大学出版社 2007 年出版的《海德格尔与伦理学问题》一书的第 129—131 页。

为其关切自身在教育中如何生成，即操心教育的同时也操心自己如何与教育之名相合、如何响应教育之本然、如何达到教育对教育者的要求，所以，操心把教育者自身与教育积极地、紧密地联系在一起。

与操心截然对立的是对教育"无所用心"的状态。学校里的一位教师可能在精神上、情感上对教育"无心无意"，其也许按部就班地、常规性地做着被称作"教育"的事情，关心教育带给自身的某种利益，但是却没有为教育操心。这就意味着其与教育的隔离，也意味着其作为教育者有教育者之名却对教育以及自己作为教育者的茫然、漠然、不顾。

> 懒洋洋、漠漠然的无情无绪状态无所寄托无所进取，唯自遗于每日发生的事却因而以某种方式裹带着一切。这种状态最深入地表明遗忘在最接近我们的操劳活动诸种日常情绪中具有何等力量。凡事都像它们是的那样"让它去"，这种混日子之方奠基于一种遗忘着自遗于被抛境况的境况。（海德格尔，2014）[393]

只有教师为教育操心，其才成为教育者，才能开始对本真的教育的实践行动。对教育的操心基础性地规定了教育者。对教育没有操心之情的人，本质上不是教育者。作为情绪、心态的教育操心其实是教育者自身的生存样态或方式，这需要教育者自身的情感养成。对教育的操心，不是教育者天然的情感，而是一种需要培养的对教育的敏感、惊奇之心。

3.2 对教育之敬

歌德（J. W. von Goethe）在《威廉·近斯特的漫游时代》中区分了三种敬：对在我们之上的存在的敬、与我们相同的存在的敬、在我们之下的存在的敬。对在我们之上的存在，我们心存敬畏或虔诚；对与我们相同的存在，我们敬重或尊敬它们；对在我们之下的存在，我们给予与其相配的尊重。

敬畏可以看作一种宗教性的情绪。敬畏指向比我们高的存在，意味着我们与其建立了情感联系，因为崇高的存在与价值是隐匿的。人如果没有敬畏之心，就无法感受和领悟崇高的存在与价值的奥秘和深度，那么，人对崇高的存在与价值就是盲目的，是视而不见的。（倪梁康，2008）这种盲目说明人失去了一种超越性的眼光，这导致人无法建立起与超越者的联系。也许，人们怀疑崇高的存在是否存在，或者无意与崇高的存在建立联系，但是，如果没有了超验的视野，人也就看不到自身存在的某种界限，也就不可能认识自己；如果没有了敬畏之心，人也就对自己没有了限制，也就可能自大、自傲。人的敬畏之心对崇高的存在与价值没有意义，因为它们是自在，人的敬畏之心只对人自身具有意义，它为人的心态与行为设置了界限。

康德把“敬畏”引入人的道德实践之中。人对道德法则心存“敬畏”，是人的理性的本质。这里，道德法则的崇高性与人的理性构成一致的关系。康德看重人对道德法则的“敬”，因为“敬”导引人们遵循道德法则，道德之敬是根本性的道德情感。[①] 在康德的道德哲学中，“敬”不同于源自对象的某种情感，它是对普遍的道德法则的敬重，所以“敬”是一种理性的道德情感。敬重是理智的、庄严的。[②] 对道德法则的敬重，是人作为理性存在者的价值与尊严所在。

“敬”之所以是一种道德情感，在于它可以摧毁人的傲慢、自大、自恋。没有“敬”，人就傲慢地无视或拒绝具有重要性的存在及其意义。“敬”让人认识或领悟到不同于自身的高贵、美好的存在，从而愿意把自身的精神与之连接。“敬”可以让人向高于自我、大于自我的美好价值和美好事物

---

① “敬”是中国儒家思想的重要范畴。儒家思想主张“诚敬”，这是人体认心中所存天理、体悟天地万物相通相存的道理的一种状态，人通过敬而保持心之诚、道之明的通达状态。孔子指出，“居处恭，执事敬，与人忠”。孟子则认为，恭敬是礼的重要内容，“恭敬之心，礼也”。儒家思想中的“敬”“敬重”“崇敬”涉及的基本是人与人之间的关系，与恭敬、尊重、礼让、事上、孝敬等礼俗相关。恭敬之心是道德意识。

② 对于世俗之人或世俗之物，敬重具有一个明确的对象，是对敬重对象的价值感知或价值判断。这说明敬重的对象是明确的，此外，敬重情感的产生是建立在对这个对象的价值判断基础上的。

敞开心灵，让人感受到自己由于具有缺点、错误而表现出的有限性。“敬”可以把人导向对道德法则、崇高价值的虔诚，使之产生合乎理性的谦逊，产生对他者应有和相配的尊重，从而限制自我、规导自我。

海德格尔把“敬”看作人自身心性的真诚和真实，这是人操心的本然状态。敬不仅仅是一种敬畏，更重要的是人本心的纯粹状态，就是人的心性的本真状态。所以，对于道德法则的“敬”不仅仅是道德法则的崇高唤醒和激发了人的“敬重”或“敬畏”之心，而且反映了人对存在的“本真响应”。人对道德法则的崇敬是人对存在的赤诚之心——纯粹的“上心”与“操心”。人无“敬”，就是对存在无所操心，就是不上心。

教育者的“敬”之心或“敬”之情在教育中是怎样的？

教育之敬是教育者对自己所从事的教育实践的本真性的、合宜的情感，这是一种理性的情感。“敬”是教育者从事教育的必要情感。教育者的“敬畏”意味着其有所“畏”，即在自己的教育生活和教育实践中，认识到教育本身是令人虔敬的存在，知所当为和不当为，认识到教育行动与实践的界限与自身行动的有限，意识到自身的谦卑。也许，我们不能确切地知道我们需要“敬畏”的教育存在是什么，但是，敬畏之心让我们把教育扩展到更大的意义空间之中，扩展到我们看到的现象或事实之外，把自身的努力恰如其分地投入合宜的、理性的实践之中。

人除了有敬畏之心，还有崇敬之心。崇敬是对值得崇敬的事物的虔敬。教育者须有对崇高价值的崇敬，这种崇敬使教育者与崇高价值建立了关系，把崇高价值邀请到自己的生活和教育行动之中，让它们在自己的心灵、实践中在场。崇敬是一种积极主动的情感，是人出于自己的理性与自由自觉地把美好、高贵的事物作为认识与实践的敬重对象。“敬”作为情感是积极的，因为它不会引发嫉妒、恐惧、愤怒、抑郁、自傲等其他消极的情感，它也不会引发占有、消费等工具化的对待事物的态度。崇敬的对象作为情感的对象并不会刺激个人的喜欢与偏好，所以，崇敬是一种本真的、积极的、自由的情感。敬重直接导向对纯粹的美好事物、美好理念的重要性的敬畏与重视，它本身是正当的、积极的。

教育者的教育之敬包含对真正具有教育意义的伟大的教育事物的敬意。

这种敬意可以让伟大的事物及其魅力在教育中显现并活跃在教育过程中。教育之敬邀请伟大的事物在教育中出场和在场，这样，教育者与求教育者才能在学校中体验到伟大的事物的魅力。对真正具有教育意义的伟大的事物没有敬意，没有伟大的事物的魅力的“诱惑”，学校生活就缺乏教育力量，学校教育就黯淡无光，教育就无法存在。学校教育的意义在于让伟大的事物产生引导、教化的力量。学校生活的美好在于尽量让伟大的事物的魅力渗透在学校的每一个时空、每一个环节、每一个元素中，创造求教育者与伟大的事物交流的机会，让学校生活本身体现伟大的事物的魅力。没有蕴含伟大价值的事物，没有教育的意义，没有伟大价值的支撑，学校生活就没有重要性和丰富性，就是无价值的，就缺乏庄严感。教育者对伟大的事物心存敬意，才能产生把它们“邀请”到教育中来的愿望，才能激发求教育者对伟大的事物的“崇敬”。

教育者的教育之敬包含着对求教育者和童年的“敬重”。求教育者被赠予世界，求教育者给世界带来新的未来。求教育者的到来给世界带来新生，带来了人类希望的绽放，使人类的生活在未来时间的维度上获得精神、文化、历史、技艺的展开与绵延，使文明获得历史性的升华。求教育者进入历史性存在的世界之中，进入五彩缤纷的生活之中，来到人们中间，开启了新的未来可能性，赠予了世界新的生命、新的力量、新的活力，带给生活新的形式、新的作品、新的行动。人类的世界因为求教育者的诞生而具有了诞生性，世界因此有了新意（novelty），求教育者或童年赠予生活世界的是不断“绽放”和积累的“新颖”（newness）。求教育者本身代表了美好，代表了新的可能性和新的开端，求教育者和童年值得教育者敬重，求教育者的童心、童真、纯粹、友善都值得教育者尊敬。

教师的教育之敬是对本真的教育实践的感受，是教师的教育伦理之情的彰显，因为“敬”表现了教师对本真的教育的执着、追寻、践行。教师具有教育之敬，才能对教育的本真性进行感受、领悟，才能把自己的思想、信念与这种本真性的实现联结起来，并在本真性的教育实践中，把自己的教育意识或教育伦理意识展现出来。这意味着教师对教育的“敬”之情把本真性的教育实践与教师自身作为教师的本真性联结起来。“敬”之情是一种理智的情感，也是一种实践的情感，是把实践主体与实践自身联结起来的情感。因此，教师的这种“敬”之情把对教育的“敬”与对自身的重视相结合。唯有教师对教育具有“敬”之情，其才是教育者，才有对自身的教育者身份与实践的“自重”。

教师对教育的“敬”并不是简单的敬业，因为如果业不分善恶，不分应当与不应当，那么，敬就只是不分善恶的愚敬与盲从。这其实就是不敬——既是对应当及值得尊重或珍重的事情和行动的不敬，又是对自己的人格、人性及意志的不敬，因为这时教师所做的事情是那些不值得去敬重的事情。值得敬重的事业是善业，认识善业并以善的方式从事、实现善业是对善业最好的敬重。所以，重要的是明白什么是值得敬重的善业，判断其本真的善，并以本真的敬之情感去实践这种善业的本真，这才是真正的敬重。在这个意义上，虔敬是一种重要的情感性德性，因为这种德性不但引导教育者去认识教育的本真与善，而且是实践教育之善、教育之本的情感基础，所以，真正对教育虔敬的人才能发现教育中值得敬重的善，才能敬重真正的善。如果教育者是真正的虔敬之人，即具有虔敬之心，那他们对教育之本真就会具有敬重之情，并会把自己的敬重之情投入教育实践之中。敬则不虚假，一是不虚假地从事教育，二是不从事虚假的“教育”，三是不伪装自己。这是教育者持续不断地追求真教育、好教育的积极情感，也是教育者自身追求做一个好的教育者的卓越品德。

3.3 教育志业的意义感

教育是一种志业，而不仅仅是专业。教育作为志业要求教育者有志于把完整的精神投入教育之中，把教育看作与自己的生命价值相关的事业，将其与生命意义关联起来。教育者对教育作为志业的意义追求表现为一种教育热情，即把自己的教育行动作为一种志业，从中发现教育的意义并充满激情或热情地投身于教育。人具有意义感意味着人感受到了安身立命的意义。意义感的追寻就是以志向寻找生活的道路。意义感是教育者重要的教育情感。这也意味着教育者把自身的价值与教育紧密关联，发现了自身从事教育的意义。

意义感促进教育者生成教育的热情，反映出教育者对教育事业具有积极而强烈的兴趣。一个教育者从教育事业中获得了意义感，其就会产生热情或兴趣，愿意全心全意地投入其中，就意味着其在教育工作中找到了生命的意义，愿意把教育工作作为自己的生命价值之所在，当作让自己的生活欣欣向荣的源泉之一，这样其就会把教育工作作为志业。生命的意义系于志业之上，与其具有内在的关联。

兴趣意味着一个人深思熟虑地、富有热情地坚持着值得坚持的事情。杜威在谈到这种兴趣时指出，具有兴趣就意味着有意识地把自己和所从事的工作的内在价值联系起来，同时不断地调适自己以与自己所从事的志业相配，从而形成双重的变革，即致力于工作本身的改进，把工作做得越来越好，同时致力于自我的变革，把自己变得越来越好。（杜威，2001）[370-371]

教育者的意义感意味着他们把生命与教育融为一体，意味着他们不是把教育当作职业，而是将其作为一种为之奋斗的志业。这种志业表现了教育者品格与生活的统一、道德追求与工作的统一、生活意义与事业的统一。以教育为志业，意味着教育者把教育看作自己生命意义的源泉、生活幸福的根本。具有志业感和意义感的教育者不把教育作为一种谋生的手段。职业仅仅是一种谋生方式，任何人都可能尽职，但人难以有一种内心的忠诚和付出，因为职业是与人格、生活相分离的。如果一个人把职业当作其一生愿意付出时间与精力的、维系生活意义的志业，那其才是真正热爱这个职业，而职业也就成了志业。

教育者也不是简单地把从事教育视为专业劳动。以教育为专业，本质上还是把教育实践作为一种常规的按照相关规程和知识运作的过程。尽管专业的实践需要实践者具备专业的能力、规范的知识、娴熟的技巧，但这样的实践还是按部就班的，实践者缺乏热情和热诚。虽然专业要求人具有一定的责任感，但是这样的责任感是外在强加的，而不是人通过反思性实践和对教育本真价值的追求而产生的，也就是说不是自主的。虽然专业以专业知识、专业技能、专业伦理为标志，但从事专业者依然把专业看作谋生和谋利的手段，看重外在的荣耀和利益，而不是人生的内在价值和人生的意义感。

以教育为志业，特点在于从道德实践来理解教育。志业在专业之上，它的目的是求善求美。以教育为志业，需要把教育看作一生值得去做的善业，需要个人优秀品质的支撑，需要纯粹的热情和热诚。以教育为志业，意味着对教育有一种与生命联系在一起的关怀、有一种道德理想的实践、有一种非这样做不可的义务感。教育者把教育作为志业、作为道德实践，意味着其热切、积极地追求教育的善，把日常的一切工作和行动都当作道德实践。所以，教育者是具有道德精神的人，他们的教育实践是道德作为。为教育而存在或者以教育为志业的人，是在心里把教育作为自己生命意义之所在，也就是说，他们觉得服务于教育会使自己的生命具有意义。因此，他们不是工具性地看待教育，而是从本质上理解教育。在以教育为志业的前提下，他们把教学、学习、学校都当作与教育合为一体的事情而为它们考虑、忠诚于它们、热爱它们，这就是忠诚于教育事业。以教育为志业，是教育者之为教育者的根本前提。这意味着教育者是为教育而存在，不仅仅是靠从事教育来获得名望或利益。教育者是为教育的本真价值而存在的人，而不是把教育当作手段的人。只有先把教育作为自己的志业，教育者才能称得上是为了教育的人，或者是为教育而存在的人。

教育者以教育为志业、把教育作为天职，亦即教育者的实践时时刻刻都在听从教育的召唤，他们是为教育而存在的人。在一定意义上说，教育者只是听从教育召唤的人，他们的激情、热诚都是在响应教育本真的召唤，他们将自己的全部奉献给教育。教育至上是教育者的教育情感，也是其行动的根本原则。

3.4 教育爱

哲学是一种爱的经验，即是一种爱欲的生活方式。

——阿多：《古代哲学的智慧》

教育爱是一个永恒的主题。不知将来的机器人教师是否会爱他者？我觉得不会，机器人教师不会对事物为什么如此存在感到惊奇，也不会对无知有所畏惧，所以机器人教师不会热爱真理，机器人教师也不会热爱智慧。如果是这样，机器人教师怎么教导求教育者去热爱智慧，又怎样教导求教育者在追求真善美的过程中关爱自己的心灵呢？如果机器人教师不关心求教育者是否热爱智慧，那它又如何关爱求教育者的心灵呢？

爱是心灵存在的根本原则。柏拉图在《会饮篇》中探究了心灵通过爱的力量向美攀登，并把这种攀登看作心灵获得提升、完善和教化的过程。在哲学看来，使心灵追求美善的力量是爱。智慧、美、真理、善都是无法被占有的，人不可能掌握它们，人只能爱它们，所以爱是人向往美善和智慧的精神状态。爱的构成性条件是真善美的存在以及心灵对它们的向往，爱欲导向美，美是对爱欲者的引导。爱建立了心灵与美善的关系，使得心灵有了分有美善的方向，爱使得心灵的品质获得被塑造的可能，因此，爱是心灵的倾向性，是一种倾心于爱的对象——真善美的心灵状态。对真善美的向往或追求，是爱的本质。

在《会饮篇》中，苏格拉底提出，如果不把爱欲和欲望区分开来，那么所有的人都是爱者，而事实上很多人不是爱者。欲者在于占有有用之物，而爱者在于追求美、高贵和善好。真正爱美的人，才是爱者；真正爱善的人，才是爱者。这样的爱者分有美和善，并创作自己心灵的美和善，因此爱者是创造者，是诗性的，或者说，爱是诗性的。诗性就是对追求美和创造美的渴望与实践。爱欲导向对美善的追求，而诗性导向对心灵美善的创作。因此，爱使心灵生发出向往，使得心灵进入向往美善的生成状态，所以爱是心灵的力量，使心灵自身进入所爱的事物之中，受其浸润，受其教化。真正有爱的人，就是爱真善美的人。真善美是完善的，心灵得到它们的引导，才能走在完善的路上。所以，人对真善美的爱，是一种对假恶丑的抵御，也是对自己心灵的治疗。没有爱的人，容易受假恶丑的污染，因为没有爱，人就失去了对真善美的向往，失去了因分享真善美而得到的教化。这一爱的原理其实就是心灵因对真善美的向往而获得教化的教育原理。

爱欲追求美善的教育原理说明，教育源于心灵之爱。对美善的爱生成教育，有爱欲者才能生出心灵的理智羽翼。人的心灵自身欠缺善和美，因此向往善和美，心灵对善和美的爱是自然的。但是，如果心灵趋向美善的爱无法现实化，或者心灵的理智被蒙蔽，意志被麻痹，心灵认识不到美善，心灵就会变坏。只有在以恰当的方式认识美善并在美善的引导下，心灵才会变好。心灵本身分有善和美，善和美的本质使得心灵变好，所以心灵本身对善和美的热爱让心灵处于追求善和美的旅途之中。

教育是为了心灵的健康、智慧，是为了心灵的美。这是心灵通过爱智慧、爱美、爱善而实现的，这就是教化的内涵。爱是一种精灵，穿梭在心灵与更高的存在之间，把心灵与真善美联结起来，就如丘比特一样时时刻刻穿梭在人们中间寻求建立爱的关系。爱实现心灵与真善美的沟通，它是真善美与人的中介，把人唤醒，在人与被爱者（真善美）之间建立一种亲密的关系，激发人通过向真善美的攀登而不断地提升心灵的美德。

教育完善心灵的品质，这是教育对心灵的关爱。教育要实现对心灵的关爱，首先得爱真善美，因为真善美是心灵成长、完善的缘由。教育不但要唤醒教育者和求教育者去爱真善美，建立心灵与它们的关系，而且教育本身还要关注双方热爱真善美的过程、方式和内容。教育要没有“具有生育心灵的能力”的爱，就无法让求教育者去爱真善美，就无法让求教育者受到心灵的教育。

爱是教育的根本动力，因为爱是心灵朝向真善美的力量，同时爱也是塑造心灵自身之美的力量，即心灵通过爱而追求美、实现心灵自身的美化——心灵的美的创作，这是教育本身。换句话说，教育不是简单的教与学，其根本的旨趣在于关照心灵的正当和健康，这种关照通过培养心灵的爱欲实现。教育要让心灵变得美善，就要引导心灵向往真善美，分有真善美。这是心灵不断向真善美攀登又不断改变自身的教育方式。心灵塑造自身的方式就是不断地更新自己的形式，这是在分有真善美的过程中进行的，即在爱真善美的过程中实现的。心灵的变形就是其向真善美出发，不断地回归自身，这是心灵改善自身的过程。这是双重的过程，只有不断向真善美出发，才能回归心灵自身的塑造。

教育者是爱心灵者，既爱自己的心灵，也爱求教育者的心灵。教育者爱心灵是为了让心灵善好。爱心灵者，就是守护心灵、让心灵变好的人。根据爱的原理，真正热爱心灵者，希望心灵能够变得美善，因此教育者对求教育者的心灵的爱一定会激发后者的心灵对真善美的追求。激发心灵对真善美的爱，就是教人真正正确地学习。教育者关爱心灵，就积极引导心灵去向真善美学习，分有真善美。所以，教育者的教育爱，是对心灵的爱，而对心灵的爱是引导心灵走向真正的教育源泉——真善美。

教育者的教育行动是一种爱的实践，是一种关爱心灵成长的实践。真正的教育者没有什么神奇之处，他们只是知道自己的心灵不完美，因此积极向往真善美，以这种对真善美的爱为求教育者做出榜样，引导求教育者、激发求教育者一起向着真善美攀登。不论是知识的教育、艺术的教育或者能力的教育，只要蕴含真善美，就是真正提升心灵的教育。教育者是常人，不过他们是爱智慧、爱心灵的常人。他们不仅学习修炼自己的心灵，也与求教育者一起在真善美的教育中修炼心灵。在这一过程中，教育者把心灵之爱的真谛种在了求教育者的心灵之中，让求教育者的心灵不断地生长，所以教育者的教育爱是“生育性”的，即面向求教育者的心灵生成。

教育者的心灵与求教育者一起共同追求真善美，共同接受来自真善美的教育。教育者与求教育者不是师生，而是同行者，是志同道合的朋友。教育者与求教育者之间相互砥砺、相互启发。教育者的教育爱来自对真善美的爱，他们在求教育者的心灵中播种爱，也通过爱撒播真善美的种子。教育者以爱去引发爱，正是通过爱，教育者与求教育者共同关爱心灵。所以，教育爱存在于教育者和求教育者共同创造的热爱真善美的教育生活中。

在教育的精神家园——学校里，什么最重要？是学习最重要吗？如果不是以真善美为对象，学习不过是掌握工具性知识或形成素养的途径。学习是面向真善美的，真善美是学习的对象。这种学习是通过爱真善美而实现的，同时也是关照心灵的方式。这意味着学校并不因为教授知识而成为学校，而是因为有一种独特的追求真善美、关爱心灵的方式而成为学校，成为心灵成长的家园。这意味着教育者是以在对心灵和真善美的爱中播撒真善美的种子为终极目的，即以关爱心灵的健康、美善为终极目的。

> 雅典学院的成员都有某种知识观。他们把知识理解为对人的训练，理解为对性格进行缓慢而困难的教育，理解为“整个人格的和谐发展”，最后理解为生活方式，旨在“确保……一种善的生活和由此而来的心灵得救”。（阿多，2012）[64]

教育者要播种，首先要有爱，即爱智慧、爱美善、爱心灵，这样教育者才能充满智慧地关爱心灵的成长。教育者不爱心灵，就不可能去爱真善美，因为不爱心灵者就不关心心灵的好，不关心心灵是否向往真善美。如果不爱真善美，教育者就不可能真正地爱心灵，而只在意人的用处，因为如果缺乏对真善美的爱，心灵的美善就不可能。教育者不但谈论心灵以及心灵所面向的智慧和美善，而且努力去按照它们行动，这样教育者的心灵才是有爱的，才具有“生育能力”，其才能在求教育者心灵中播种，求教育者才能真正地学习。

教育者的教育爱也塑造着自己。教育者关心心灵的好，也就意味着关心自己心灵的完善。所以，在教育者对真善美的追求中，教育者作为爱者也不断地提升自己，使自己变得更好。因为教育爱的根本是双重的爱，既是对心灵的爱，又是对真善美的爱。教育者要想照料求教育者的心灵，必须先爱护自己的心灵，这是通过爱真善美而实现的，所以，教育爱既塑造求教育者，也塑造教育者。这是一个连续不断地给予爱的过程，也是求教育者在爱中成长的受教育方式。教育者作为爱者知道自己是匮乏者，知道自己不美、不完善和不高明，因此，其只有通过爱提升自己。尽管缺乏智慧、美和善，却渴望热爱智慧、美和善，正是这种对真善美的渴望，给心灵的变革和教化带来了契机与动力。

现代的教育也许离心灵之爱越来越远。不管是提倡学习中心，还是提倡学习者立场，其实教育看重的是学习者那些在未来将发挥作用的素养，而不是心灵的品质，这说明教育已经背离了它原本之所是。对心灵之爱的遗忘，是否就是对教育的遗忘？是否就是对心灵之好漠不关心？是否就是对心灵本身的遗忘？如果教育遗忘了对心灵的关爱，教育到底能够做什么呢？

没有教育爱的教师是庸俗的，因为其对真善美缺乏向往；没有教育爱的教师也是不善的，因为其对心灵的善漠不关心。拥有教育爱的教师是高贵的，因为其实践了教育对心灵美善的关心。这样的教师的爱不是服务性的，而是向善性的。教师这么做不是为了博得他人的赞赏，也不是为了避免被排斥的羞耻，而是出于对真善美的痴迷，是出于对心灵完善的渴望，是出于对本真教育的实践。

3.5 教育中的同感共情

我们人类具有一种非凡的精神能力，那就是在互相交流的过程中的心灵理解能力。我们在交流过程中不但交流信息、意见和知识，而且彼此体验自我、融合视野、相互理解，进而产生新的意义。我们不但能够懂得彼此的心灵，感受彼此的精神，而且钦佩或赞赏彼此的人格。我们的精神能够交流，我们的心灵能够通达。不仅如此，我们作为人还把自身嵌入他者的情感体验之中，在理解他人时感受他人，形成情感关联，与他人能够惺惺相惜，能够共鸣，这就是同感共情（empathy）。

共情是感受他人的感受，是想象、分有他人情感的能力，这种能力使一个人设身处地地关注他人的遭遇或心境，从而与他人形成情感上的关联。同感共情不是简单地移情，而是真正的道德情感。美国哲学家卡维尔认为，对于他人心灵感受的反应并不是一个认识过程，而是一个同感的过程，即站在他人的立场感受他人的问题。这是在对他人心灵状态有所认识之前就存在的一种状态，即主体感觉自己在情感上参与他人的内心世界，能够被他人的精神感染，能够被感动。只要有同感共情，主体与他者之间便建立起某种积极的联系。（霍耐特，2018）[73] 同感共情不仅是心灵事实，也是人与人之间应当形成的道德交往。

同感共情是一种非常独特的心灵现象，是我们从第一人称视角出发对他人的意识或主体性的体验，是对他人的心灵或精神生活的一种感受、把握或理解。人的情绪是开放的，这是我们相互理解的基础，所以我们在人际交往中可以体验到各种情绪。人只能在当下通过同情、理解等方式感受他人的心灵。人与人之间有共享性情绪，包括共同感受、情绪感染、移情、认同、同情、爱等，这些共享性情绪说明人与人之间的体谅、感受与理解。同感共情就是理解他者的情感品质，是嵌入他者的生活境遇中想象他者的情感性表达，从而使人以交流、沟通、体谅、关心、同情等方式与他者进行道德交往。同感共情表达了人对他者的理解，是人与人心灵关联的基础，即把他人作为一个拥有人性的人来予以尊重、承认、关心。（Maxwell，2008）[54] 所以，同感共情是人们相互体察、心灵感通的重要道德品质。

同感共情本质上是一种情感共鸣，它能够激发我们的道德情感，从动机上引发我们利他主义的道德行为。可以说，同感是道德感知的基础，是道德领域的入口，也是对他人担负道德责任的必要前提。（张浩军，2016）休谟把同情（sympathy）① 看作人的情感美德，这是一种通过交流而接纳他者的倾向。不管他者与我们是多么不同，我们都可能产生情绪。同情心激发道德行动，是一种重要的道德情操。（Hume，2010）[202，577] 在休谟看来，同情是一种接纳他人情感的能力、习惯或美德。所以，同情是同感共情层面的情感交流方式。同情是主体间的感通、相应与共鸣。休谟所说的同情其实就是同感共情。（Verducci，2000）

同感共情是一种对他者心灵、情绪和境地进行感受的情感实践，也是用适宜的情感感受他者的思想与情感的情感美德。这种情感美德既是朝向

① 18 世纪的思想家把 sympathy 看作情感的分享与交流，其就是现代思想中的 empathy。empathy 来自德语中的 Einfühlung，后者指情感的投射与交流。现代思想家们用 sympathy 指称那种对他者遭遇某种不利状态的同情与怜惜。sympathy 是一种对他者福祉的关心性情感，与 compassion 含义相近，compassion 所包含的怜悯情感更强烈。在本书中，我把 empathy 看作基础性的情感，它是一个谱系，包含 sympathy、compassion 等。

他者的移情，又是接纳他者情感的适宜方式。（Baron-Cohen，2011）[10] 同感共情包含移情（投射，即 projection），也包含情感感受，蕴含想象性的视角选择或转换。（Oxley，2011）[16] 成熟的同感共情（mature empathy）是人性在积极意义上相互通达的情感，表现为拥有人性的主体之间的惺惺相惜和相互理解。个体不仅能够通过同感共情体认他人的存在，更重要的是通过进行积极的、适宜的情感交流与他人形成伦理关联。共情（shared emotions）、移情、同情、怜悯、视角转换等都在同感共情的情感谱系之中。正因为具有这样的属性，感通他人、与他人共在、与他人分享情感，才成为我们对抗非道德的基础。

同感共情在规范意义上是人与人之间进行道德交往、产生伦理情感的本体论基础。同感共情是本真地与他人共在相依，这是主体之间人性共通性的本体论桥梁。（Agosta，2010）[17] 同感共情是利他的，是一种伦理性情感。（Slote，2007）[5] 同感共情意味着合理、适宜地感受、体验、体谅他人的视角、立场、态度、信念、情感、兴趣、价值取向，与他人共情，形成相互理解或融合的视角，形成团结性的情感关联。人与人在个体性上是不同的，但是因为同感共情，我们不仅具有共通性，而且在伦理感情上相互通达。这是理解他人并形成友善、亲密、和谐关系的基础。同感共情不是把自己的视角、立场、信念、价值观加之于他人，也不是在接纳他者视角、立场、信念、价值观的过程中放弃自己的视角、立场、信念、价值观，而是通过情感参与、想象、体验，与他者形成道德关系。（Fesmire，2003）[65]

教育行动指向人的心灵交往，也是通过人与人精神的相通而实现的。如果教育基于人性、源于人性、为了人性，那就必须包含人的同感共情的教育。教育不仅要培养人的心灵的理智品质，也要培养心灵的其他品质，包括人的感通与感受能力。（参见弗雷泽，2016）[219] 教育应当包含培养求教育者的同感共情能力，教求教育者去理解他者，这应当成为教育的组成部分。教育者自身的同感共情是这种教育的最好方式，是教育行动的伦理意义的实现所必需的情感方式。教育者的教育行动存在的本体论情感是同感共情。（Maxwell，2008）[5]

在教育现实中，有些教师往往缺乏同感共情能力，他们很难把求教育者看作完整的人，也很少把求教育者看作独特的人，只是把求教育者看作知识的接收者、规范的服从者、需要努力学习来提高成绩（效率或绩效）的机器。这实际上反映了教育者缺乏对求教育者的同感共情能力，也就是说其不去感受作为人的求教育者。这种心灵上“不及情”的问题，造成的后果是教育者情感的麻木，对于人之情感无动于衷、无所感应，对他者的心灵及其感受淡漠无情。教育者所面对的求教育者是有独特心灵的，如果教育者对求教育者的心灵是拒绝的、冷漠的、缺乏感受性的，那就会阻隔心灵之间的通达或影响，在这种情况下，师生之间的教育关系就难以建立。所以，情感的相互感染是教育的基础性条件。教育者的教之交往、教之可能是建立在心灵交往的同感共情的基础上的，或者说，师生之间的相互感受与理解是心灵交往、心灵之教的根基。①

教育者的同感共情能让师生在交往中产生愉悦、和谐的情感。教育者的同感共情使他们理解求教育者、感受求教育者的感受、接纳求教育者的需要与情感，并形成教育性交往的基础。可以说，没有同感共情，教育者与求教育者之间是分离的，他们之间的心灵相遇是不可能的。

> 除非我们通过想象参与到他人的世界体验之中，否则我们也无法知道我们该如何尊重他人。（Johnson，1993）[200]

同感共情的表达是师生产生情感联结和相互理解的重要方式，它有助于激发教师对求教育者的关怀、照料、接纳等道德行动。如果教育者关心求教育者的心灵，就必须积极地以同感共情的方式感受求教育者。教育者的同感共情是教育者的求教育者意识、心灵意识、道德意识的基础，因为同感共情不仅是双方建立道德关联的基础，同时也是教育者具有丰富的感受性的表现。同感共情使得教育者积极地卷入并体验求教育者的生活，理解他们的心灵，关注求教育者的情感，并以心灵交往、情感交流的方式展

① 教师具有认知性的同感共情（cognitive empathy），也具有情感性的同感共情（affective empathy）。前者是在与他人互动中对他人心思的把握，后者是在与他人互动中对他人的情感或情绪等感受给予积极回应。这两种都是教育者开展教育行动不可或缺的重要条件。

开整体的教育行动。

教育者的同感共情不是简单的认识求教育者、研究求教育者的途径或方式，它是一种观照求教育者的教育情感。教师对求教育者心灵的感受，不同于对求教育者的研究或认识，感受（理解）与认识是不同质的。心灵及其内在世界不是科学认识所能够企及的，只有通过同感共情才能促进心灵的交流，因为心灵的交流涉及感受。在心灵交流的过程中，师生不是相互打量或认识，而是相逢、承认、理解、关怀对方，是相互体验对方的存在。这是心灵之教的关键。

同感共情具有规范性的功能（Oxley，2011）[36]，它激发教育者积极地以合宜的情感与求教育者交流，激发教育者的道德敏感性或意识，避免冷漠、麻木、孤傲、无情、愚钝等态度，避免对求教育者产生精神伤害。[①] 同感共情使得教育者站在求教育者的视角，让自己处于求教育者的场景之中，嵌入求教育者的生活之中，去感受他们的境遇、经验、情感，带着对他们成长的牵挂和操心而关心他们。教育者进入求教育者的境遇，想象他们如何感受世界、教育、教学以及他们的生活，想象或感受他们心灵的变化与情感的起伏，感受求教育者的在场、精神变革、情感状态，从而与求教育者建立起伦理关联，与求教育者交流。

同感共情是教育者处身性和内嵌性的情感品质。教育者与求教育者共同处于教育行动的境遇之中，不论是通过面对面的交往还是借助媒介交往，教育者有了同感共情，就能够直接感受到求教育者作为一个整体存在的心灵，就能够看见求教育者、听见求教育者、感受求教育者，也就是把求教育者作为一个完整的存在去体验，感受他们的存在及情绪，理解他们的心灵的感受与体验。所以，同感共情就是教育者把求教育者作为一个有心灵的存在去理解，把求教育者当作一个活生生的心灵拥有者去理解他们的心灵的方式。

同感共情是教育者必要的教育情感，这种情感激发教育者理解、欣赏、认可、尊重求教育者的认识与情感。（Jaber et al.，2018 ）这意味着同感共

---

① 努斯鲍姆把同感共情看作防止伤害的重要方式。她说："我是以某些非常普遍的、已经成为我的同情感应的一部分和判断是否严重伤害生活的一部分的人类繁荣标准去衡量这些处境的。"（努斯鲍姆，2010）[20]

情是通达教育性力量或价值的方式，是教育性交往之所以可能的基础。构成教育性交往的条件是存在论意义上的情感之感染、心灵之呼应，即教师与求教育者之间的同感共情。（霍耐特，2018）[75]

3.6 柔和的面容

> 我们准备好了面容，去迎会我们要见的面孔。
>
> ——艾略特：《J. 阿尔弗雷德·普罗弗洛克的情歌》

柔和（希腊语是 praos）是教育者具有的好客面容，它与冷酷、漠然、生硬、无情、野蛮、粗暴相对立。它是人性的温和，是对他人表现出的友善、亲近与和蔼。柔和是一种重要的情感美德，它蕴含在其他的美德诸如正义、智慧、节制、勇敢之中，与这些美德共同表现在语言与行动之中。柔和使得其他的美德充满了人性的温情，赋予人的美德和谐和完整。

教育本身只能以柔和的方式进行。在柏拉图的对话中，教育与柔和的关系不是偶然的，而是内在的、本质的。（罗米伊，2016）[275] 教育本身引导人性向善，它意味着以人性的方式建立教育者与求教育者的关系。教育在目的和方式上与柔和相统一。真正的教育者必定是柔和的。苏格拉底的教诲方式和教的形象是柔和的代表，他的对话原则就是柔和，他总是以一种微笑的面容和柔和的语气、目光来进行对话。苏格拉底温和、善良、耐心、宽容，话语中充满着柔和。（罗米伊，2016）[274] 他在对话中柔和地面对、倾听每个人。面对一些无礼的、气势汹汹的对话者，苏格拉底仍表现出谦逊与柔和。如在《高尔吉亚篇》中，苏格拉底面对卡利克勒的挑战时说："我的朋友，我必须请您在教导我时更柔和一点，免得我从您的学校里逃走。"（Plato，2004）[76] 苏格拉底所说的这种柔和，是柏拉图所阐述的那种教育者与求教育者的关系的基础。实际上，好客的柔和恰如其分地表现了学校、教育者与求教育者的关系的本质。

柔和是温和、亲切，是友爱与友好地对待每一个人。柔和与暴力、生硬、主宰、控制、冷漠相对，表现为友善、友好、宽容与理解，柔和体现了一种尊重人性的态度，表达了人性所蕴含的善意。柔和是一种教育者与求教育者的主体间的伦理态度，属于情感美德的范畴。柔和使得教育者在情感上善意地对待每一个求教育者。柔和体现出教育者的温文尔雅，这是心灵卓越而表现出的风度、境界和面对存在及生活的优雅。说一个教育者是柔和的，是指其不暴躁、不冷酷无情、不铁石心肠、不尖酸刻薄。（罗米伊，2016）[24] 这是与语言的暴力、情感的暴力、行动的暴力截然相反的情感面相。

柔和是教育者所必需的伦理性的情感意向，它不是谄媚、迎合、巧言令色，而是一种温和有度的亲切，是对另一个面容的尊重或亲近，是面容的交汇与相合。真正的柔和是发自心灵本身的品质，因此是自然而自觉的，不是表演和装饰性质的。一个教育者柔和的面容，往往是无法假装出来的，这是一种质朴、自然的亲切。教育者的柔和让求教育者感到亲切、安全、舒服、放松，它不是细腻的关怀，也不是醇厚的爱，它是教育者与求教育者本原的情感关联。柔和赋予教育者魅力。教育者的柔和，与自负、急躁、火爆、僵硬相反，同时也与软弱、迎合、圆滑、恭维、煽情、无原则相反。这是因为柔和体现出一种基于人性、在人性之中、为了人性的善的根本取向，与柔和相反的这些情态体现不出人性的善以及促进人性追求善的意义。所以，柔和不代表教育权力的撤退，也不代表教育者软弱，更不代表教育暴力的柔性施展，它是教育本身的温暖。所以，教育者的柔和可以抵制对求教育者的强制、控制和严酷，拒绝施加在求教育者心灵上的任何折磨与痛苦。（参见孔特－斯蓬维尔，1997）[200–210]

柔和是对他者的友善，是人性化的面容。教育者是具有教育权力的人，其在使用教育权力时，会倾向于把求教育者看作对象，会倾向于以刻板、冷漠、僵硬的面容出现。而柔和意味着教育者以不粗暴、不野蛮、不冷酷的面容和语言出现在教育场景中，使得教育者的权力使用本身具有教益，不仅体现了教育者的善意和优雅，而且也实现了教育本身的意义。人性是柔和的。教育是柔和的，才是人性的；教育者是柔和的，才能把求教育者当作有尊严的、追求幸福的、有人性的人。教育者自身具有柔和的品性，其所实施的教育行动是柔和的，才能培养求教育者柔和的品性。教育本身与人的柔和具有一种自然的关系。柔和作为一种人性的文明而非野蛮，来自教化的成就。（罗米伊，2016）[256]

教育者的柔和不仅仅表现在情感和态度上，也不仅仅表现在语言上，更表现在教本身。教育者的教是柔和的，但不是无节制的。柔和的教包含着幽深的、宽仁的、耐心的、谦逊的、期待的、温和的目光。柔和的教把求教育者的学放在第一位，这样的教是隐匿的、节制的，留有求教育者自主探究的空间，或者说，柔和的教只是掀起求知或探究的帷幕的一角，而求教育者在管中窥豹的过程中被激发了理解秘密的意愿和热情。求教育者的探究掀起了更多的帷幕，他们愉悦地享受着发现的乐趣。教育者的教永远是暗示，而不是明示，不是强加，其只是激发求教育者的探究热情。教育者只是领着求教育者到知识殿堂的门口，而把更多的秘密留给求教育者自己去探究，在教中，留白比填色更重要，柔和比强硬更明智，更接近教的本质。教的柔和意味着耐心地静候与期待，包含着积极地参与和促进，所以柔和地教开启了思考与探究，这正是教的意蕴。教不是让求教育者的头脑充满知识，而是让他们的头脑转动起来，即让求教育者自己去建构自己的智慧。所以，教育者柔和的教育方式是解放求教育者的智性和情感的根本方式。

柔和不是放弃原则，它不是宽宥。教育者的严肃、活泼与柔和并不冲突。一个教育者可能是严肃认真的，但同时是平和而谦逊的，他或她的严肃建立在柔和之上。这样的教育者面对严肃的事情，认真而不僵硬，柔和而不软弱。同样，他们的柔和不失界限，他们的文雅不失活泼。柔和本质上是让求教育者作为一个人、作为人性拥有者受到尊重。柔和反对教育中存在任何形式的暴力和压迫。柔和本身包含了一种严肃的指导力量、一种耐心和善良的力量，表现了一种亲切的从求教育者的角度出发引导求教育者的善意和爱意、一种不伤害求教育者的关心。面容的柔和是教育者真正的精神面相。

教育者的柔和把谦逊的优雅、亲切的面容、教育对人性的善的意义、教育本身的高贵融合在一起，它与其他的心灵美德是相统一的，因为它与人性相配，也与教育相配。孔子循循善诱的面容，真正表达了教育者的柔和这一情感美德的形象及其教育意义。

3.7 好客之情

我们终究会因我们的善念，我们对待外来者的耐心、公正和温柔而受到奖赏，这奖赏便是外来者慢慢摘下面纱，转而展现一种全新的、无以言表的美——这是他们对我们热情好客的答谢。

——尼采：《快乐的知识》

好客的行动只能是诗性的。

——德里达：《论好客》

教育是不是一个绝对好客的实践领域？学校和教育者是否面对每一个求教育者的面孔时都具有绝对好客的责任？求教育者是不是学校和教育者的绝对客人？学校和教育者是否把求教育者作为一个客人而慷慨大方、善意地款待？什么是教育者的好客之情？求教育者作为绝对客人是否激发起教育者的好客之情？

列维纳斯在他者伦理学说中提出了他者的面容与“我”的存在性之间的关联。他者作为客人意味着他者面容的到场与在场，与“我”形成了面对面的关系。在这种相遇中，“我”对客人的面容具有绝对欢迎的责任。（列维纳斯，2016）[201] 列维纳斯所言的对于他者的无条件的好客，是伦理的本原状态，是把“外人”作为绝对的“他者”“绝对的客人”来对待的存在立场，即热情、谦恭、大方、友好、舒服、自然、真实地对待客人的方式与心境。

作为面容的面容的临显，打开人性。（列维纳斯，2016）[199]

列维纳斯在《总体与无限》中对语言与好客的关系的探讨，是从主体与他者的本体论的伦理关系开始的。主体与他者的关系首先是一种伦理和亲近的关系。语言首要的任务就是亲近和对这种亲近的示意，而不是通过描述对他者进行认知和把握。在“我”与他人的交往过程中，“我”的语言本质上是好客的，是作为一种向他人释放的善意、亲近感而呈现的，而这种亲近感又首先依赖于自我毫无保留地展开和展露，这种展开为接待他者不断地开启意义的空间。因此，语言的伦理是欢迎的能力、赠予的能力、慷慨的能力、好客的能力的展现。（列维纳斯，2016）[190]

列维纳斯强调每一位他者作为客人的面容的独一性和不可取代性。他者——绝对他者在呈现自己的面容。面容与面容的相遇是伦理性的，这种面容的共同呈现与相对，是非暴力的，是卓越的人性的到来与交互。因为它不伤害我们作为存在者的自由，而是把我们自由地导向相互善待与友爱，赋予我们真诚相待的伦理责任。好客，就是对他者的欢迎，作为非暴力，它维持着自我的同一性与他者的多元性，它是敞开、和平、和善。他者——绝对他者——与同一之间没有任何边界。（列维纳斯，2016）[188]面对他者，我们应绝对好客。对绝对在先的客人的接待——无条件的、诚心诚意的接待，是好客伦理中的关系正义，是人性得以显现、交流的条件。

从列维纳斯的好客伦理看，在我们与他人的关系中，理解他人和与他人对话是同时发生的。“我”与他人是一种相遇的关系，而这种相遇的关系首先必须包含表达、致意、善意的问候，是把他者作为受欢迎者来对待。好客呈现他者作为人性拥有者的条件，而这种呈现首先意味着与他者说话——面对面地亲近，招呼他，不仅让他自在，而且使他在显现的关系中成为“我”的伙伴，成为“他”自己。（王嘉军，2018）

好客是抽象的人性关系，或者说，人与人之间形而上的关联的根本精神是好客，所以，好客象征着人与人之间应有的友善或友爱，是形而上的伦理。（列维纳斯，2016）[292]好客意味着主人张开怀抱，准备欢迎上门的客人，让客人成为主人，享受善意与友爱。“主体，就是一个主人（hote）。”①

① 在法语中，hote既是主人也是客人的意思，这句话也可翻译为“主体是一个客人”。（列维纳斯，2016）[291]

主体作为主人，意味着客人到来时，主人迎接客人，让客人成为主人，主体既是主人，又是客人，客人既是客人，又是主人。不论客人是陌生人，还是熟悉的亲人朋友，我们既迎接他们，又受到迎接，我们与客人是相互迎接的伦理关系。

“好客”首先需要是“无条件”的，否则，“好客”就不是“好客”。绝对的好客意味着，要让客人来取代“我”的位置，让“我”成为“人质”，要让他成为“我”的主人，甚至成为解救“我”的人。“绝对好客”要求我们放弃自己的主人地位，我们需要照料客人，为其服务，也就是要求我们将客人当作主人，而把自己作为客人。不论是主人还是客人，都既是主人又是客人。这样的相互替代可以一直循环下去，“这些替代使所有人，使每一个人都成了他人的人质。这就是好客法规”（德里达 等，2008）[123]。

绝对好客的态度是纯粹迎接的伦理态度。“我”在客人来临之时，在知道他的身份、来历、用意之前就欢迎他，不怀疑他，不排斥他。因此，绝对好客的语言应当是一种搁置语言的语言，不具有询问、怀疑、试探功能，而只作为一种接待的语言。好客是对朋友或陌生人的真诚迎接，这是一种对多样性存在的接纳而不是排除的心态。（Shepherd，2014）[81] 因为好客是邀请他者跨越门槛、跨越边界的情感和面容，好客抵制了敌意、忌恨、怀疑、不信任，“好客因此是解构的”（Derrida，2001）[364]，解构那些形成区隔的边界、门槛、场域、心态等等。（Still，2010）[4]

教育、教育者与求教育者的形而上关系是虚位以待——迎接的关系，即“好客”的关系。学校总是为尚未到来的客人或者不期而至的客人——求教育者留出空间，而教育者随时准备接待这些即将成为学校主人的客人。（参见 Ruitenberg，2011）[28–35] 教育的每一时刻都是“好客”的时刻。每一代的求教育者其实都是教育世界中的新来者，即绝对的他者。他们来到教育中，与教育和教育者相遇，是客人。他们的面容、精神成长的姿态、人性和人格，先验地要求教育具有好客的精神，要求教育者具有好客的情感。教育成为教育的必要条件是迎接求教育者的光临。求教育者是先在的，没有求教育者来学校求教，就没有学校和教师存在的必要性。求教规定了教育的可能。求教育者作为客人，既规定了教育者成为教育者的可能，也规定了学校和教育者的好客。学校必然期待求教育者的来临，但只有好客的精神才能让学校教育具有吸引力，具有伦理性。

好客是教育者迎接作为他者的求教育者的面容来临的立场。这是对求教育者的欢迎的礼遇，尽管教育者与求教育者都是教育和学校的主人。如果教育是人的心灵的转向与完善，如果教育是对求教育者心灵健康的照料与服务，它本质上应当对求教育者是好客的、友爱的，因为每一个求教育者都是具有心灵的“这一个”，他们完整地来临、在场，受到迎接，才使学校和教育的伦理责任得以显现。教育者面对求教育者时真诚、好客，才是对心灵真正的关爱。教育者应当以好客的心情建立与求教育者的关系。教育者的好客、款待与求教育者结合，成为共同进行教育行动的盟友和同道。

教育中的绝对好客是教育伦理。这意味着教育者对待求教育者的好客是无条件的。好客作为教育者接纳求教育者的方式，是对待求教育者的热情，是一种无条件的给予或善待。（Ruitenberg，2015）[52]这里的无条件是指不论求教育者的面孔是怎样的，不论他们来自哪里，不管他们的文化、政治、社会、学校、家庭等方面的背景如何（Sinha，2018），作为客人，他们是绝对的受欢迎者，他们“到家”了，他们受到礼遇，他们成为教育之家的主人，成为主体。教育和教育者的“好客”和“迎接”，使得求教育者成为主人。没有好客，求教育者就会被挡在“家”之外，他们就无法进入教育之中并成为主人。

求教育者来到教育中，是陌生的他者，教育及教育者的欢迎与接纳是无功利的。“好客”作为一种教育情感，其本身是无功利性的。

> 教育的好客具有两种意蕴：第一，教师以主人身份对待求教育者，其不是控制型的决定者；第二，教师作为主人是让渡自身并服务于求教育者的，这就是显示出教师是心灵开放和谦卑的。教师并不期望求教育者说什么或做什么作为回报，也不把求教育者当作可被精确预测之人。（Hung，2013）

好客不是因为求教育者有用、会回报或感恩，不是为了更好、更容易地控制求教育者，也不是为了让求教育者更顺利地适应学校或教育，使得教育者成为权力使用的绝对权威。好客不是为了交换利益或互惠，而是一种纯粹的给予，没有任何功利性的计算或考量。好客期盼求教育者的来临，希望求教育者成为主人，成为绝对他者。好客是把求教育者放在学校的中央，是为了让求教育者成为教育真正的中心，让教育真正具有求教育者的立场。求教育者感受到了教育者和教育的好客，他们才能信任教育者、信任教育，从而积极地参与教育合作。（Hung，2013）在这个意义上，只有教育和教育者具有好客精神，教育的力量才能通达求教育者的精神成长，与求教育者的心灵共鸣。

> 好客的教师愿意放弃自己在教育中作为主人的掌控权，即其愿意放弃自己的自傲、权威与权力，愿意更好地把自己当作求教育者的同伴，进一步地，好客的教师愿意显露自己思想、情感、情绪中的脆弱。（Hung，2013）

教育者好客不是为了把求教育者当作学习者，不是为了让其顺利地、高效地完成学习任务，取得学业成绩。好客是教育本身的意蕴，是为了让求教育者光临教育的“家”，让他们找到自己的位置。（Ruitenberg，2015）[32] 教育者好客是指其把求教育者当作纯粹的他者，欢迎他们，让他们在教育中找到安顿自己的位置。这是一种真诚相待的热情。好客不是要解除求教育者的独立性，也不是为了保护求教育者，而仅仅是让求教育者在好客中自在、自如、独立、成长。（Todd，2008）[177]

好客使得求教育者在学校中感到自我有了情感的依系和归属，让求教育者产生“回家”的感受，体验自主和自由成长的意义，从而找到自己的位置。求教育者视学校为家园，这种家园感使得求教育者与自身的存在合一，因为家园的精神性意味着家园是心灵的居所，即心灵找到安顿自我的地方，意味着精神在其中获得自身、实现自身变革。学校具有好客的精神，才是求教育者的精神家园，求教育者才能在学校中、教育中寻找自我、建构自我和超越自我。求教育者不仅是以学习者的身份置身于教育之中，而且是以存在者的身份置身于教育之中。他们与教育者、教育之间是存在性的伦理关系，这一关系本身是情感性的、精神性的，也是处身性的。所以，求教育者来到教育中，是他者、客人，教育、教育者接纳、款待求教育者，让其成为主人，就是让求教育者获得尊重和爱，让求教育者感受成长的精神喜悦。正是在这个意义上，学校、教育、教育者要成为绝对的好客者。

教育与教育者的好客与求教育者成长具有内在的关联性。好客的教育伦理和教育情感提供了一种独特的让求教育者照看自我的方式。好客体现了柔和、相聚、温馨、分享、照料、爱意、欢迎。教育者的好客让学校、班级、课堂、环境、精神氛围等具有了“家园”的意义。这些教育事物具有了“家园”的意义，也就具有了好客性，才能使求教育者感到自己是受欢迎的，是来“栖居”和享用教育的。教育的好客使得求教育者的精神变革成为可能，这正是好客的诗性特征。（德里达 等，2008）[2] 教育者的好客使得教育与求教育者的心灵共鸣，使得求教育者安顿自身、回归自身、转化自身、生成自身，使求教育者真正形成作为人以及作为自己的生命质感。教育者的好客，既让“求教育者是其所是”“是其所应是”，也让学校真正成为学校。

教育好客意味着求教育者作为“客人”的来临改变了教育者的心态、存在方式及其与求教育者的关系。好客是教育迎接求教育者的绝对的精神姿态，教育者的“好客”来自教育的这一本质情态。好客才真正使得学校或教育成为求教育者的“家”，使得教育者成为教育者，使得求教育者成为求教育者。这种迎接、好客的情感使得教育者和求教育者都在教育中真正在场，所以，好客建立了教育者作为“客人－主人”和求教育者作为“客人－主人”的主体间的情感关系。所以，好客不仅仅为师生关系奠基，更呈现了教育与求教育者的关系。好客不仅展现了教育者与求教育者共在的状态，更重要的是，其实现了教育与求教育者的共在。

好客的伦理改变了教育者的面容。好客的伦理与情感突出了教育者作为一个有血有肉的人的心灵丰富性。好客的教育者作为一个有灵性的人，没有戴着知识传授者的面具，也没有作为管教者的盛气凌人，反而与求教育者心灵相遇和相通。教育者与求教育者面对面的状态，使得两者的关系变成了一种人格性的关系。求教育者不再是教育对象，而是人；教学不再是教与学的来往，而是双方在对话的过程中共同探究。求教育者不再是服从者，而是成为自己。

> 好的教学是对学生的一种亲切款待，而亲切的款待经常是主人比客人受益更多的行为。……通过提供款待，一个人就参与了所有人可依赖的社会结构的无穷尽再编织。这样，给客人的维持生命的礼物变成了主人的希望。教学也是如此：教师对学生的亲切款待产生一个更亲切地款待教师的世界。（帕尔默，2005）[51]

好客的情感使教育者把自己的面容呈现在求教育者眼前。面对面的呈现形成了教育者与求教育者的关联。传统的教育把知识、教学看成形成师生交往的媒介，而好客的情感显现了教育者肉身化的面容，使其与求教育者的面容相互亲切地照面，这绝对地先于教学关系。在教育中，求教育者和教育者始终面对面。面容的相迎，把教育者与求教育者结合在一起，让他们都作为心灵拥有者而存在，都作为主人而款待对方，都作为客人而欣然享用对方的款待。好客的教育伦理奠基了本真性的教育关系。

3.8 存在性的教育承认

德国哲学家霍耐特（A. Honneth）把合理、尊重、正当地联系自我与世界的原初形式称为承认（recognition）。（霍耐特，2018）[50] 承认不仅仅是一种对待他者（包括他人）的态度，而且也是一种存在论意义上的生存方式，即存在本身是承认的，如同海德格尔在《存在与时间》中所说的，承认是存在之参与方式及对存在的挂念情感，是生存与交往的基础。人与世界的交融与人的存在是同时的，也就是说，人的生存与人的存在性承认也是同时的。人作为行动者和认识者，在生存中与世界、与他者并不是隔绝的，人在实践上以整体参与、投入的方式与态度把自己与世界关联起来。人在存在论上与世界建立了整体的无间隔的关系，这是人的存在的本体论规定。人的认识、思考、行动、交往、道德行动、情感都建立在这一本体论条件之上，总是依赖于这种存在性的挂念与操心、关系与连接。这是存在论意义上的情感呼应，而不是简单地认识到这个世界有他者存在。

> 当我们在行动中建立起自身与世界的联系时，最初并不是采取情感中立的认识态度，相反地，伴随我们的行动的是一种肯认的、具有存在意义的关心挂念；我们自始就必须时时承认接受周遭世界有其自身内蕴的价值，也正因为其自有价值，才会使我们对自己和世界的关系感到挂念担忧。就此而言，“承认”概念在最根本的层面上，不仅跟杜威“实践之投入”也跟海德格尔的“挂念”即卢卡奇的“共感参与”有着同样的思路，即，人类对周遭世界所抱持的存在之关注具有一种先在性，并在我们对万物自身意义与价值之经验中得到滋养。所谓承认的态度，就是肯认其他人或事物在我们生命开展过程中所具有之意义。（霍耐特，2018）[50-51]

存在性承认是所有其他认可的根基。在其他的认可模式中，认可仅仅是对特质、能力、状态、权利、资格、利益的承认，而存在性承认是对人、世界、物、自我存在本身及其价值的接纳与肯认。存在性承认的关键词是“挂念”“互动”“共感”“关切”等等。存在性承认是“共感且参与的”，即参与其中的同感共情。这意味着承认是建立亲密、平等的交往关系的条件，是一种存在性的情感参与和心灵交汇。存在性承认是普遍性的，即在存在论上是普遍性的，同时也是整体性的，是对存在的完整性的肯认。存在性承认不仅是人与人之间的，而且是人与自我之间的，还是人与自然之间的，总之，从存在论而言，承认是普遍的，存在于人与世界之间。（霍耐特，2018）[73-74]

存在性承认的参与立场生成了交往的主体性以及主体间性。存在性承认就是存在性参与，其构成性要素是观点听取、理解、共享。承认是主体应然地以一种关切、在乎、在意的方式面对世界、事物、他人，这是因为任何存在之间本质上是关联的，即我们身处其中。特别是在人与人的交往关系中，我们能够设身处地地转换到自己之外的视野，转换到他人的立场和观点，理解他人的存在及其情态。所以，承认是以参与者、相通者的视野，以充满尊敬的方式与他人建立关系。一旦没有这种视角的转换，而以纯粹疏离的态度面对他人，人际互动中的理性联系便会断裂，因为没有相互理解基础的互动其实是疏离的。（霍耐特，2018）[43]

承认是人与他人关系的存在性的规定。承认作为存在之关切，包含了处身性情感，即存在的互动特征包含了先在的亲近性。作为拥有心灵的人，情感投入与参与，是交往的先在性条件。对任何人，我们总是先要具有一种情感关联，这使得我们有一种行动的可能。我们对他人具有肯认或承认的态度，才具有与他人积极交往的趋向。对于他人位格的承认和尊重是人获得感受的基础。（舍勒，2014）[71] 存在性承认既是先在的，因为它支撑着人与世界、他者的关系，也是应然的，即人应当以承认的方式去与世界、自我、他者打交道，建立承认或共鸣的关系，这样，才不会把他者物化，不会与他者形成疏离、异化、排斥的关系。

教育领域是人类特殊的实践领域，人与人之间的互动、交往、感通等是存在性承认，教、学习、理解、精神建构等依赖于人的存在性承认。教育实践是主体投入自身存在和主体之间互动、交往、共感的形式，而不是创造物品的形式。教育是共感且参与的实践，是对人（教育者和求教育者）存在性承认的实践。存在性承认不仅是教育行动的构成性条件，而且是教育行动的发生性条件。构成性条件是指教育活动内在的组成、教育行动的质料或形式，都包含着存在性承认，这种存在性承认是教育的方式、过程、内容；发生性条件是指，这种存在性承认是教育活动得以产生的条件，它不仅是组成教育行动的质料，而且是教育行动得以存在或发展的根本条件，因为没有对人及其心灵的存在性承认，教育性交往是不可能的。教育实践的意义或价值的生成依赖于对求教育者的存在性承认，没有对求教育者作为人的存在性承认，所谓的“教育实践”或“行动”是没有意义的，不能产生教育价值。教育建立在对求教育者的人性的承认之上，即承认是教育的先在性条件。没有对求教育者作为人的承认，就没有教育。

教育者对求教育者的认识、感受、关切、影响都是以互动的方式开启的，正是承认的情感与态度奠定了教育者与求教育者互动意向的基础。教育者的承认作为共感且参与的态度，启动并伴随着他们的教育行动。教育者不是将求教育者看作需要接受教育的某种工具性存在，而是在存在性承认中，肯认求教育者，关切求教育者。这是给予求教育者作为一个具有位格、心灵、完整人格及其尊严的人的承认。教育者把求教育者看得比自己高，就是纯粹地给予求教育者承认与尊重，将求教育者作为高处的“您”来接近。（列维纳斯，2016）[51] 如果没有这种参与者立场或承认的教育情感，教育者与求教育者就是疏离的，教育乃是不通达人性的。存在性承认是原初性承认，没有对这种原初性承认的欣然关注、回应、感应，教育根本就不可能发生。

教育者在存在性承认中看与听。看与听本身说明了在教育交往中的承认，当我们倾听一个人说话或者看着一个人的时候，真正的交流才有可能。倾听是教育的条件。看与听都是存在性承认的呈现方式，都是主体间交流存在性感受的方式，即感受他者的人格、观点等。存在蕴含理解，理解蕴含感受，感受蕴含承认。在真实的交流与教化之前，有一种精神上的关联的体认，即精神联系的体认与感通，这便是承认，也是教育的前提条件。

教育者的教育承认就是把求教育者作为一个完整的人来迎接，把求教育者作为独特的“这一个”予以迎接，给予心灵之间的理解、同感和尊重。教育者带着承认的情绪或态度遭遇求教育者，就会对求教育者作为完整的人给予关切、理解。这些不仅是教育交往的方式，而且就是人性的教化本身。人类的交往建立在理解与承认之上，理解与承认是教育发生的条件，也是交往发生的条件。理解与承认包含着人际触动的体验或体会、情绪的交流与共振，包含着对他者观点的理性认知。存在性承认就是理解、同感、交感、共鸣、感通。

在现实的教育中，也存在着教育者不能承认求教育者的问题。这是对求教育者的物化。与工具化不同，物化是不去感受他人作为人类成员的人性，没有对他者的先在的存在性进行感通，而是把其当作“事物”“物体”“工具”“利益交换者”，当作失去人类特性或人类能力的一种物或机器。

(霍耐特，2012) 按照霍耐特的观点，遗忘了承认、拒绝予以承认都是对人的物化。物化意味着个体不理解他者，不感受他者观看世界的方式以及在世界上存在的方式，这会导致个体心灵的盲目与病态。

> 物化指的是一种思考习惯，一种惯性僵化了的视角，主体若采取此视角，将会失去原有的关注与共感的能力，与周遭环境不再显现出质的开放性。(霍耐特，2018) 46

教育中的物化切断了教育者对求教育者的承认关系，也阻隔、忽视或遗忘了人与人之间的存在性理解与肯认。物化改变了教育实践之必然情态如善意、好客等，以“冷漠”“无动于衷”代替了教育者在教育实践中应当具有的情绪。这种物化情绪使得教师缺乏同感共情和善解人意的能力，不再被感动或产生感应，内心不再柔软，不把求教育者当作完整的心灵存在者来看待，只是把求教育者看作学习的机器、为学校争得声誉的工具。对求教育者的物化导致教育者看不见一个个完整而丰富的心灵，而是把求教育者当作工具，在客观上拉开距离，从互动中抽离，以不平等的、不尊重的态度对待求教育者。所以，对求教育者的物化就是没有给予求教育者作为人的相应的尊重，就是将求教育者作为物来对待，就是指“一种不符合于其他主体所具有的各种人之特质的、将他人当作无感受无生命的客体、当作‘物’或‘商品’的对待方式”(霍耐特，2018) 11。这种物化当然是错误的，因为这样的物化不以道德的方式对待人，违背了教育本身的存在论前提。

教师对求教育者的物化包括对求教育者学习的物化。这是指把求教育者当作学习机器，在强调求教育者学习的过程中，把学习等同于大脑神经机能的运行，事实性地看待求教育者的学习，抽离了求教育者的生活机遇、经历、愿望等，把求教育者当作完成学习任务的工具，背离教育应当具有的求教育者立场，遗忘了求教育者作为完整的人的存在性学习，不去理解存在性学习中求教育者成长的经验、感受、历程，不理解学习是为了精神、心灵或内心世界的变化与建构。这种物化忽略了求教育者作为完整的人的学习是存在性成长，忽略了学习对于精神性成长的意义，而把求教育者的学习仅仅看作掌握知识或者养成对未来有用的素质。这种教育中的学习观也是物化的，因此也是病态的。

教育者对求教育者的物化可能也表现在认知范畴上，即对求教育者有某种僵化的选择性的解释取向，并以自己的解释取向来看待、区隔求教育者。教育者片面地把求教育者定位为某种人，或者片面而独断地预测求教育者的才能、价值和发展可能性，并因此而贬抑求教育者的某些方面，或者歧视某些求教育者，以道德上的可被谴责的态度或行为对待求教育者。不论是将求教育者看作机器或者机器式的存在（包括纯粹自然物一样的存在，如生物），还是将求教育者看作获取某种工具性智能的存在，都是对求教育者的物化，会造成对求教育者的剥夺、矮化或歧视。

教育者可能对教育行动本身有错误的解释，从而造成对教育本身的物化。对教育的物化是指教育者遗忘、忽视了教育的整体意义，而只以某种单一图式固化或僵化地解释教育，这样的解释会造成对求教育者的物化，也会造成教育者对自己的物化。

物化求教育者、物化教育都是与好的教育不相容的。教育者面对的是一个个人，因此应当给予求教育者承认性的关爱。关爱呈现着承认。以关爱为媒介的承认，是对求教育者的情感接纳，对于求教育者的自我认同、自我形象、自我意识的发展具有积极的意义。这是基本的教育承认。对于处在教育环境中的求教育者——作为一个有特殊需要的求教育者——来说，教师给予的关爱形式的承认，会让其把自己作为一个具有独立精神的个体，获得自信。这是教育的人文精神的表现，也是人文教育的内容与方式。

教育者对求教育者的权利的平等保障和尊重也是教育承认的内容。教育承认是以平等的尊重与关怀为原则的，是以求教育者普遍权利的实现为特征的。教育者应当平等地、尊重和公正地对待每一个求教育者。只有求教育者获得了教师平等的尊重和公正的对待，其才会把自己理解为拥有权利和拥有尊严的人，才能承担起尊重他人的权利的道德义务。这使得个体发展出基于个体的权利的自尊，也就是说个体获得了自我价值意识，形成了对待他人和自己的积极的态度。①

每个人都具有一种获得承认的自然倾向，这种需要使得每个人在社会交往中试图获得他人的承认。获得承认是求教育者获得健全发展的基础，求教育者处于不断了解和肯定自己的独特性的过程之中。如果他认识到自己的品质、能力、人格等受到教育者的承认，他的精神的特殊性、自我的独立性就将获得发展。教师等重要人物对求教育者的存在性承认，对于求教育者认同自我、肯定自我具有重要意义。

在中国哲学思想史中，程颢认为，万物一体，认识到万物一体、万物共生就是人的仁。“仁者，浑然与物同体”，人觉解了人与万物一体的道理后，其待人、视物以诚敬存之，这就是承认，这就是对“生”之为生的仁。天地大德曰生，万物作为生，自觉为生，就是生生不息，承认就是自觉地敬重他者的生，时时以诚敬拥抱他者。教育者以诚敬之心给予求教育者存在性承认，是教育者的教育承认。这是教育者的精神对求教育者的精神之诚。

爱的哲学

泉水总是向河水汇流，
河水又汇入海中，
天宇的轻风永远融有
一种甜蜜的感情；
世上哪有什么孤零零？
万物由于自然律
都必融汇于一种精神。
何以你我却独异？

① 当个人作为共同体成员通过权利的获得而得到承认时，个人就被赋予了尊严。“自尊”是个人对自我的积极态度，如果个人被共同体成员作为一个特殊的个人来承认，他就能采取这种积极的态度。此外，自尊又依赖于主体在与伙伴互动的过程中获得肯定而形成的个体化的特征或能力。“权利”的获得使每个人感到自己与共同体的其他成员共有的特征得到了承认，“权利”的获得是自尊的基础。（参见霍耐特，2005）[85]

你看高山在吻着碧空，
波浪也相互拥抱；
谁曾见花儿彼此不容：
姊妹把弟兄轻蔑？
阳光紧紧地拥抱大地，
月光在吻着海波：
但这些接吻又有何益，
要是你不肯吻我？
（雪莱，2008）[77]

4

善美：教育者的伦理美德

美德不是一场演出，也不需要掌声。

——孔特-斯蓬维尔：《小爱大德：人类的18种美德》

伦理美德是助益教育者卓越地实现教育行动的道德品质。伦理美德保证了教育者在相应的教育情境中运用优秀的道德品质并实现其行动的伦理、价值与效益（utility）。伦理美德表现了心灵的道德力量。伦理美德与其他的心灵品质一样，一旦作为实现了的品质，就进入行动之中，可以存在于不同的行动境遇、不同的伦理关系、不同的生活阶段之中，既具有道德意义与道德价值，也具有行动的动力与意向。

教育行动是伦理行动，教育者的道德品质是教育行动的构成性要素。教育行动的目的、内容与方式具有善的目的、伦理性标准和道德意蕴，因而是伦理性的实践。教育行动的伦理性一方面依赖于行动的道德原则的规导，另一方面依赖于行动者的伦理美德对行动的伦理性保证。教育行动不仅需要教育者的道德判断和道德原则意识，也需要教育者的伦理美德发出具有伦理意义的行动。教育者的教育行动本身依赖于教育者自身的伦理品质。教育行动的正当性和伦理性不仅来自行动本身的目的与方式的规范性，也建立在教育者的伦理美德的基础上。教育者的伦理美德在于保证其教育行动的伦理性价值的实现。

教育者的伦理美德见证于行动。一个教育者具有美德，意味着他或她不仅在心灵品质上形成了美德，而且在行动中实现了这种美德品质，助益行动的卓越。所以，教育行动既是对美德的运用，也是美德的成果。美德既是行动的保证，也是行动的成果。这意味着，美德作为心灵品质的形成，建立在行动运用美德的基础之上，同时，教育行动作为运用美德的方式，也会进一步提升、实现、完善、构成教育者的美德。伦理美德的提升永远是行动的过程，没有终极的结果。所以，教育者的伦理美德是运用于行动、表现于行动的品质。一个人有德性但从未表现在行动之中，这种德性是沉睡的，是没有意义的。（亚里士多德，2003b）[12] 伦理美德表现于教育行动之中，意味着教育行动的伦理意义因为教育者的伦理美德的运用而得以实现。这一实现本身也是教育行动的卓越性所在。

教育者的伦理美德导向教育行动的善好，这是在伦理意义上保证教育行动的道德正当性，维护或落实教育行动作为伦理行动或道德行动的善好。同时这种保证也促进了行动效益的实现。这与技艺美德不同。技艺美德导向行动的有效、顺畅、美尚、成功实施。伦理美德是从行动主体的善出发的对教育行动的道德施为，而道德原则是从正当性出发的对教育行动的道德规导。不管是道德行动主体的伦理美德，还是道德行动主体的道德原则，都实现在教育行动之中，对实际的教育行动的善好予以伦理的保证。

道德不仅包括道德价值和道德原则，也包括把道德价值和道德原则落实的行动，同时道德也是行动主体的美德品质。这三个方面一体地落实在道德行动或行动的伦理性上。教育者是教育行动者，他们的行动包含对教育行动的道德原则的推理及其实践方式，他们对教育行动的道德原则的遵循和实践本身就是教育行动的内容。教育行动是教育者作为行动者的道德施为，这种道德施为也反作用于行动者的伦理品性的塑造。道德原则和伦理美德共同构成道德行动，因为伦理行动的施为总是意味着行动的判断、反思与评价，意味着道德原则的慎思与承诺，意味着美德品质在行动中的表现与再建构，也意味着道德行动本身的审慎。正因为如此，道德行动总是反作用于行动者的，即道德行动不仅实现自身的目的，也建构着行动者的伦理美德。

教育者的道德美德具有自我构成的力量、意义和方式。道德美德是自我教育或自我塑造的实践结果。道德实践虽然是社会性实践，但也是一种自我实践。道德行动不仅完成具体的社会和生活实务，而且针对自我的伦理品质的建构，它既表现在社会交往关系中，也表现在人与自我的道德关系中。道德行动内在地具有塑造人的美德品质的意义。不存在任何不要求把自我塑造成道德主体的道德行动。教育者的教育实践及其道德行动不仅仅实现教育行动，同时也是教育者把自身塑造为具有道德美德的主体的方式，或者说，教育实践作为教育者把自我主体化的方式，在教育者的美德生成中必不可少。教育者作为道德主体通过道德原则及道德行动而把自己塑造为具有伦理品质的主体，这是其道德主体化的过程。教育者的教育实践，就是教育者的道德实践。这既是教育者实现教育价值的过程，也是教育者的人生历程，是教育者的道德建构的历程。人际交往、教育实践、道德行动等都是教育者形成道德判断能力、伦理美德的行动过程，在教育者实施道德行动的过程中，教育者不断认识、改变、提升、完善自己。（参见

福柯，2005）[125]

4.1 教育者的节制

什么是节制？教育者是否应当节制？节制是人自我治理、自我塑造、自我教育的美德，而教育者首先得学会自我治理、自我塑造、自我教育。①

在《高尔吉亚篇》中，高尔吉亚的支持者卡利克勒主张，最好的和最幸福的生活就是不受节制，自由地满足欲求，但是，苏格拉底反对这种把满足欲求看作好生活的观点。他认为，节制是过美好生活的关键，因为节制导向心灵中美好的部分——理智及其精神的张扬（理智引导心灵实现健康和善好），而欲求的满足并不关心心灵的健康，而且欲求是一个底部有洞的罐子，没有满足的时候，因此，无节制的欲望会抑制心灵对真正的美善的追求，对心灵的健康有害。

人具有复杂多样的欲望。一个人可能欲求权力、声望，也可能欲求金钱，贪图物质享受、身体快乐，也可能在这些欲求满足中自傲、骄纵、放肆、无餍足；一个人也可能具有追求知识、渴望美德的欲望或爱欲。节制针对我们对权力、声望、金钱等的欲望，引导我们智慧地控制自己的欲求。人类的欲望或欲求不一定是导向善的，其所引发的行动与善不一定和谐，只有通过理性的判断与引导，意志坚定地去追求善，才能与善和谐。缺乏这样的理智精神，我们将生活在非理智之中，而这种向善的转向需要“自我约束”的节制。节制的美德让人只追求健全理性所规定的应当追求、值得追求的善。

节制在希腊语中是 sophrosune，意为自我治理的智慧。节制作为美德品质，是人为了向善而对自己心灵秩序的控制与治理。节制包含着三层意思：一是理智健全、稳健，与理智混乱或无理智、没有自知之明、偏狭、愚妄

① 教师的治理能力（governmentality）是关键能力，这是一种节制自我和引导他者的能力。用 governmentality 表示教师的治理能力或领导力是合适的，它包含教育者的自我领导力与对求教育者的领导力。

相反，节制是智性的，是智慧的反映；二是谦和、仁慈、睿智，与自傲自大、盛气凌人、老练圆滑相反；三是对欲望的约束，与放纵、任意、没有界限相反。这三层意思是相互贯通的，人只有节制才能做到理智健全，这意味着理智的领导是实在的，同时人因为节制，所以不会自大，因为有自知之明，所以不会狂妄，因为进行自我治理，所以才有良好的心灵秩序。

节制本身作为人对自己的治理，表现了心灵的权能或权力，即心灵对自我的主权，表现了针对自我的权力施展。这种权力的实践让心灵中的理智真正成为生命的主宰，也就是使得心灵在理智的引导下更有序，所以，节制不会使得心灵软弱、无力或者奴化，反而表现了心灵意志的健全、坚韧和有力。节制是为了防止心灵失序，即防止心灵的自我奴役，防止心灵躁动不安、失去力量和无序，防止心灵失去本然的功能与价值。这是节制的本质。节制本质上是心灵自己与自己的较量，是心灵中的智慧、美德与恶德以及那些可能败坏心灵的东西的斗争。

在柏拉图的《高尔吉亚篇》中，苏格拉底解释说，节制就是有智慧，节制的人是有智慧的人。同时，节制就是对自己的正义。人对内对外都应当是公正的，节制是通过对善的追求，关心自己心灵的善好，这是对自己的公正。有节制的人是理性健全的人，他受理性引导，因为他只渴望健全理性所规定的东西。（亚里士多德，2003b）[94] 节制的人是一个真正认识自我的人，因为其知道自己的界限、可能性以及目的，其有所为且有所不为，因此其是有智慧的人。只有节制的人才会不断地认识自己，并且能够检审自己知道什么或者不知道什么，检审自己应当做什么或者不能做什么，知道自己的所想、所言、所要、所行如何才是正当的。

节制既是智慧，也是一种伦理美德。节制是对自己施加正确的引导、规范、考验、完善、反思、改变等，从而使得心灵美尚或高贵。节制之人运用理性和道德的力量改善自我，试图通过理性和道德的实践使得自己的心灵变得更好，使自己成为一个道德主体。节制涉及智慧，或者其本身就是智慧，这是因为节制建立在主体对美善生活、美善心灵、生活目的、欲求的判断和行动原则的一系列推理之上，表现在主体具体的道德实践中。如果不存在理性的眼睛，即缺少智慧，看不到真正应当去实现的目的是什么，不知道怎样的生活是值得过的生活，没有任何的规范判断和原则推导，就根本不知道为何节制和如何节制，行动会因缺乏理由而混乱；如果不知道关心自我，没有自我的认识，也就认识不到节制，就不可能建立与自我的关系；如果个体没有把价值准则和道德准则付诸行动，如果个体没有把道德规范变成自我改善的技艺，那么，节制的智慧就根本不会存在。就如福柯所说，如果不通过各种“主体化”的方式，如果没有各种自我实践的行动，那就根本不存在一种道德主体。（福柯，2005）[124] 节制是自我治理的智慧和道德活动，任何人在通向美好生活和改善心灵的过程中都需要节制。

节制是一种自我实践的根本方式，或者说，节制就如自我修炼，是自我实现主体化或者心灵得以治理或改善的根本方式之一。心灵的卓越依赖于节制这一生活的根本技艺，当然，这一技艺具体表现在行动之中。如果自为的自我塑造是心灵向善的方式，如果面向世界的行动表现了主体的欲望，那么建立自我关系和自我实践的节制将是不可避免的。节制导向自我的卓越，是对自己公正，是关照自己心灵的方式。这是人非同一般的精神境界，节制与其他的核心德性如智慧、公正、勇气联系在一起，相互配合与促进。没有其他三者，节制就不可能存在；没有节制，其他三者也不可能存在。因此，节制是心灵善的状态，即节制不仅是为了心灵的健全，而且节制本身就是心灵的健全。

节制本身是追求善的美德。人为了成为节制的人，就必须控制自己，战胜自己的欲望。节制是针对自己的道德行动，也是一种美德。人通过节制的行动而形成习惯性的良好品质，节制的人就是节制的伦理主体。一方面，个体与自己之间建立了一种治理关系，即自己是自己的领导者；另一方面，个体在与世界和生活的关系中合宜地表现自己的欲求与意志。从这一点来看，节制之人是因为看到了真善美才节制了自己的不当欲求，合理地享用了自己的正当欲求，卓越而正确地行动，从而实现了心灵的良好秩序与健全状态。

没有节制就是自我的奴役，因为自我的奴役是自己没有对自己行使权力，是自己放纵或骄纵的表现，或者说自我奴役是自己放弃对自己的塑造，自我不再对自己有伦理的要求，不再对自己的心灵秩序进行塑造或提升，这就是不关心自己的心灵，也是对自己的不公正。所以说，节制是对待自己的内在秩序的伦理态度，它建立自我对自己的伦理关系，是自我对自身的治理方式。节制不仅仅是自我认识的实践，而且是自我审查和治理的实践，是自我教育的方式，同时也是治理自我与世界的关系的方式。

节制对心灵有益。节制不仅是对欲望的节制，而且是对行动的节制、对情感的自制，也包含对恶德的节制，如懒惰、嫉妒。节制之人追求精神的喜悦，因为节制是为了心灵的健康、美尚、善好，节制是对心灵美尚的追求与实践。

节制的特征是自由，是内在自由，指的是自己不受欲望或快感的奴役，不做欲望的奴隶。人如果成为自己欲望的奴隶，就不会享有自由。听从快感支配而无力实践善的人是不自由的。节制之人行使了对自己进行治理的权力，是将约束施加于自身，因此节制是自由的表现。节制表征了个人对待自身的态度，是人治理自己的方式与品质。节制是主体为了善的实现，以理性为主导而审慎行动的方式，因此，节制与心灵的向善状态是相关的，也与世界的改善相关。或者说，主体的行动原则是慎思而不是放纵，是遵循理智而不是接受欲望的主宰，是合宜地表达在世界中行动的意志而不是对世界的肆意妄为。与节制相反，放纵之人不够智慧，其自愿做欲求的奴隶，为了欲求的满足而不在乎自身和世界的善恶。心灵具有内在和外在的实践：内在的实践就是与自我的斗争，就是通过节制而实现自身的善好，这是内在自由的表现；外在的实践就是其以杰出的能力实现生活与世界的善好。

> 内在的自由是精神自由（内在自我的封闭与奴役的免除），外在的自由是环境自由（外在压制与奴役的免除）。内在于人的自由不仅能够提出理解自身的观点，而更在于如何理解世界中的存在以及自身存在其中的位置。人是“自由”的，不是因为他有“自由意志”，而是因为他是在为自我的存在中存在。（欧克肖特，2012）[4]

节制是对自我的治理或塑造，是针对自我的教育，自由地建构起与自我的关系。节制之人通过自己对自己的引导或规范，把自己转变成道德主体。节制包含了人与自我的道德关系，人通过对道德价值、准则的遵守而进行自我指向的道德实践。节制作为一种德性，是道德的自我实践。节制因此是对自己的伦理态度和教育方式，引导心灵向善好的方向转变，在这个意义上，节制所发起的自我教育不可或缺。

对于教育者而言，节制所发起的自我教育是教育者的心灵健全或美善的根本方式。从自我教育、自我治理、自我塑造这个意义上看，节制作为一种美德是教育者成为好的教育者必需的品质。教育者不仅处在与求教育者的关系之中，也处在与自我的关系之中。教育者的节制，有助于教育者积极地建立一种与自我的关系，以一种伦理的方式，在意志坚定地追求真理、美、善好的道路上把自己塑造为一个更好的教育者。

教育者心灵的节制，其实也是一种精神修炼。精神修炼本身就是与关心自己心灵的好联系在一起的，关心自我不仅包含着自我认识的必要性，而且包含着修炼自我、改变自我、教育自我。节制作为精神修炼就是自我治理，或者说，这种精神修炼，就是为了培育心灵的品质，增强心灵的本质力量，让心灵更好地发挥功能，从而使得心灵更优秀，行动更卓越，这恰恰是教育的方式。心灵具有内在和外在的实践，内在的实践就是与自我的斗争，实现自身的善好，外在的实践就是以杰出的能力实现生活与世界的善好。节制是为了心灵的健康。心灵的内在秩序或者心灵内在的完善是心灵进行实践的基础，因此若心灵中优秀的部分领导心灵中本来应该接受引导的部分，心灵就将表现得更强大、更有力，这就是心灵的健壮，而健壮的心灵能够在世界中更好地行动。

心灵的节制与治理在今天看来似乎是无聊的，甚至是荒谬的，因为，现代的人学或教育学以“个性”或“素养”把人的心灵本质和心灵秩序消解了。个性以个人的独特性为核心，把人的成长看作这种独特性越来越明显的自我扩张过程。这一过程不涉及独特的针对自我的治理过程，它把个性看作一个先验的、和谐的整体。在这个整体中，个人不需要践行以自己为对象的自我治理实践，而是以个性的扩张和发展对外部与内部的因素进行整合，让个性越来越鲜明，这样，人的心灵之中什么样的力量应该成为领导者的问题就不存在了，自我不需要以自身为教化的对象，只是不断通过吸纳外部的力量而让自身越来越原子化、越来越中心化。当心灵内部的斗争没有了，自我教育就变成了一种没有对抗性力量的自我放纵。

当心灵的秩序和内在的和谐不再成为问题的时候，心灵的力量就外在化了，个性变成了自我表现独特性的象征，而个性本身的善好不是个人试图努力的目标。因为在个性的内在结构中，没有了“主导－服从”的关系，没有了追求内在和谐的需要，没有了在对抗中实现自己治理自己的伦理关系、伦理态度和伦理主体性，个性变成了纯粹的功能性和个别性。个性仅仅表现为对待外部客体或他人个性的差别性，而没有针对自我的主体性，自我不再是伦理治理的对象。同时，个性也就表现为获得某些素养的差别性，表现为个体的可辨认性，而不是作为一个独特的人的伦理身份。

教育（paideia）就是指培育美德的实践，它不仅包含学习，也包含品格的修炼，即不仅包含理性认识，还包含把理性认识付诸行动的实践。理性付诸实践蕴含通过节制的行动来提升品性。实际上，单凭认识或学习行动是无法对抗恶性的，还必须依靠精神的修炼。精神的修炼犹如针对心灵的修炼或治理，在认识到真正的善之后，还需要不断地修炼，以磨炼意志，在任何状态中都能够按照理性所指导的方式去行动。这就是说，学习节制包含两个必不可少的部分，一是学习去认识与分辨，二是进行精神修炼。二者相互配合，才能够实现节制。只有通过修炼，心灵才能展现自己的卓越本质。所以节制与关注自我、认识自我、修炼自我、治理自我、改变自我的行动是一致的。

教育者的精神修炼就是为了养成作为一个杰出的教育者的心灵品性，就是去做一个教育者应当去做的事，不去做一个教育者不应当去做的事，这是一种不断进行的修炼精神的自我教育行动。节制需要不断地通过修炼而达成，以使人战胜自我。修炼是让人学会对自己行使权力，确保对自己的伦理指引。这是教育者把自身训练成一个教育主体的必不可少的行动实践。

教育者的节制指向教育者的自我认识和自我教育，蕴含着自我治理和教育指导的关系。教育者必须通过节制的美德对自己进行治理，形成良好的心灵秩序，必须把自己塑造为一个道德主体，这样，教育者才是一个教育主体。（福柯，2010）[165] 节制使人既能认识自己，又能治理自己，所以节制之人也能检视其他人真正知道什么或者不知道什么，知道其他人做得对不对、好不好。如果没有对自己的治理，如果没有自我修炼或自我塑造，一个人就难以成为一个引导求教育者、关心求教育者心灵的教育者，因为他根本不知道如何关照心灵，不知道如何教育自己。只有运用理性、艺术、道德来治理自己，只有自己能够教育自己，一个教育者才算是拥有节制的美德，才能成为教育者。成为自己的教育者，建立与自己的治理关系，是成为教育者的必要条件，也是教育者教育他人的主体条件。所以，节制是教育者最为重要的伦理美德之一。如果没有心灵的自我治理，教育者就无法成为有德性的人，也就难以成为合格的教育者。

4.2 教育勇气

勇气是否只是生命在遭受危险时表现出来的挺身而出的精神、意志和行动？勇气是不是平凡而日常的生活也需要的一种美德？做一个卓越的教育者，需要勇气吗？教育者追求本真的教育、实践教育理想需要勇气吗？一个教育者在自己平凡的教育工作中需要勇气吗？有无作为教育美德的教育勇气？

勇气是人作为道德行动者的美德。勇气是精神或心灵的力量，是对善或正当的坚守或坚持，也是对阻碍善的行动实现的困难的克服，更是在坚持善中对恶的力量或现象的反抗。勇气作为德性品质，与鲁莽、怯懦相对立，同时也与恶德中的“野蛮”“霸气”“恃强凌弱”相对立。勇气与畏惧、退缩、软弱、懒惰、疲沓对立。勇气是规范性的，与善、正义、智慧关联，正义、美尚和善好是勇气的目标。勇气就是精神在追求善的行动中焕发的坚定力量，它是一种精神的坚毅和行动的刚健。勇气展示了行动的高贵，一个有勇气者的行动是为了善的，是正义的、智慧的，也是高尚的。所以，勇气是一种坚持善的行动的精神力量，是在智慧和正义的主导之下的坚定、坚毅。

因高贵和完美之故，勇敢的人承受着勇敢品德所要承受的，做出勇敢品德所要求的。（亚里士多德，2010）[121]

勇气是生命善的意志的实现力量，表现出健全、坚强的行动意志。勇气是生机勃勃、精神焕发，是坚毅、刚强，是能够正视困难、忍受磨难、对抗恶。勇气表现了人在坚持善与正义的过程中对危险、威胁、困难、阻碍的无畏不惧。精神健全而坚强的人，在追求善中与所面对的各方面的障碍、困难、阻挠、诱惑、软弱、危难进行对抗，努力做得正当、审慎、善好，并保持精神的愉悦与健康，就是有勇气。（孔特 – 斯蓬维尔，1997）[46]所以，勇气是生命本体论的，是属于人的存在的，也是为了人的存在的。勇气不仅是一个行动者的伦理美德，具有伦理价值，同时也是对生命存在价值与意志的自觉坚守，是一种生存伦理。生命意义的追求本身需要勇气，或者说，生活本质上是在勇气的支撑中进行的。正是因为如此，勇气是核心美德。（蒂利希，2018）[4]

一个人有勇气并不仅仅意味着其轰轰烈烈地去做惊天动地的大事业，不仅仅意味着去做具有大格局的事情，不仅仅意味着在面对大恶时的仗义而行，也不仅仅意味着面对危险时的挺身而出，勇气也是在平凡的生活中坚守善好、追求真理、实现生命价值的坚强意志。具有勇气的人是真诚的，也是健全的，他们运用自己的思想独立做出判断，内心对真理、善、正义具有坚定的信念，他们克服困难、坚守价值、努力行动，他们心怀正义，所以他们能够勇敢地面对一切恶，他们具有智慧与审慎，因此他们善于表现勇敢。

勇气作为美德是运用理性抵抗恶的品质。勇气是为了高尚或美好而坚持勇敢的行动。（亚里士多德，2003b）[79]有勇气的人面对高尚或美好的目的时，会坚定不移。勇气使人在任何情景中都能冷静、沉着、乐观、智慧地处理事情。一个人在现实的生活中，要承担种种责任，抵抗许多压制和诱惑，需要坚韧不拔、积极向善的力量。勇气的美德使人在各种现实压力下仍能坚持合理的、智慧的、善的行动。

“君子勇于义。”勇气指向本身值得赞赏的行动，这种行动本身是高贵的，是美的，是善的，本身具有善性，因此是正当的，是值得赞赏的。勇气也包含拒斥受蔑视的行动，也就是不去做本身令人觉得羞耻、让人蔑视的不正当行动。勇气使人具有一种“不顾”的倾向性，也就是说尽管坚持去做正当或高贵的事情或者去拒斥那些卑劣的事情，可能会让自己面临各种各样的危险，但勇者还是不顾这些危险而坚持去做正义的事。勇气的不顾不是鲁莽，不是冲动，而是一种深思熟虑的坚守。

勇气表现在慎思的行动中。它是笃定，但不是顽固；它是勇往直前，但不是冒失；它是从容坚毅，但不是畏惧退缩、胆大妄为和鲁莽。说一个人有勇气，不是说这个人对任何事物都无所畏惧，而是指其对应该畏惧的事物保持畏惧，而对不应该畏惧的事物保持勇气。勇气是一切美德的条件，同时与其他的美德共同引导行动，形成美的品格。所以，勇气是健全品质的象征，勇气表达了积极向上、坚毅不屈、负责担当、审慎从容。真正的勇者明了伦理上应当去做的事情并坚持努力去做。

> 勇气就其本质而言并非永远是道德的，但是没有它，任何道德无疑都不能存在或不会有结果。(孔特－斯蓬维尔，1997)[46]

做一个卓越的教育者本身需要勇气，这是因为教育者追求真理、践行教育理想需要勇气，教育者履行教育的伦理责任需要勇气，教育者与他人进行道德交往需要勇气。教育者的教育行动是追求善的行动，在现实的社会或教育体制中，坚守教育的本真理想、坚持教育的本真价值、实践教育目的并不是一种简单、自然的事情，教育者需要探索、追寻教育的目的与价值，需要以批判的眼光看待教育现实中关于教育目的或价值的观念之网，需要反思现实的教育的实践方式，需要承担教育行动的责任，这只有在勇气的支持下才能进行。教育行动本身需要教育者在教育勇气的支持下去坚守、去实践。

教育者需要教学勇气。如果教学是一种探究真理的过程，那么教学勇气也是理智勇气。教育者的理智勇气意味着理智对真理的接纳意志，在言思一致的真诚之中敢于说出真话，这是理智的责任。教学作为一种探究真理的行动，需要追求真理的勇气，这一勇气也包括敢于承认自己的错误或无知的勇气。教学勇气是理智勇气，是“知之勇”。教学勇气支持教育者不断地在教育创造的领域中探险、前进。

教育者需要道德勇气。坚持正义而正派的教育，批判、拒绝、对抗制度、实践、社会环境中与教育相背离的现象或者反教育的现象，不为别人的冷嘲热讽所吓倒而坚定地循着教育的道路前进，敢于承认或者改正自己的错误，或者智慧地制止教育情境中的不道德行为，就是道德勇气。

教育者的勇气是真正的道德行动者的勇气，是诗性地栖居在教育中的勇气，是与求教育者共同追求真理的勇气，也是克服自己各方面的恐惧的勇气，这是教育守望者的勇气。守望教育的勇气，建立在对教育的脆弱或风险的充分认识之上。也就是说，一方面，勇气产生于对教育的本真力量的洞见，产生于对实现教育价值的困难的担忧，产生于对教育被扭曲、被征用的判断；另一方面，恰恰是这种见识、担忧与判断激发了教育者保卫教育的勇气，激发了教育者做出积极的、真正的教育行动的勇气。这种教育勇气不仅来自对教育行动的积极创造，也来自对具体或总体的教育现实状况的担忧。所以，教育勇气表现了教育者对教育充分的关怀与操心。

4.3 教育伦理的责任

教育者的责任承担是教育伦理的组成部分，教育行动本身要求教育者具有承担责任的品质，因为教育者是教育的行动主体。教育者毫无疑问承担着自己所发出的教育行动的责任。教育的伦理责任既是德性意义上的，也是关系意义上的。在德性意义上，一个教育者能明智地认识自己在教育中的责任并智慧、勇敢地承担责任，其就具有承担责任的伦理品质或责任感。在关系意义上，一个教育者可能对某件事负有处理、管理的责任。在这里，我们在教育者的伦理美德的意义上，即在德性意义上使用责任伦理。

一个行动主体应当在一定条件下为自己的行动及其有效性承担责任；一个行动主体也能够为他应当采取的行动的伦理性承担责任。责任意味着要求，也意味着对要求的回应，同时意味着行动者对承担责任具有自由、身份和机会，也就是说，教育者具有必须承担责任的地位、空间、机会和身份。教育性责任就是教育者具有教育者的身份，在教育行动的时空中承担责任，包括教育行动的伦理性责任和有效性责任。

教育行动的伦理性责任是教育者的实践理性对规导教育行动的道德原则的认识与实践，这种责任的履行就是服从道德法则或道德原则而实施、评价、改进教育行动，这种责任的承担是来自教育及教育者的身份的内在规定，是无条件的义务，即一个教育者在教育中不能因为任何其他条件而拒绝遵守教育行动的道德原则。教育行动的伦理性对教育者提出了绝对的道德命令，构成了教育者的教育行动的道德义务。教育者只有将教育性责任作为普遍的绝对命令看待，才能出于教育性责任而承担责任，才能表现出责任内在的约束性和主体的自律性。这是伦理性的教育性责任，是教育者的完全责任。

教育行动的有效性责任是教育者对有效施为教育行动的承诺和实践。教育行动是有其独特终极目的的行动，虽然教育行动的目的是合道德价值的，包含了伦理性，但教育行动的实施过程、方式、方法也依赖于教育者的智慧与技艺，依赖于教育行动实施的环境。教育者如何发挥智慧、施展技艺、体认环境都有可能影响教育行动的有效性。作为教育行动的主体，教育者有责任保证教育行动的有效实施。有效性责任部分地依赖环境条件，依赖相关的合作因素，因此，在教育行动的有效性上，教育者承担主体的充分责任，但不是完全责任。

教育者的教育性责任意味着：（1）来自教育者的身份的责任。这是由教育者的身份及教育者所承担的教育职责所规定的，当教育者选择了教育工作，具有了身份认同感，其就必须承担教育者身份所包含的职责。这是一种与教育者的权利相关的契约责任，这种责任也具有合道德性。（2）来自所实施的教育行动的责任。作为教育、教学行动的主体，教育者也承担教育、教学行动本身蕴含的责任。教育、教学行动具有内在目的和任务，教育者作为行动主体要实现目的、完成任务。这是对所从事的教育行动的责任感，这方面的责任针对的是教育行动的伦理性责任和有效性责任。这是教育行动的主体性责任。因为教育者是行动者，所以其也是教育行动的责任人。（3）来自教育关系的责任。这是教育者与社会和求教育者的关系方面的责任。教育者的工作伦理要求其必须在宏观上对社会文明的发展有一种判断力，对社会文明的变革有清醒的认识和信念，对社会发展和进步满怀希望。教育者把自己的教育工作与改良社会、建设一个更好的社会联系起来。这是教育者的社会责任感。教育者对于求教育者的伦理义务是教育实践的独特性所规定的，因为教育的首要任务是培养求教育者的心灵品质，教育者承担着关心求教育者和善待求教育者的义务。这种义务包括：善待求教育者、信任求教育者，帮助和促进求教育者发展，尊重和平等关怀每一个求教育者，等等。教育者对待求教育者的责任是非相互性责任，因为教育者的这一责任并不建立在求教育者同样对待教育者的条件上。（4）由教育行动的具体选择而带来的后果责任。做出一个行动，意味着行动主体具有选择性。每一个教育行动或行为的选择都可能具有道德的后果和功效上的后果，教育者作为实践主体，应当为自己在教育时空的行动后果承担责任，这既包括承担追求优良行动及其积极后果的责任，也包括承担行动过错的消极后果的责任。（5）教育者的责任也来自对教育事业的积极追求。教育者把教书育人看作天职，看作自己生命意义的实现过程，因此负有积极的使命感，并愿意为教育事业、为求教育者、为社会文明和进步自觉承担更多的责任，这是超越了教育者职责和义务的非普遍性教育责任。这是教育者个人自愿承担的超义务。

乐意承担责任是教育者必要的道德品质。具有责任伦理的教育者根据自己慎思过的规约教育行动的道德信念和道德原则行动，这种责任美德保证教育者履行责任，也保证教育行动及其伦理性的实现。教育者的教育伦理原则的意识与责任伦理密切相关。教育者根据教育行动的目的及其实践的伦理性理解什么是自己应该做的事，并且力图在现实中做到应该做的事，这就是责任感。遵守教育行动所要求的道德原则其实就是履行道德责任，这是责任伦理的表现。可以将没有责任感看作没有道德原则意识。不遵守道德原则的人或者没有道德原则的人，就没有伦理性责任，他或她其实是虚伪的，因为他或她没有真正地在教育行动中承担责任。

承担教育行动的伦理性责任是教育者的主体意志的表现。教育者的教育性责任，是自我意识反思的结果，是教育者对教育行动的内在目的与伦理性的理解，以及在此基础上的主体性自我立法。教育者对责任的承担离不开其在教育行动中确立的各种合乎理性的教育原则。任何教育性的责任本质上都来自教育者的实践理性的辨明、确认、承担。严格地说，责任是自我立法，自我立法的自觉以及根据自我立法去行动就是责任感。康德把自由意志看作一种不被外在原因所决定的有效的主体性。意志之外的任何事物，欲望、利益、偏好，都是外因。自由意志是自我决定的，但是自由意志表现在行动中，它是行动的意志，因此它的自由表现在对行动及其结果的洞察和规导。这就意味着自由意志是以道德法度和法则的方式行动的，意味着责任就是在行动中贯彻道德法则以规范行动，从而实现行动的目的。意志并不是推动人毫无理由地行动和选择，而是通过实践理性建立伦理规范来指导人行动，使得行动实现意志、实现目的，这就意味着意志的法则性。但是，这种实践理性建立的法则出自自身，而不是来自外部，它并不是援引任何外部的理由或条件给自己强加一个法则，它只是意志的本质与行动具有的内在法则的结合。为了让意志是其所是，为了使意志能够实现行动的伦理性，意志必须根据行动的本质给自己立一个合道德的、能够成为法则的准则，并在行动中履行来自法则的责任，这样，行动主体才是自由的，才是具有责任感的人。

一个伦理原则之所以能够成为责任，在于它的内在属性使它成为行动最终的理由和最终的“正当性”源泉，也就是它的内在属性使按照原则行动成为内在的目的善，成为某种出于其自身之故而值得遵从的原则，成为应当履行的责任。责任的履行证明了人与人之间共享普遍性判断，以及对普遍性原则的接受。人们常常援引原则而说服他人承担责任，这恰恰是因为原则的普遍性。这说明伦理原则及其责任履行具有人际对话与交往的影响力和说服力。真正的普遍性原则，是有理性的人无法拒绝的，因为他的理性判断使他无法放弃原则包含的理由和标准，无法放弃伦理原则所要求的责任，因为放弃就意味着荒谬或者自相矛盾。当然不讲理的人是根本不接受原则的人，他们不在乎荒谬，更不在乎理由，他们是使用暴力（语言的或者身体的）来解决问题的人，他们不寻求自己行动的普遍理由，只在乎是否满足了偏好，因此，不承认普遍性的伦理原则的人，实际上是没有伦理责任感的。

道德原则是无条件的普遍性责任。一个在有效的合作系统内的所有的理性存在者都能够认可的法则才是道德法则，即只有对每个理性存在者都有效的法则才是道德发出的法则。这意味着道德法则的普遍性，也意味着源自普遍原则的伦理责任也是普遍的。只有普遍性的道德原则，才能提出具有普遍性的义务要求。教育者的伦理责任是针对所有的教育者而言的普遍责任，这意味教育性责任来自规约教育行动的普遍性的道德原则。具有责任伦理意味着教育者具有可辩护的普遍性教育伦理的原则，具有反省的原则意识，并做到自己的行动符合道德原则。这样的教育者不仅具有责任感，而且其责任感来自一致的、普遍的道德原则，其不是依赖于自己的利益或偏好而行动的人，而是把行动建立在道德原则之上，建立在为了责任而履行责任之上。这是责任伦理的真正意义。

> 人类意识的反思结构要求你将自身认同为某种将支配你的法则或原则。要求你成为自身的律法。这就是规范性的来源。（科尔斯戈德，2010）[119]

教育者承担教育性责任，一方面是出于责任而承担责任，另一方面其在承担责任、做出责任行动的同时也在塑造自己的德性品质。教育者的品质的自我塑造离不开自我立法，离不开责任的承担。自我立法就是给自己辨明和确立合理或正确的原则，而责任的承担就是把伦理原则落实于教育行动中并取得积极的成果。因此，来源于伦理原则的责任的履行，拓展了教育行动的可能性，保证了教育行动的伦理性与有效性。这是给出自己教育行动的形式与原则，从而要求自己按照原则行动、取得行动的成果。责任的承担把行动的实施与自我的实现编织在一起，使得行动者通过行动塑造自我。承担教育责任是教育者确定自己行动正当性和合理性的方式，教育者通过原则进行审思和行动，确认原则、反思和履行责任是把个人的行动整合起来并使之和谐的一种方式，所以，教育者具有教育原则、履行教育性责任也是教育者自我认同、自我塑造的方式。（诺奇克，2012）[27]

教育者的责任伦理不仅仅导向责任的承担，更重要的是正当的责任的承担，所以对教育者而言反思责任的源泉是什么才是对的。责任的伦理不能仅仅强调承担责任，关键是要思考各种责任及其承担方式。这才是真正地承担责任，真正地具有责任感。教育者在教育生活中援引真正的教育伦理原则而行动，把教育伦理原则作为评判观念和行动的理由，就是承担教育性责任，就是具有责任伦理。所以，教育者只有承担了真正的合理性和正当的责任，才能促进自我同一性的形成，才能塑造自身的专业伦理。教育者基于教育伦理原则调节自己的行动，或者接受原则的指导，承担教育性责任，意味着教育者不是出于一时的利益、激情和欲望而发出教育行动、承担教育行动的伦理性责任。这反而意味着教育者是具有自我反思意识的，是具有判断力的，是自由的，同时也是卓越的。

责任的伦理可以帮助教育者检视他的教育认识和行动，避免教育行动的偶然性道德错误和不确定，同时使得他的行动具有了标准，也使得他的行动避免了盲目性，防止行动受具体的情感、激情、冲动、欲望、利益的控制。具有原则、履行责任使得教育者成为言行一致的人，成为真诚的人，成为求教育者值得信赖的人。

教育者的教育伦理责任的承担使得师生之间相互依赖和信任。就教育行动而言，如果我们期望他人能够秉持涉及这个行动的普遍性原则，那么我们就是信赖他人；如果他人真的援引普遍性原则行动，那就意味着人与人之间具有稳定的、可预期的行动秩序，这样个体在人际交往中就具有合作、信赖、团结的态度和意愿。如果一个人反复无常，没有把原则作为行动的支撑，或者说根本没有普遍性原则的意识，没有责任伦理，那么，其行动不仅是无章可循的、没有理由的，也是缺乏说服力的，同时其行动会缺乏出自原则的责任性，不会采取负责任的态度，那么后果就是难以预料的。因此，教育者对普遍性原则的反思性认可，援引普遍性原则而行动，承担教育性责任，意味着教育者是真诚与可信赖的，也说明教育者和求教育者都能从对普遍性原则的共同认可中受益。因为有了责任承担，师生之间更愿意合作或协作。

教育现实中存在着各种责任。对责任的不加反思的承担也容易成为惯习和习俗。按部就班、墨守成规，成为一个同质化的人，并不是真正地承担责任。如果教育者以流行的要求和盲目的行为表达自己负责的姿态，不加反思、不加辨明，保持与现实一致，那其实是放弃了自己的判断力和责任意识，因为教育者的责任意识包含对教育性责任的反思。像机器一样运转，成为机器中的一个零件，以这种方式完成任务的人是平庸的，也是盲目的。不加思考地承担责任是盲目的。盲目地承担责任，或者盲目地承担没有正当性的责任会造成许多恶。这其实是没有真正的责任承担意识的体现，是缺乏责任伦理的美德的体现。

4.4 关怀的关系

教育的内容之一是对求教育者的心灵成长（完善过程）进行关怀，即在意、关心求教育者的心灵如何变得更好。这意味着教育者是心灵的照料者，教育者与求教育者的关系是一种关怀的关系。教育者的关怀不仅是道德行动的原则或义务，也是一种按照关怀的关系行动的美德品质。

关怀与智慧一样，是关键德性，关怀蕴含了尊重、宽容、照料、温暖、同情等具体的美德。关怀本身指向增进他者的福祉，是为了他者善好的善行。教育对求教育者的教益，直接面向求教育者的福祉，因此，教育者的关怀指向求教育者福祉的增加，在于促进求教育者的精神成长或德性完善。关怀所实现的善意直接指向对求教育者心灵的关照。

关怀是一种照看、呵护、关注、体贴，这是对他者的一种伦理操心。诺丁斯认为，关怀是一种伦理关系。这说明，关怀主要表现在关系之中。（Noddings，1992）[17] 教育者的关怀美德着眼于教育交往关系的品质，它所体现的是教育交往中的关怀关系的建构。

> 除非我们能够想象他人的体验、感受、计划、目标和希望，否则不论以何种具体的方式把他人看作自在的目的，我们都无法知道这究竟是什么意思。除非我们通过想象参与到他人的世界体验之中，否则我们也无法知道我们该如何尊重他人。（Johnson，1993）[200]

教育者的关怀是一种同感的关切。教育者的关怀包含着从求教育者的立场与处境并以求教育者的视角来看待教育行动、教育事物的能力，同时也包含了体谅求教育者、感知求教育者、操心求教育者、帮助求教育者的能力。所以，教育者的关怀是基于求教育者的需要而给予关切的利他行动。教育者之所以给予关切和帮助，完全是因为求教育者的需要，而没有任何利益算计。关怀的关系是在教育者纯粹地给予关切和帮助中建立的。关怀是普遍性的、规范性的教育关系，而不仅仅是某种无私的帮助。基于教育者与求教育者交往中的不对等关系，关怀关系的建立是教育关系的本质。（Hung，2013）

关怀是一种重要的伦理美德，是教育行动的构成性德性。（赫尔德，2014）[52] 关怀是一种伦理行动，也是一种伦理的情感与态度，关怀创造人与人之间的伦理关系。关怀的关系建构教育者与求教育者之间的伦理关系。这样的伦理关系是教育者的公正美德的重要补充。与公正的美德不同，教育者的关怀美德是教育者的善意的自觉实现。公正的美德基于求教育者的权利，导向的是对求教育者的权利的保证。教育者的关怀品质卓越地表现了对求教育者的善心。这是教育者对求教育者的关怀，是教育者创造“以求教育者利益为目的”的教育行动的教育胸怀，而不仅仅是一种只在求教育者有特殊需要的时候提供无私帮助的自我奉献。教育者的关怀是时时刻刻、方方面面对求教育者表现出来的善，而这种善的直接目的在于促进求教育者心灵的健全发展。

一个具有关怀美德的教育者，明了教育实践是一种关怀实践，她或他具有理解求教育者的敏感性，能够理解和专注于求教育者的具体需要和发展的期望，在日常的教育过程中具有公正的关怀的情感与态度，在关怀的具体行动中，倾听求教育者，理解求教育者，感受求教育者，愿意与求教育者交流沟通，给予有不同需要的求教育者不同的关心，实施有效且为求教育者感受到的关心行动，力图在师生交往中建立关怀的关系。

> 关怀的人不仅将有关怀的意图和倾向于有效的关怀，还将参与关怀关系。（赫尔德，2014）[81]

教育关怀是真诚的，是合理利他的，不是基于其他目的或者为了其他利益通过关怀而利用受关怀者，或者把受关怀者当作手段、工具。把求教育者作为工具进行“关心”是对关怀的滥用，是虚情假意，而不是关怀。关怀本质上是善的，也是为了善的。教育者的关怀不是出于对求教育者的工具性利用，不是为了表现自己的善意或高尚道德，教育关怀纯粹是教育性的。在这个意义上说，教育关怀是教育目的本身所包含的伦理指向，是对教育者的伦理要求。

教育实践蕴含对人性本身及其发展的关怀或照应，这种实践本身是关怀性的。这意味着关怀不是教育实施的手段，而是教育本身的存在属性，或者说，关怀与教育行动是一致的，它不是与教育教学并列或者并行的某种特殊的活动。教育者的工作虽然不是关怀劳动，但却是关怀性的。关怀劳动是以关怀为本职工作的劳动，如护理工作等。教育关怀是教育性的，不仅仅是面向求教育者的福祉或特定需要的，更重要的是面向求教育者的精神健全发展的，面向求教育者的主体人格的完善的。在这个意义上，教育关怀是对求教育者主体人格发展的人文关怀。教育关怀是非压迫性的、非强制性的。教育实践需要教育者具有关怀美德。教育者的关怀是一种具有伦理意义的专业关怀。（Laverty，2007）[136–138]

教育关怀与冷漠相对立，冷漠是无关怀、不关心，是拒绝与他者见面或接近，所以冷漠是对伦理关系的破坏。在教育过程中，冷漠是对求教育者的伤害，是对人格的不尊重。冷漠意味着关怀美德的缺乏。一个缺乏关怀美德的人，严格地说，是不适宜从事教育工作的。教育者不仅应当具有关怀美德，也应当在教育中建立关心关系。教育者不仅是关心者，也是一

个关心的教育者，教育者有责任引导求教育者与他者建立关心的关系，培养他们关心的美德。（诺丁斯，2003）[27]

教育关怀是无条件的，不因阶级、阶层、种族、文化、经济地位等有所区别。① 教育者对于所有求教育者负有平等关怀的义务，这一义务直接保证每一个求教育者在学校中成长的福祉，这是教育本质性的要求。教育者不能因为求教育者的家庭、经济、身体、天赋等而忽视、歧视求教育者。另外，在教育的日常行动中，教育者也关怀每一个求教育者的心灵成长，感知每一个求教育者的心灵需要，倾听他们的声音，并对他们做出积极的回应。教育者对每一个求教育者具有关心的情感与态度，与他们建立普遍性的关怀关系，同时对有特定需要的求教育者实施特定的关怀的行动。教育者既要避免偏狭的关心，也要避免不公正的关心，还要在公正基础上对那些具有特定需要的求教育者进行关怀。

4.5 教育友谊

朋友是另一个自我。

——亚里士多德：《尼各马可伦理学》

友谊作为心灵的美德既包含了对待朋友的坦荡包容、诚挚忠实、义气担当的品质，也包含了惺惺相惜、相互关怀、志同道合的友情。友谊以善行、德性为目的，友谊不是巧言令色，不是追求利益的谄媚或迎合，更不是狼狈为奸。友谊悦人心意，使人美善，使得生活恬美。②

① 诺丁斯认为关怀是关系伦理，而不是行动主体立场的美德伦理，不能把关怀定位在个人美德上。（参见诺丁斯，2003）[31] 我认为，关怀建立的伦理关系，是在关怀行动基础上的，关怀行动与关怀的美德品质具有重要的关联。本书在教育者的关怀美德的基础上，阐述教育者与求教者之间的关怀关系。

② 阿甘本用生命存在的恬美，阐释亚里士多德的《尼各马可伦理学》的 1170b—1171b35 这一段。友谊是朋友间的恬美，这种对恬美的共同感觉来自行动共享、思想交流。（阿甘本，2016）[38]

教育行动具有友谊行动的典型特征。（Klonosky，2003）教育者的友谊包含两种重要的友情。一种是教育者之间的同事友情，另一种是教育者与求教育者之间的师生友情，这两种友情其实都是在共同创造教育行动中的友谊。如果教育者和求教育者同处于教育共同体——关照心灵成长或完善的共同体中，那么师生关系本质上是朋友关系。（亚里士多德，2010）[286] 师生友谊是一种重要的教育交流方式。不仅如此，教育以友谊的方式存在，师生以友爱共同分享教育意义，分享精神变革的喜悦，师生共同“撒播同一种存在的感觉和甜美，并使之得到共享”（阿甘本，2016）[42–43]。在这种友谊中，教育者因能够感受到作为朋友的求教育者成长的恬美，而感受到自己存在的喜悦。

在作为友谊实践的教育行动中，如果每一个求教育者都是教育事业给予教育者的朋友，那么教育者将如何对待这些作为朋友的求教育者？如何与他们建立更深的友谊？如何像对待朋友般地与求教育者进行教育交往、做出教育行动？如何把教育活动看作共同关心、共同促进心灵善好的友谊行动或友谊实践？教育的友谊实践意味着教育者具有对求教育者表达友谊的责任，即教育者具有一种来自友谊的责任，应持续地对求教育者表示关注、理解、支持、指导。这种责任蕴含着把求教育者引向更好的成长状态的使命和情感。①

教育者的教育友谊是无条件的，也是单向的。教育友谊是公共友谊，不期待求教育者发出友情的回馈，而只是作为友谊实践向求教育者发出成为自己的邀请。对于教育者来说，这是一种不对等的友谊交往。教育者并不依赖于求教育者把他们当作朋友，而是纯粹地把求教育者当作朋友来对待，这是无条件的。教育者把求教育者当作志同道合的朋友，诚挚、率真、真心、信赖、敞开、分享、温暖、自然，是一种无条件的友谊。教育友谊是教育者心灵美德的自然成果，是纯粹的，而不是要求回报的；是自然的，而不是粉饰的；是为了德性的，而不是为了利益的。

① 与朋友建立真正的友谊的人会激发朋友去做好事，要求朋友向善、向上，而不会要求朋友去做坏事。（葛瑞林，2016）[66]

教育者与求教育者是心灵之友、德性之友。他们基于友谊的交往也是基于对德性完善的促进。朋友之间分享对心灵完善的追求，分享对追求德性之活动的参与，分享对德性价值的欣赏，朋友之间相互勉励、相互检验、相互直言、相互督促、相互改善。这是德性之间的相互映照、相互伴随，这就是孔子所说的益友。所以，教育友谊不是教育的手段，其实就是教育本身，而且，教育者以朋友姿态对待求教育者、创造教育友谊的行动与过程也是教育者自我认识、自我塑造、自我提升的过程，即教育者寻求心灵成长和完善的过程。教育友谊的动力就来自双方对于心灵善好的共同关心，这是双方拥有的共同需要、共同感受、共同喜悦。在这一意义上，教育者与求教育者“志同”而“道合”。这就是教育者友爱美德的意蕴。（诺丁斯，2003）139-140

朋友是追求心灵完善过程中的同道者。心灵的友谊就是德性之友情（virtue friendship）的创造，是双方对共同的教育行动的享用，包含着共同的创造性努力和对共同的善的承诺，是同心同德地在心灵的相互交往中共同督促、共同认识、共同提高心灵的美德。这就是共同追求精神变革的教育友谊。（Shuffelton，2012）教育友谊听起来是理想化的，但却是教育行动与交往的规范性特征。教育友谊是德性之友谊，拥有美德之人以何种方式来关注自己的心灵，也就以何种方式来对待朋友的心灵（因为朋友是另一个自我）；教育者把求教育者这个朋友当作另一个自我，分享思想，一起提升美德，一起培育心灵。这并不是把朋友的德性状态看作创造友谊的条件，而是说，友谊能促进、助益于心灵的美善与美德的提升。这就是教育友谊的本质。

教育者与求教育者之间的友谊是亚里士多德所说的公共友谊，这是教育者和求教育者一起在教育生活中为了共同的目标、基于共同的行动而形成的共契、合作、相宜、共情，这不是私人性的、偏倚性的个人间的友谊。[①] 师生共同通过教育行动创造教育共同体或学习共同体，双方共同的

---

① 不排除教育者与求教育者个人之间会形成私人友谊，这种私人友谊的准则是双方是德性之友。正因为是德性之友，所以教育者与求教育者之间的私人友谊，是具有不偏倚性的，即不能因为私人友谊而对另一方进行偏袒或丧失公正。

目的是以精神变革的方式关注心灵的善好；双方共同创造、参与教育活动和学习活动；双方共同表达善意、真诚。这三个方面也是教育共同体的必要条件。从这个条件看，教育行动建立在师生双方的真诚相待和善意之上。在学习之中，在讨论之中，在游戏之中，双方坦诚对话、相互促进、共同合作，以朋友般的相互支持和相互友善共同寻求心灵的成长之路。如果不践行教育友谊，教育行动作为师生双方共同合作的活动将不可能。所以，从本质上看，教育是一项公共友谊的实践。（菲尼斯，2016）[49]

教育者与求教育者也可能基于德性交往而发展出私人友谊，但这不同于作为教育行动之基的公共友谊。教育者的公共友谊是实践方式——把求教育者作为德性之友相待，是教育行动的必要条件，而师生之间的私人友谊既不是教育行动的必要条件，也不是教育行动的实践方式。教育者与求教育者的私人友谊是有边界的，因为教育者不能因为与部分求教育者有私人友谊而有所偏倚。教育者与求教育者之间的公共友谊是没有偏倚性的，因为公共友谊是面向共同体的。建立公共友谊的实践，既是教育者的伦理实践，也是教育者的美德。

4.6 对求教育者的尊重

达尔沃（S. Darwall）划分了两种尊重，一种是承认性尊重，另一种是评价性尊重。（达尔沃，2015）[127] 评价性尊重指的是我们根据某个人的品行或成就而对其予以敬重，一个人因为优秀的行动与成就而受到敬重是应得的；而承认性尊重是指我们仅仅以人作为人性主体具有道德人格而对其予以尊重，是在人的道德主体地位上对人性和人格的尊重。人性、人格所要求的尊重是承认性尊重，而不是评价性尊重。（德沃金，2016）[227] 承认性尊重回馈人性的要求，它具有道德价值，而评价性尊重是对价值上值得尊敬的人给予某种适宜的地位。

教育者对求教育者的承认性尊重更为重要。教育者的承认性尊重是面对求教育者的人性尊严而发出的应然的道德回应或人性应答，即对尊严权利的尊重，是教育者与求教育者都作为理性主体和道德主体的对话性尊重，即相互回应的尊重。当然，教育中也广泛存在评价性尊重，因为教育应当鼓励卓越的德行。因此对于求教育者杰出的道德表现和学业成就给予适当的鼓励和尊重，既符合教育的价值，也符合人希望获得应得的评价性认可或赞赏的自然需要。虽然教育者对求教育者的尊重包含评价性尊重，但评价性尊重是有条件的，也是有边界的，只有具有那些值得普遍敬重的品行、行动、成就的主体才有资格获得或应得评价性尊重。教育中的尊重不能以评价性尊重代替承认性尊重，教育者更不能以求教育者的成绩或优点分配承认性尊重，如果那样做，教育者就是不道德的。因为那样教育者就会甄别求教育者、将求教育者等级化，造成对那些没有受到尊重的求教育者的人性尊严的剥夺及伤害。

承认性尊重映照出人性的共通性与普遍性。教育者要尊重求教育者，不仅因为接受教育是人的重要权利，而且因为求教育者是理性主体，他们是具有道德价值、拥有道德人格的存在者，他们的人性尊严要求尊重。教育者的尊重是对人性尊严的道德回应。尊重的行动表达了教育者与求教育者之间的道德关系。（达尔沃，2015）[125] 正是因为这样，承认性尊重是无条件的，是绝对的尊重，它不以人的种族、文化、政治经济背景、家庭、身体、成就等为转移。教育者无条件地尊重求教育者的人性和人格尊严，是因为求教育者具有人的道德主体地位，是心灵拥有者。教育者的尊重把求教育者作为自身是目的的理性存在者和人性承担者，尊重他们的权利、理性、人格，不是把求教育者当作手段而是当作目的，不剥夺他们的权利，不歧视、操纵、控制、利用他们。同时，教育者把求教育者看作心灵成长者给予尊重。教育者并不能因为求教育者的表现而区别性地判断哪些求教育者值得尊重或者不值得尊重。每一个求教育者作为人，作为发展者，都必须获得教育者的承认性尊重。

尊重求教育者是教育者关键性的道德义务。（拉兹，2016）[118] 这是因为求教育者自身的人性及其发展本身蕴含不可估量的积极的、内在的道德价值，如果求教育者得不到尊重或者受到贬低或歧视时，他们的心灵就会受到伤害。教育者应当避免因不尊重而对任何一个求教育者的人性及发展带来伤害，避免因不尊重带给求教育者痛苦。（拉兹，2016）[160-161] 教育者对求教育者的尊重在范围和强度上都不随着求教育者的学习表现、家庭背景、性格特点而变化。同时，尊重求教育者也是教育者的一种重要教育美德。尊重求教育者涉及以正当的道德方式对待求教育者，在与求教育者交往、处理求教育者的事务的过程中尊重求教育者的人性、人格等。教育者直接或间接的羞辱性的惩罚、嘲笑、歧视、傲慢、鄙视、势利都是不正当、不道德的，因为这些行为和态度反映了教育者没有尊重求教育者。教育者应该尊重每一个求教育者。尊重求教育者不仅仅是出于义务，也是教育者的伦理美德。这种伦理美德使得教育者在任何场合、任何情境都能够自觉地表达对求教育者的尊重。教育者对求教育者的尊重是绝对尊重，是无条件的尊重，这是教育尊重的本质。

求教育者所拥有的作为人的尊严，要求教育者教导、尊重、帮助、关心、鼓励、照顾任何一个求教育者（不管他们是否粗心、是否聪明、是否努力），也不对求教育者的天赋或者后天的发展水平进行区分，更不对求教育者的未来可使用价值进行辨别，不把求教育者的成绩、操行、表现看作享有教育者尊重的条件，换句话说，这一类的教育尊重必须是教育者做出的无条件承诺。这是教育尊重的道德性所要求的。

在教育中，每一个求教育者都是作为平等的人而与他人交往，这是基于他们的人性尊严，基于求教育者作为人格发展主体的道德尊严。他们每一个人也许有自己特殊的生活期许，有自己特殊的兴趣和偏好，有自己特殊的天资和气质，也可能有特殊的人生趣味和道德理想，有自己的情感甚至自己的缺点，也可能有不同的宗教背景、民族背景、家庭文化经济背景，等等，尽管他们可能出于不同的原因处于不同的发展阶段，但是基于他们建构精神的条件，求教育者在教育的制度框架内、在学校生活中、在教育的交往关系里，希望得到基于精神发展的个人尊严所依赖的平等的尊重。①

① 罗尔斯说："理性的人们，无论他们还向往别的什么，总是把某种事物视为实现他们的生活计划的必要条件而追求。如其它条件相同，他们愿意选择较多的而不是较少的自由和机会，较大的而不是较小的财富和收入份额。这些事物显而易见是善的。但是我也指出过，在个人自我价值意义上的自尊和自信也许是最重要的基本善。"（罗尔斯，1988）[382]

教育者的平等对待和平等尊重对于每个求教育者具有无比重要的意义。每个求教育者，不管处于教育的哪个阶段，都看重被当作平等者而被平等对待[①]，因为平等尊重意味着没有哪个求教育者作为个体遭受排挤、压制、歧视和边缘化。被当作一个平等的人或平等的价值拥有者被平等地尊重，意味着每一个人都是有价值和有尊严的人。这对于求教育者个体在人性优秀与价值实现方面的自我期望和抱负水平具有重要的激励作用。

求教育者的社会价值是平等的。不仅他们的人性和人格是不可估量的，而且他们的发展可能性以及潜在的发展水平也是不可估量的。教育者必须把他们当作具有平等社会价值的人而给予他们平等的尊重。尽管求教育者具有发展水平的差异，具有发展节奏的差异，具有天资的差异，具有兴趣和性格的差异，具有身体实力的差异，具有学业成就的差异，但是求教育者的价值“相等”要求教育者不能通过某种方式算度求教育者未来的可使用功能或可能做出的贡献，不能算度哪些求教育者未来是社会中的人才。教育者必须平等地对待求教育者，把他们看作价值平等的人予以尊重。教育者的因材施教，只能是平等地对待求教育者的兴趣、理想和发展方式，给予求教育者平等的关怀和承认性尊重，而不是把求教育者等级化，不是按照某种智力水平或发展水平实行分级教育，不是给予那些优势者更多的教育尊重，不是减少对于那些弱势者的教育尊重。

> 承认尊重不涉及对优点或功绩的评定或鉴定，甚至也不涉及对某人作为人的功过的评价或鉴定。相反，它是内在地赋予某人价值（赋予内在于他的价值或以他自己为目的赋予他价值）的一种方式。在尊重某人的尊严时，我们尊重他，赋予他价值。（达

① 平等的主体性与平等的价值并不意味着在任何领域、任何时刻，针对任何事物，每个人都得到同样多的份额。在有些领域，如获得教育尊重与关心方面，每一个人是平等的，应获得同等对待。但是，在分配教育资源、机会时，为了平等地对待平等者，可能要更多地补偿不利者，以便实现平等。例如，在一个班级中，一个孩子身体残障，学校和教师给予他更多的照顾，甚至给予他更多的学习资源；或者学校针对一个来自贫困家庭的求教育者，而给予更多的学习资源，这是分配上的不等，但这并不意味着学校和教师没有把所有求教育者当作平等者，或者没有给予其平等的关怀和尊重。

尔沃，2015）[213]

每一个人都是道德主体，都具有不可比拟的内在价值，这一内在价值是人成为人的先验的存在性条件。人是一个具有理性本质的存在，有自己的人格尊严，这意味着人必须被当作具有内在价值的道德主体，也就是把人作为目的。人是目的，意味着教育将每一个人的理性、人格尊严作为他自身的目的，也就是尊重每一个人的理性本质和道德主体性，尊重他按照自己的理性和道德意志行动的权利。人格或道德主体地位的平等，也意味着每一个人的理性、个性和德性的发展不管有多大的差异，都是社会的福祉。每一个人只有在权利得到保障的情况下，才能成为一个道德主体或理性主体，才有可能追求和实现他的生活前景和人格理想。求教育者的这些方面都值得尊重，也应当得到尊重。

尊重作为对待求教育者的态度、情感与行为，是求教育者形成自我尊严和自我价值的教育基础。尽管尊严在任何条件下都不可剥夺，但不尊重会严重地贬抑人的自尊和自我价值感。自尊和自我价值感是一个人自我认同和自信的基础，也是一个人觉得自我、人格、价值得到了他人的尊重而值得继续努力的信念。自尊提供了对自我价值的坚定信念，对生活目的的坚定意愿，对实现有价值的生活的确信，自尊也包含着对于理想的自信，也是个体确信自己在社会性交往中获得承认的表现。自尊对于个人的人格发展和精神成长是基础性的，缺乏自尊的人，无法获得自信，无法获得自我认同，他们的自卑可能会扭曲他们的人格和心理感受，从而对其精神的健全发展产生不良影响。同时，自尊也是实现自我价值的重要基础。缺乏自尊，就是失去自我效能感，就是对坚持自己所追求的价值缺乏信念。

> 没有自尊，那就没有什么事情是值得去做的，或者即便有些事值得去做，我们也缺乏追求它们的意志。那样，所有的欲望和活动就会变得虚无飘渺[①]，我们就会陷入冷漠和犬儒主义。（罗尔斯，

---

① “飘渺”应为“缥缈”。——编者注

1988）[427]

自尊是个人的德性、个性和理性发展的基础，这对于求教育者是具有特殊意义的。自尊意味着求教育者因受到平等尊重而形成了自我价值。任何一个平凡的人都需要有自尊，都希望得到他人的尊重。对于处于发展期的求教育者的不尊重，会削弱他们的自尊。自尊是人人平等相待的基础，也是社会团结和社会合作的基础。得到尊重的人，因为没有受到制度性的排斥和羞辱，所以对充分参与社会合作具有意愿和自信。只有拥有自尊的人才会感觉到人的尊严，因为自尊来自他人以及社会体制对个体生命价值与人格的尊重。

正是自尊来自他人和制度结构的尊重，自尊也是一个人承认他人、尊重他人的基础。一个获得自我尊严的人，更倾向于在社会交往中尊重他人，从而形成一种相互支持和相互尊重的社会文化和氛围，这是教育与社会形成健康的精神环境的重要内容，也是教育的重要内容与方式。[①] 教育者对求教育者的尊重，不仅是建立师生道德关系的不可或缺的条件，也是教育的构成性条件。

4.7 公平和公正

公平和公正是教育者重要的品质，教育者应当公平和公正地对待每一个求教育者。公平和公正作为美德，意味着教育者能够在教育行动中公平和公正地对待求教育者的能力与品质。公平而公正地对待求教育者是教育者的智慧，也是教育者的品质。这种品质是求教育者最为看重的教育品质。

① 学校教育中最为恶劣的事情就是对求教育者自尊的打击。有些教师对于求教育者人格和生命价值的不尊重是打击求教育者自尊的主要表现。有的教育制度青睐那些被算度为能成为社会精英的人，而把那些学业平平者当作“教育垃圾”来处置。教育似乎就是从“垃圾”中捡出英才来。这样的教育制度忽略了人格和生命的不可比较性，也忽略了每一个人的价值在合宜的教育中是不可估量的这一事实。每一个人都具有不可忽视的平等的社会价值，具有不可歧视的平等的社会身份。每一个人都需要有尊严地、有自尊地生活。

亚里士多德把公正看作德性之首。（亚里士多德，2010）[169] 这是因为，公正总是意味着待人以德，这是一种高尚的心灵品质。同时，公正也意味着人总是以合乎善的方式行动，任何恶的行动都是不公正的。不公平的方式也是不公正的方式，而公平的事情不一定是公正的。公正是公平的标准。公平是无偏倚地对待，处理的是人与人之间的差异。如果两个求教育者犯了同样的道德错误，教育者给予其中一个求教育者批评，而给予另外一个偏袒，这就是不公平的，也是不公正的。

教育中不仅存在教育者的行动公正、关系公正，也存在分配公正。行动公正是指教育者发出的行动是不是正当的、合乎道德的，即是不是德行；关系公正是指教育者是否以合乎道德的方式进行人际交往，形成的是不是道德关系。这都是公正的德性所蕴含的。分配公正则包含着分配公平。如果公平的分配实现了公正，即没有人遭受剥夺、忽略、贬抑、打击、不尊重，那就是公正的；如果公平的分配伤害了不利者的机会和利益，那就要以公正的原则进行调节，要对不利者进行补偿或差异性关照。这表面上是不平等的，但却是公正的。所以，公平处理人与人之间的差异，在人与人之间会形成公正的公平，而公正则是在人性善的立场上处理对人的不正当的压制、剥夺、歧视、贬低等等。

公正地对待求教育者意味着正当地对待求教育者，这是指以与人的普遍性尊严相配的方式对待求教育者，以道德的方式对待求教育者。公正地对待求教育者不是在人与人之间进行比较，因为公正是基于人性及其尊严的，是基于人的道德上的主体地位的。公平地对待是指尽可能地以与他人同等的方式对待人。如果一个教育者没有公正地对待一个求教育者，那是指这个教育者没有以合道德的方式对待这个求教育者，其对求教育者的对待是不正当的、不道德的。如果一个求教育者没有受到公平的对待，那是指这个求教育者在某件事情上没有受到与其他求教育者同等的对待。公正是公平的标准。如果一个教育者在班级中公平地对待每一个求教育者会使有些求教育者遭受不公正的对待，那么，就要用公正对公平进行限制。例如，公平地分配教育机会，会使某些求教育者处于更加不利的地位，那么，根据公正的要求，一定的教育机会可以偏向处境不利的群体。

公正地对待包含不应当和应当两种方式。不应当即禁止，是指在教育过程中，教育者不能存在非善意的、不道德的态度和行为，不能僭越求教育者的各项基本权利（包括基本自由）。站在善待人的自由和权利的层面，就是免除压迫、压制、贬低、剥夺、牺牲、排斥甚至奴役等，这一要求涵盖教育者的各种行动。这一点不证自明，因为求教育者不能受到任何非善意的对待，诸如贬低、侮辱、排斥、歧视、伤害等，这些行为本身是不道德的，是非人性的，同时也会给求教育者的心灵造成伤害，给他们的健康成长造成障碍，这些行为违背了教育的目的与价值。这是教育者的伦理底线。

应当是指教育者应该对求教育者予以引导、关注、承认、激励、赏识、关怀、帮助、激发、唤醒、促进等，这是教育实现价值和目的的方式。教育者以“应当的”方式行动，表明教育者积极实施教育行动，即在教育过程中积极地创造各种教育方式，站在促进求教育者的精神健全发展的立场，关怀、关注、引导、帮助求教育者等，以实现教育价值。这也是在道德上正当地对待求教育者的体现。

教育者应该把求教育者当作一个能够感受到不平等对待所导致的痛苦的主体，把他们看作通过接受平等的教育而形成独特的自我价值和人格精神的主体。求教育者需要精神的呵护和教育权利的保障，需要人格尊严与完整的保护，所以教育制度和学校实践要关怀和尊重求教育者，同时，也要把他们看作平等的发展主体。发展机会的不平等、教育环境条件的不平等对他们人格的打击，都可能对他们的发展产生消极影响，所以应当给予他们平等的关怀和尊重，而不是基于某种不正当的观念而给予某些人更多的关心和尊重，给予他们不同的资源。这是违背教育的内在价值的。

每个求教育者在道德意义上是平等的。这并不否定人与人之间的各种差异，而是肯定了人性和人格的平等，也就是说，作为人，每个人的人性和人格乃是尊严的源泉，因此是平等的。没有一个人在人性或人格上比他人高贵，也没有一个人在人性和人格上比他人低贱。没有任何因素可以作为区别人的尊严的条件，诸如种族，姓氏，家庭、经济、文化背景，成绩，成就等都不是人卑贱或高贵的理由。人的平等是一种形而上的价值设定，是人性和人格所具有的道德意义上的平等，所有人都具有平等的道德地位，具有被平等地、公正地、道德地对待的需要。

每个求教育者具有平等的主体地位或主体性。求教育者作为成长主体，自行抉择、修正、实践生活理想的主体性是平等的，他们具有平等的权利去实践这种主体性。任何人都不能阻止他们行使这种选择生活理想的权利。这一平等就是从根本上保障个人努力追求美善生活的主体权利。这种主体权利是他们实现人格优秀的先决条件，这是因为一个人乐意为自主选择的生活理想付出努力，乐意克服种种困难以实践生活理想，其人性在其追求生活理想的过程中获得提升，其对于生活的热情、对于自我的节制、对于他者生活的尊重、对于客观世界的理解都在其追求值得过的生活中得以提升。在求教育者的主体性受到钳制、干预、控制的情况下，人性的优秀、精神的健全发展将受到阻碍，其塑造自身精神人格的动力以及心智的活跃都将受到贬抑。

每个求教育者具有参与社会合作的价值平等。① 人作为人存在，其实也意味着人在共同存在中与他人进行合作，而平等有利于合作。生活共同体是一个平等的人与人之间的合作系统。每一个人在社会中生活，实现生活的理想和目标，都是参与社会合作的方式。不论他们的社会贡献大小，不论他们的社会岗位如何，不论他们的身体条件如何，他们进入社会合作系统的价值是相等的，也就是说，他们并不是在价值上有高低之分的人，不能说那些才能出众的求教育者就是具有较高社会价值的人，而那些才能平平的人，那些身体或智力有某种障碍的人就是具有较低价值的人。没有任何一种社会目标可以成为衡量人的社会价值或重要性的标准，也没有任何一种客观的基于人际比较的个人特质（如智力）可作为判断人的社会价值大小的依据。② 教育制度和教育者没有任何合理理由对求教育者的潜在价值

① 如果从政治（规范性概念）意义上把人理解为公民，那就意味着他们参与社会合作的行动是自主的，同时也是自我负责的。他们在选择个人理想的过程中会充分考虑他们对于正义的认同，同时会把理想看作与他们期待为之做出贡献的社会正义（现实或可能）的框架相一致的，也就是他们会合乎理性地期待自我，也会合乎理性地实现自我的理想。

② 公民个体的社会价值是就政治共同体而言的，其社会贡献是在具体的工具性团体中得到衡量的。“我们不能把这些贡献误解为是对社会本身的贡献，或误解为是对公民成员之社会价值的贡献。”（罗尔斯，2000）[296]

进行估算，或者根据他们的生活目标给他们提供不同的条件，或者有区别地对待他们。例如，不能认为具有高天赋的人未来会做出更大的社会贡献，并据此分配社会的公共资源。如果按照对人的估算而区别性地对待求教育者，既不公平，更不公正。

教育共同体不同于工具性联合体，它不具有实质性目的，只具有抽象的非实质性目的，因此，教育共同体没有评价一个个体潜在社会贡献的实质性目的系统，也不能期望某些个体对于社会有更多的贡献从而给予其更多的优待。求教育者的社会价值相等，意味着教育者要平等地对待他们，不能根据他们的贡献来分配各种教育机会、资源或权益。如果教育者把求教育者分为不同的价值等级而区别对待，那就是不公正的。教育制度和教育者必须把求教育者当作具有平等的社会价值的人而平等地对待他们。尽管求教育者具有发展水平、发展节奏的差异，具有天资的差异，具有兴趣和性格的差异，具有身体状况的差异，但是求教育者的价值相等要求教育者不能通过某种方式算度求教育者未来的可使用功能或可能做出的贡献，不能算度哪些求教育者是未来社会的人才，哪些不是。教育者必须平等地对待求教育者，把他们看作价值平等的存在。教育者的因材施教，只能是平等地对待求教育者的兴趣、理想和发展方式，给予求教育者平等的关怀和尊重，而不是把求教育者等级化，按照智力水平或发展水平实行分级教育，给予那些优势者更多的教育重视，减少对那些弱势者的教育重视。①

人的主体地位的平等所要求的教育平等，对于教育者的教育行动具有指示性。教育者基于这种平等，把求教育者当作平等的主体，从而平等地对待求教育者的生活理想和生活目标。这是因为符合正义的生活理想是没有高低之分的，实现生活理想的主体性是没有高低之分的。只有求教育者获得了公正且公平的对待，他们才能自我确认，才能把自己定位于生活在一个实行平等关切的教育共同体之中。他们的道德人格，他们为公共生活

① 求教育者的发展水平有差异，发展节奏有差异，就教育的内容来说，可能不同的求教育者需要适合自己的教育，不过这并不意味着教育要根据求教育者不同的潜在未来而重视那些更有可能成为精英的人。其实，因材施教只是根据求教育者的人格特点而使得教育更符合求教育者的个性，而不是把求教育者分为三六九等，区别对待。

做贡献的意愿，他们参与社会生活的价值预期，都会获得积极的发展。基于求教育者作为平等的道德主体和未来公民的身份，基于求教育者人格和精神发展的平等可能性，学校内部的各种资源，包括物质资源和精神资源，应当平等地分配给求教育者。特别是在义务教育阶段，学校教育的内部资源是平等共享的，学校提供的资源不能是竞争性的，不能以考试成绩作为依据，不能让求教育者通过竞争获得不同等级的资源。

教育者公正而公平地对待求教育者的美德主要表现为：①教育者能够对求教育者的主体地位、主体权利以及人格发展平等对待、平等尊重和平等关怀，并且鼓励每个求教育者发展自己的主体性，而不因为性别、家庭、个性、外貌、天赋、理想等方面的差异，不平等地对待求教育者。②对教育的环境、资源、机会、条件等重要的教育利益的分配，教育者在保证公平分配的基础上应当采取教育受益平等考量的原则，通过补偿而增加处境不利者的教育受益。这虽然是有差异的分配，但基于公正对待的原则，应当平等地考虑每个求教育者享有的教育利益，所以，教育者要平等考量处境不利的求教育者的条件以及教育受益，分配应当更偏向他们。[①] 处境不利者不仅不应当受到忽视，而且应当得到补偿，防止他们因不幸、困难和差距，而处于更加不利的地位。这样才能减少不平等，而不是拉大差距、扩大不平等。教育者和学校应当给予处境不利者较多的支持性资源和机会，给予他们更多的关怀，让他们追求教育和生活的能力得以提高，这就是说，教育者要给予处境不利者教益平等的考虑，以便提升他们对于生活的长期期望。[②] 这样可以减少自然的偶然因素如天资以及社会的偶然因素如家庭条件造成的教育剥夺现象。并且，这是公平而公正地对待求教育者的必要内容。

---

① 教育受益不是求教育者接受教育后得到的经济收益，而是教育本身带给人们的教益。这是指教育对人的人性、心智、品格等方面的培育，也是指教育所培养的欣赏文化、合作参与社会事务、自我价值实现等方面的意义。

② 对于那些因为各种偶然因素而处于弱势地位的求教育者来说，运用机会的环境是恶劣的，他们先前的机会是被剥夺的，所以补偿是为了总体的平等。

4.8 教育宽容的气度

教育者具有宽容的精神似乎是不言而喻的。但是，在当下强调惩戒权的背景下，我们似乎遗忘了教育者的宽容。事实上，教育者的宽容往往更有利于其赢得求教育者的尊重。在教育实践中，宽容是一种教育美德吗？教育者的宽容如何是道德的？教育者如何宽容那些在道德上错误的行为与现象？教育者如何区分对学生的宽容与对错误行为的宽容？教育宽容的界限在哪里？教育惩戒与教育宽容的关系是怎样的？

宽容（toleration）是一种心胸博大的气度，体现了心灵品质上的宽宏大度、随和体谅。它反映了心灵的精神境界、交往行动的艺术和理智。宽容之所以是美德，可以从这几个方面来理解：第一，宽容是伟大心灵的表现。宽宏大度、心胸博大本身是优异与美尚，并且体现了心灵整体的高贵与优秀。宽容既融合了智慧与明智，又符合、补充了仁慈与柔和，是理智精神与高尚情操的结合。一个具有恢宏心灵的人，其行动与人格上的宽容与博大总是令人动容和敬重的。第二，宽容展示了心灵向差异性和多样性的开放，同时也表现了心灵自身的宽广。它是心灵自身优秀与高贵所产生的力量与品质，是心灵自身拥有的卓越力量，宽容表现了心灵的美好。第三，宽容是中道，本身是善好的，与严苛、狭隘不同，也与迁就、宽宥、失格不同。宽容处在正义的规约之下，其判断与实践本身具有智慧参与的特征。宽宏大度的心灵体察了心灵之间的共通与差异，理解心灵的运动与成长的自然，并以宽容的心态对待不同心灵的变革与塑造，所以，宽容作为心灵的品质与心灵自身的运动和塑造是相容的。宽容意味着心灵拥有者理性、善意、平等地进行社会交互行动、共存。

教育者的宽容是一种心胸博大的气度，即宽宏大度，它反映了教育者的精神境界与教育艺术。在与学生的教育交往之中，教育宽容是一种道德性选择，是一种豁达大度的美德风范。教育者的心胸博大意味着以“宽柔”“包容”的情怀，进入教育行动之中，面对学生，处理与学生相关的问题。在人格多样性和生活价值多元化的教育现实中，一个教育者如果容许学生有行动和判断的自由，如果能够耐心公正地对待不同于自己观点的见解，如果能够容忍学生的错误和接纳学生在错误中的成长，其就是宽容的。

一般意义上的宽容要求的是容忍，即宽容包含的是一种在接纳与反对之间的积极态度、情感表达和行动方式。在社会生活领域中，宽容是非常复杂的，我们对暴行、恶行应当坚决反对，而对持不同观点的人应当容忍，对不同于我们的文化和生活方式要报以接纳和尊重，甚至对主张不宽容的人也要予以宽容。尽管我们的宽容可能需要界限，我们也需要在把握宽容界限时具有智慧，但是宽容是人们相互合作的“必需品”。宽容具有道德价值，因为宽容让人感受到体谅、理解、包容、善待。宽容是一个社会中的人们共鸣、合作的基础，一个宽容的社会是更值得人向往的社会。

教育本身与宽容是相容的，因为教育蕴含心灵之间的同感、沟通和理解，也因为教育意味着心灵的变革与成长。教育对各种可能性的多元探索，对生活理想的多样期望，对认知和道德上的尝试与错误，等等，都必须提供多元的机会与宽广的空间，都必须有接纳、容忍、鼓励的态度。所以，教育本质上是以宽容为条件的。而且，在经验上我们也可以观察到，教育领域中，学生的成长千姿百态，他们可能会犯各种各样的认知错误和道德错误，可能秉持不同的见解和信念，可能具有不同的生活理想与情趣，同时可能有不同的学校表现（包括学习表现），也有不同的个性特点，而教育者对此不能完全接纳的情况是不少的，因此，从教育的本质和有效性出发，教育者对学生的宽容是必要的。

教育者的宽容是一种尊重的宽容，也是教育宽容。所谓尊重的宽容，是指教育者在成长意义上对学生成长方式的尊重与接纳，而不是对学生行为表现的严格控制、严厉监督和严格干预，不是对学生错误的严厉惩罚。宽容意味着教育者避免对学生成长方式、过程及道路的狭隘化的限制。所谓教育宽容，是指教育者的宽容是具有教育意义的，是产生教育价值的情感接纳方式。归根结底，教育者的宽容是为了学生的精神成长，是教育性的，是教育宽容。

教育者的宽容是广谱式的，只有为了达到教育目的的宽容才是教育宽容。教育者与求教育者的交往是广泛的，有些宽容不涉及教育主题，如对求教育者的幽默感或饮食习惯的宽容，但有些宽容是关于教育的，如对求教育者的道德行为上的错误的宽容或对求教育者的思想见解的宽容。教育宽容是一种尊重性宽容，也是教育性宽容。所谓尊重性宽容，是指教育者在成长意义上对求教育者成长方式的尊重与对求教育者作为人的完整性的接纳。尊重性宽容避免对求教育者成长方式、成长过程及其发展道路的狭隘化限制，给予求教育者接纳与尊重。所谓教育性宽容，是指教育者的宽容的方式、限度、内容以教育意义为转移，教育性宽容把握宽容的教育价值，以产生教育价值和力量为标准。

教育宽容要求教育者不因求教育者的某些差异、错误、独特性、独立性等而剥夺他们的受教育权、言论权、交往权、平等对待权、尊严等。（托马斯，2010）[212] 教育者的教育宽容之所以必要，是因为：①求教育者的存在表现形态是多种多样的，其家庭价值取向、信仰、抚育方式等是多样化的，求教育者的身心状态、性格、发展水平与方式等是多样化的。教育者不能因为某些求教育者的特殊差异而对他们不接纳、不容忍，更不能羞辱、排斥或歧视他们。②求教育者与教育者的交往方式是多样的。有些求教育者可能积极与教育者建立良好的交往关系，而有些则可能与教育者保持一定距离。有些求教育者可能性格外向而朋友多，有些求教育则更愿意独处。教育者必须对求教育者的交往方式保持宽容。③求教育者具有认知自主性和道德自主性，教育者的宽容是尊重他们的自主性，发展他们的自由能力，鼓励他们进行批判性思考，重视其独特见解和创造性。教育者的教育宽容有助于求教育者养成自我反思、自律自主的主体性。宽容的基础，在于尊重人的道德自主性，并给予它价值上的优先性。

在具体的教育实践中，教育宽容至少包含三个条件：第一，教育者对求教育者的行动表现产生否定性判断。宽容针对那些引发教育者的否定性判断的行为，因为对求教育者的那些值得鼓励的行为表现，不存在宽容或不宽容的问题。值得鼓励的行为表现本身更容易被接纳。所以，宽容是对求教育者那些不容易被接纳的消极性行为的容忍。否定性判断是教育过程中常有常用的判断，教育者运用否定性判断干预、纠正、处罚求教育者。虽然否定性判断在一定范围和程度上是教育的消极方式，但从教育宽容的意义上看，否定性判断不是为了疏离求教育者，不是为了任意干预求教育者的行为，不是为了否定求教育者，而是为了指导和教育求教育者。教育宽容是为了给予求教育者自我判断、自我发展或教育的机会和空间，是为了防止教育者以否定性判断对求教育者的发展造成破坏性干预。正是因为否定性判断的存在，教育宽容构成了求教育者自我教育和接受教育的必要条件。第二，教育者具备干涉、控制、惩戒的权力和能力，但出于教育的目的和求教育者福祉的原因，教育者面对求教育者的某些糟糕行为和道德错误不应运用控制或惩戒的权力，而是应采取宽容的态度。但同时，教育者的教育宽容是建立在运用教育权力的基础上的，没有这种进行评价、惩戒的教育权力，教育者的教育宽容的力量或意义也是有限的。第三，教育者宽宏大度的美德及其行动。宽容的美德产生容忍性的接纳行动或克制行动，既让教育者在否定性判断中积极宽容求教育者，又让他们克制对权力的运用、避免不宽容的态度和行为。（刘曙辉，2007）教育者的宽容体现为对控制权或惩戒权使用的节制，站在求教育者的福祉的立场上，这种节制是为了求教育者的健全发展。这是教育者的美德，没有这种美德，教育者的否定性判断和权力往往导致对求教育者的严格控制与苛刻惩戒。

教育宽容表现在以下几个方面：①在教育对话中，宽容求教育者的表达和言论，即宽容求教育者的观点、意见、看法，对不同的观点、意见、看法保持容忍。宽容鼓励求教育者反思与表达，鼓励求教育者在表达中检验自己的观点。教育包含追求真理和知识的过程，需要言论宽容、信念宽容，以鼓励求教育者发展独立思想，肯定他们的认知自由或自主性。宽容使得教育者认真听取求教育者的意见，理智地承认求教育者观点的合理性，接纳来自求教育者的建议与批评。②宽容求教育者的人格。求教育者具有自己独特的自我认同，他们都是具有独立人格的人。教育者要宽容他们的人格，接纳他们多样化的人格理想与生活计划，这个意义上的宽容是对求教育者的自由权利的尊重，是对求教育者的道德自我和道德理想的尊重。这意味着教育者不能把某些合理的人生理想看作低级的、不值得追求的。③宽容求教育者的性格。求教育者的性格具有多样性，教育者要宽容求教育者具身存在的特点和性格特点，宽容求教育者的差异性和独特性。④宽容求教育者的错误。在求教育者的成长过程中，错误具有教育意义，不论是道德行为上的错误，还是认知错误，或者其他非道德方面的糟糕行为，都对求教育者的经验变革和精神成长具有重要的推动作用。从这个意义上说，错误是重要的教育媒介。如果缺乏教育宽容，对求教育者的各种错误进行严厉惩戒，求教育者将会战战兢兢，那就不利于培养其探索、创造的精神。教育宽容智慧地容忍求教育者的错误，让错误产生教育意义。⑤宽容接纳求教育者的价值取向的多元性。教育者宽容那些与自己持有不同价值观的人，不是以一刀切的方式评价求教育者、要求求教育者。宽容有利于求教育者的独立人格的养成，有利于个人实现价值的多元、丰富、互补，有利于教育行动产生教益，有利于形成教育共同体之中的道德性交往关系，有利于形成师生之间共同的教育友情。（斯坎伦，2008）[216]

在强调教育惩戒权的过程中，我们应当防止教育不宽容造成的严重后果。在我们的教育现实中，学校和教育者往往以不宽容的方式对待求教育者，不宽容的现象比较普遍。例如，强制性地以某种标准化的方式、模式要求求教育者听话和顺从，是不宽容的表现。求教育者的天性或习性是多样的，生活世界是多样的，多元的性格、理想、抱负和生活方式会带来世界的丰富性，教育宽容创造更多元的、包容性的成长方式对求教育者是必要的，所以，教育与社会不能将个体的一切属于个性的东西都打磨成一种样式，而要在他人权利和利益所许可的范围内培养个性，发扬个性。要想让每个求教育者都获得公正和积极的发展机会，最重要的在于容许不同的求教育者有不同的个性，有不同的理想，有不同的学习方式与成长方式。教育者的宽容恰恰表现为对那些自己所不习惯的方式、个性、习性、理想的忍耐与容忍。

不宽容为何在道德上是错的？在教育中，不宽容意味着拒绝、否定、不认可、不理解。而这种不宽容有悖于教育的精神与价值。教育者的宽容，可以避免对求教育者过多、过度地指责、控制、惩罚和羞辱，避免疏离或冷漠。教育者具有权力，往往也容易对求教育者采取管制、干预乃至指责的态度，这往往导致教育者对求教育者缺乏必要的耐心和容忍度，从而对求教育者的成长过多、过度地加以干涉与控制，导致对求教育者的过度批评与惩罚。宽容不排斥指导，但是反对任意干预、过度指责、严厉惩罚。教育者的宽容能扩大求教育者成长的自由自主的空间，使求教育者可以更多地获得自我试验、自我探索、自我创造的机会，同时也可以发展其自我教育、自我定义、自律自制的精神，这些恰恰是教育试图实现的。所以，教育者的宽容不仅仅是教育方式，更是教育实现其价值意义的方式。教育者的宽容是教育行动中的构成性美德。教育中没有宽容，教育者没有宽容的气度，求教育者的发展和成长空间、自由度就会受到限制，他们自我探索的能力及自主性将受到限制，这将会打击他们的自信心、自尊心。在这种情况下，毫无疑问，教育的价值将难以实现。

当然，同样出于教育的目的和求教育者的立场，教育者的宽容也是有限度的。作为教育者的伦理美德的教育宽容是处于严酷苛刻与迁就纵容之间的中道。教育宽容既不是对求教育者的严酷或苛刻，也不是对求教育者的迁就与纵容。宽容不等于对求教育者的迁就，更不是毫无原则、毫无判断、毫无教育责任感的宽宥。

教育者的教育宽容的限度具体包括三个方面的问题。第一个问题是教育者需要判断哪些是可以容忍的事情，即哪些是可以宽容的行为或事件，尽管这些行为很古怪或者很特别，但是因为不涉及任何的道德错误，教育者的宽容要求不予以禁止，当然也不予以惩戒。这方面的行为与表现可能非常普遍，从语言、动作、行为到价值取向、性格特征等等。第二个问题是教育者需要判断哪些是不应该容忍的事情，也就是必须予以禁止的事情，教育者必须对这一类事情不宽容，如对于求教育者严重的暴力欺凌行为，教育者不仅不应当宽容，而且必须予以禁止、惩戒。在学校里，必须禁止的事情涉及人身安全、法律与道德规范等。第三个问题是教育者需要判断哪些是应该或必须宽容的事情。尽管某个或某些求教育者的某些行为可能遭到了学校、其他求教育者、教育者或家长的反对，但如果其本身是应该得到宽容的，那么教育者不仅不能加以禁止，而且应当予以宽容。前两个问题针对的是可容忍与不可容忍的界限，第三个问题与第一个问题有关，是可以允许与不可禁止的界限。教育者的宽容必须将可容忍的事情与应该容忍的事情和必须禁止的事情区别开来。对于应该容忍的事情，不管它与

流行的方式多么不同，不管谁赞成它或反对它，不仅不能加以禁止，而且应当予以宽容。（刘曙辉，2007）

就宽容而言，教育者面临的最大困难是如何面对求教育者道德上的错误行为。就求教育者的非道德错误行为，宽容是必要的；就求教育者道德上的错误行为，要智慧地在宽容的方式、限度上做出选择。弗斯特认为宽容概念内部存在界限：一是“赞同的规范领域”与“虽认为其是错误但仍可接受”之间的界限；二是“虽认为其是错误但仍可接受”与“必须坚决拒绝”之间的界限。如果运用在教育领域，也就是说，教育宽容的语境应当包含三种：一是赞同，二是虽认为其是错误但仍可接受，三是不可容忍。求教育者处于成长过程中，对求教育者的道德错误整体上应采取宽容态度，原则是对事不对人，具体情况具体对待。针对求教育者作为人的完整性，对其宽容是对其的信赖，但就道德上的错误行为本身，对事情不宽容、采取批评或处罚的态度是为了让求教育者形成道德辨明力，理解什么样的行为是不正当的，是道德上不可接受的。对于严重的道德错误行为，不仅不能予以宽容，还需要通过具有教育意义的适当惩戒加以禁止。惩戒只针对严重的道德上不可接受的错误。

教育者的宽容在道德上与教育上必须是可辩护的、可接受的。实际上，与必要的、审慎的惩戒一样，宽容建立在正义原则与教育性原则之上，这意味着宽容或不宽容以正义为尺度，也以教育性为尺度。对求教育者不道德的行为予以默认或宽容，那就等于迁就、纵容求教育者重复犯道德错误。这是违背正义原则的，也是违背教育性原则的。对于求教育者所犯的道德行为上的错误，教育者基于正义原则和教育性原则，基于程度和范围，对一般性的错误行为表示反对、批评，对人可以选择宽容，这是对事不对人；对于求教育者所犯的严重的道德错误，在正义原则的基础上，教育者必须予以不宽容，必须加以惩戒。当然在教育宽容的界限内，智慧地运用教育惩戒权也是需要的。教育者对应当宽容的事情不予宽容，对不应当宽容的事情予以宽容，都是违背正义原则和教育性原则的。对应当宽容的事情不予宽容，是严酷甚至残酷的表现；对不应当宽容的事情予以宽容，那也是袖手旁观，放弃了对求教育者的教育责任。这两种做法都无法在正义原则和教育原则上得到辩护。

宽容不仅是教育者应当具有的美德，同时也是重要的教育方式和教育目标。在当今教育的事实世界中，培养人的宽容美德已经成为教育的目标之一。求教育者的宽容美德只能在宽容的教育与社会中以及教育者的宽容中形成，即在宽容中学会宽容。教育者的宽容美德不仅仅是其实施教育行动、实现教育意义的伦理方式，而且其含义、方式与行动也是培养求教育者的宽容美德的不可或缺的教育方式。

4.9 教育信任

教育信任发生在教育者与求教育者之间，表现为教育者对求教育者的信任态度以及求教育者所体验到的教育者的值得信任。教育信任是一种重要的伦理概念，也是教育者心灵的重要品质。（参见 Katz，2006）[79–81] 教育行动中教育者与求教育者相互合作、共同发展，需要教育者信任求教育者，也需要教育者值得信任。

教育信任是人际信任。信任是教育者对作为他者的求教育者的承诺，信任体现了他们共同在场的相互性。信任是给予性的，意味着相信、肯认、欣赏、希望。教育关系预先包含了信任，或者说教育交往本身包含信任，以对求教育者的信任为前提。所以，教育者的教育信任是预先给予求教育者的，而不是以求教育者的行为为条件的，即不是以求教育者值不值得信任为条件的。这就是说，教育信任是纯粹给予性的。

在学校生活中，信任存在于教学过程中的对话，也存在于求教育者之间的交往，存在于教育的行动与方式，同时信任本身也是一种教育的目标与应当取得的教育成果。（参见 Rice，2006）[71–78] 信任是教育中的教学交往的基础，也是情感交往、伦理交往的基础。教育者与求教育者在信任的基础上，才能创建、维持一种良好的师生关系。（诺丁斯，2003）[138-139]

教育者与求教育者是相互敞开的，他们的行动是相互契合的，他们的期望也是相互的，教育者信任求教育者以及教育者值得信任，是建立教育关系的构成性条件。教育者的信任对于教益的产生、教育意义的生成、教育行动的合作具有重要的价值。对求教育者的能力和人格的不信任，直接影响教育者对求教育者的道德期望和发展期望，而教育者不值得求教育者信任，将使双方产生巨大的心灵隔阂，使得师生关系受损。

信任和值得信任是教育者的道德品格。这一品格的根源是人的社会性，社会交往不仅需要人表达信任感，而且建立在相互信任之上。信任作为个体的主体伦理品质，也来自个体的信任行动，个体在信任行动中养成信任的品格。（什托姆普卡，2005）[129] 教育者具有信任的人格品性，就会积极地建立与他者之间的真诚关系，他们以信任、诚恳、尊重的态度对待求教育者，他们不是狐疑的、挑剔的、冷漠的、消极的。教育者的信任是伦理性的，教育者信任求教育者的能力、发展的前景、人格的价值、心灵的善意以及具体的行动。教育者对求教育者的精神成长过程中的人格信任、行动信任、成就信任，都是教育信任。一个教育者具有教育信任的道德品质，使其成为一个值得求教育者信任的人，同时使其在人格上具有了一种信任的善意。

教育信任是对求教育者成长的信任。尽管精神成长的过程是复杂的，但是教育者的教育信任表达了其对求教育者精神成长的信念，即给予求教育者信任，表现出对求教育者的学习行动和发展方向的信心。求教育者的未来发展和精神成长具有丰富的可能性和不确定性，是不可预知的，也是不可预定的。教育者对求教育者予以教育信任，充分理解这种不可预测性或不确定性，不仅创造求教育者需要的发展空间、机会与方式，而且也给予求教育者成长的信心、勇气和力量。教育者的信任能够教会求教育者自我反思，从错误和失败中总结经验，获得自我教育的机会与体验。

教育者的信任具有召唤性，一方面使得求教育者鼓起行动的勇气和信心，另一方面也唤起求教育者对教育者的信任。因为教育者的信任本身既是一种态度，也是一种行动，使得求教育者感受到了信任。求教育者向教育者敞开自己，投入积极的行动之中。他们觉得教育者是值得信任的，因此他们也信任教育者的行动方向与行动的期望，这样教育者与求教育者就建立起了一种教育性的信任关系。这种信任关系是伦理性的，它不仅有利于发展一种信任和值得信任的品格，而且这种关系会产生巨大的教育意义，使得求教育者的精神成长向着积极的、期望的方向发展，同时也使得教育者自身投入积极的人格建构之中。

教育信任是一种人格信任，导向人格的完整性及其有序的建构，因此教育信任是积极的、健康的。信任就是对人格及其积极价值的期待，或者说，信任就是对人格的信任。信任来自人格，也指向人格，同时也建构人格。正是这样，信任会唤起信任，形成相互值得信任的感受和行动。

> 一个人没有显示信任的能力，他赢得信任的机会就会受到限制。行动可能性的增加与信任的增加成比例——对自己的自我表现的信任和对他人的理解的信任。（卢曼，2005）[52]

就教育行动而言，教育信任是无条件的，即教育者对求教育者的信任是无条件的。作为求教育者的儿童本质上是纯真的、善意的、质朴的、纯粹的，是值得信任的。当然，求教育者可能也会说谎，也会犯错误，教育者需要判断，需要智慧地表达信任，但教育者的信任是无条件的，而不是交换性的。教育者的教育信任是纯粹的、善意的、怀着希望的，而不是基于对某种利益的考虑，也不是把求教育者当作某种工具而给予某种工具性的信任。教育者的信任是把求教育者当作目的、当作人来信任。从求教育者本身的精神成长的过程与特征而言，从教育的本质目的而言，教育者对求教育者的信任具有不可或缺的教育意义。

教育者既要信任求教育者，也要让求教育者感受到他们是值得信任的。教育者是否值得信任，是求教育者对教育者的信任度的反映。求教育者期望教育者是可信任的，是真诚的、正直的、公平的，同时也期望教育者是温和的、宽容的、关怀他们的，期望教育者不会嘲笑他们、歧视他们。教育者的值得信任与他们对求教育者的信任是相互构成的。一个具有信任品质的教育者，更倾向于以信任的态度和方式与求教育者交往，其往往表现出值得求教育者信任的品质（因为信任来自可信赖的品质），从而提高求教育者对教育者的信任度。同时，求教育者因被教育者信任，更能够发展出值得信任的品质，所以信任与值得信任是相互构成的，信任建立了伦理性的信任关系。

教育者的信任是对求教育者的普遍信任。普遍信任是指教育者以敞开的、宽容的、鼓励的、认可的态度接纳所有求教育者。所以，教育者对每一个求教育者予以信任，不论他们的差异多大都接纳他们。教育者的信任，可以促进一种诚信、鼓励、宽容的信任文化的产生。这种师生交往中的信任文化能激励参与、合作的心态，扩大求教育者行动自由的心理空间。所以，教育信任构成了师生交往和行动的秩序，并且唤起教育者与求教育者之间的交往能动性，尤其是解放求教育者的交往积极性与行动力，使得他们免于因处于监督、怀疑、控制之中而焦虑，从而更加开放、积极，更加敢于尝试或创造，更能够自我负责，更具有自信和自尊。所以，教育者的信任，教育者的值得信任，给予求教育者精神滋养。一个给予信任和值得信任的教育者是敞开心灵的，对求教育者充满着友爱、满怀着希望，带着欣赏和认可的态度与求教育者交往。这种信任给予了求教育者精神成长的时空，对求教育者的精神予以鼓励，对其自主性予以尊重。

如果求教育者处在不受教育者信任的焦虑之中，求教育者就等于被绑住了手脚，他们害怕尝试，不敢越雷池一步，在行动中采取防御性态度，犹豫不决。这样求教育者的自主性、自由能力和创造能力就会受限，同时，他们的自信心、自尊也会受到贬低，因为他们会处在教育者的监督、控制、怀疑之中，他们所犯的任何错误都会受到惩戒，这样，他们的探索精神、自由能力就会受到抑制。相反，在教育者的信任中，求教育者更能够感受到教育者对成长和进步的期望，更能够感受到教育者的善意与对其的期望。（Hung，2013）

一个卓越的教育者，需要向求教育者表明信任感，也要展现自己是值得信任的，同时让求教育者感受到他们是受到信任的。教育者不能以某些方式向求教育者表达不信任感，或者营造不信任的环境氛围，比如在班级中建立“举报”机制。“举报”机制围绕着教育者建立起了一种差异格局，从而形成一种控制、剥夺、贬低机制，形成一种不信任文化。这将会养成一部分求教育者的势利与投机心理，同时也会贬抑求教育者的自尊、自信、自主。

学校必须把信赖作为一个社会机构的资源来使用，并以这种态度来促进和发扬信赖（同时使不信赖保持在一定的界限之内）。学校职员作为一个整体，不只是老师，还包括辅助性职员，有必要一起讨论和制定整体的学校政策，用具体的事例说明民主的价值，创造和促进，而不是破坏社会信赖。（怀特，1998）[81]

5

通达：教育者的技艺美德

行动是道德评价的单位和道德价值的载体。

——科尔斯戈德：《规范性的来源》

自然物的生成或运动出自自然，如树的生长、河水的流动，而通过人为生成的事物源于人的创作，即出自人的技艺，如人的艺术作品。人的行动出自人的努力与能力，人通过努力与能力，创造出成就、作品、产品，即技艺的意义在于让行动卓越地实现，让行动的创作达成目的。

什么是技艺？技艺通常被视为人类拥有的“本领”“能力”“技巧”“技能”等等。技艺被视为心灵主体的本质能力之一，是创作、认知、谋划等各类心灵活动的方式与方法。作为心灵内部具有的功能性要件，技艺是人在各类活动中表现卓越的原因之一。（赵墨典，包国光，2018）亚里士多德在《尼各马可伦理学》中将技艺解释为心灵的一种“品质”。一种技艺就是涉及创制这种活动的品质。（亚里士多德，1994）[124] 因此，技艺成为心灵之中内蕴而外展的本质功能。“卓越”和“好”的技艺，与智慧一样，表征的是心灵优秀的品质。技艺作为品质，是人在行动过程中习得并予以不断提升的。

技艺的效果指向实现，即实现行动的目的或获得行动的结果、作品、成就等。技艺运用的目的是建构行动，使得行动成功、卓越地进行，并达成行动创作的结果。技艺作为导向性的总体能力，与智慧、情感、伦理等品质相结合，没有这些品质的奠基和协同，技艺就难以导向善。

亚里士多德区分了实践与创制活动。创制活动就是技艺活动，面向产品或作品。政治、伦理是实践，其目的与行动自身一致。虽然它们不是创制，但实践本身不仅需要实践智慧，也需要展开实践的技能与艺术，甚至实践本身作为人“创作”的事情，也需要人的技艺。政治的技艺是政治行动的艺术，伦理行动也是生活的艺术。所以，技艺是人的行动得以卓越展开、完成的必要保证。一旦我们说一个人掌握了教育的技艺，那我们就相信其能够自觉追求并筹划、实现教育行动的卓越，其技艺会使其在不确定性和偶然性之中能够“创造”出卓越的行动，并达到行动的目的，而且，其与那些没有教育技艺的人具有本质性的差别。有教育技艺的行动者的教育行动是卓越的，而没有教育技艺的行动者的教育行动可能是糟糕的。任何行动都有其所特有的技艺，技艺降低了行动失败的风险。

技艺与知识、智慧一样，也是心灵的美德。尽管技艺是面向行动的，但技艺对整体行动的筹划、保障也有利于善的表现。心灵对善的追求落实在具体的行动上，技艺恰恰就是保障行动的权能。任何由心灵发起的生成、变化、改良、维持的行动都包含行动的技艺。技艺作为能力品质指向行动的方式、过程，并且有益于行动实现价值。行动是实现理念与价值的方式，而技艺是行动得以卓越实现的能力。没有技艺的支撑，行动就是“跛脚”的。技艺是创造性的艺术与技能的结合，展现行动者的创作品质或能力。技艺的拥有者是艺术家，而不是技术员或施工者。需要精湛技艺的行动不限于创制艺术品或劳动产品的活动，实践行动（目的在于其自身）的进行也需要精湛技艺。

教育是道德技艺的实践。这一实践既是伦理的，也是技艺的。教育者的技艺作为能力的内在品质，是卓越地完成教育行动的心灵品质。卓越地创制、进行、实践教育行动的心灵品质，就是技艺美德。[①] 教育者的技艺美德就是他们的精湛技艺，是他们卓越的实际行动能力。教育者运用源自心灵品质的技艺创造教育行动。教育者以“事行”（实践）来进行探究，这是与以言辞进行的探究相区别的。就完成教育行动的“事行”而言，技艺（能力）是使教育行动卓越的关键，因为技艺直接面向行动的过程。技艺不仅是教育目的、教育目标得以实现的保证，也与教育行动的设计、预见、治理、完善直接相关。

教育者作为教育行动的发出者，通过技艺发出、实施、完成教育行动。教育者的技艺推动了教育行动，即教育者通过运用教育技艺，推动了教育行动的卓越实现，表现了自己对教育行动的筹划、实施、掌控。教育者的技艺带来的是教育行动的卓越与美尚。教育行动并不留下任何以“终端产品”为表征的产品或作品，它只是教育者与求教育者共同见证并享受精神

---

① 古希腊的“技艺”概念是一种“知道”，包含“预见、明见”。柏拉图把技艺归属于知识、认识，并且不加区分。亚里士多德把技艺看作一种美德，但他把技艺归属于理智品质。在本书中，我把技艺看作一种独立的美德，因为技艺在行动中与理智美德不同，技艺面向行动样态与方式的创制、筹划、维持，实现行动的成功与卓越，而且与理智美德（智慧及判断力）不同，技艺体现为实现行动的能力品质，而这种能力品质尽管由理智美德所奠基，但它不是表现在理智中，而是表征为人善于行动。所以，本书把技艺看作一种独立于理智美德而使行动得以实现的能力品质。

成长的一种艺术活动。欠缺智慧、情感和伦理，会使教育行动本身变得更坏，因为这样会忽视教育行动内在善的实现；欠缺技艺的教育行动，会使教育行动变得更糟糕，因为教育行动的方式、方法、过程无法通达教育行动的目的。

教育者的技艺作为心灵品质，是他们的教育行动表现卓越的根本原因之一。教育行动本身的完成，需要精湛的教育技艺。教育的技艺美德作为心灵主体的力量或功能，在行动的过程中与其他教育美德结合在一起，共同实现教育行动的优秀或卓越。在构成性意义上，教育行动的卓越依赖于教育的技艺美德的卓越。教育的技艺美德使得卓越的教育行动成为现实，或者说，教育的技艺美德卓越地实现了教育行动。

教育者的技艺表明教育者具有完成教育行动的关键能力，这些关键能力体现为教育者以卓越的、善的、有效的方式和方法完成教育行动，使得教育行动实现卓越和善。教育者的技艺美德就是其把智慧、情感、道德、能力等优秀的品质运用于教育行动的过程、方式，从而对教育行动进行创造、调控、管理、改善。教育者的技艺美德是教育行动实现的保障。

教育者的技艺美德与其智慧、情感、伦理等方面的美德相结合，在教育行动中发挥作用。如果具有技艺美德，教育者就会把教育行动看作一个整体，进行统筹、设计、管理、实施、反思、提升和改进。

> 用技艺来指导生活的人面对新的环境总有先见之明，具有一些系统的思考，对外物有控制能力，从而就能从容面对新的处境，消除对外界的盲目依赖。（努斯鲍姆，2007）[124]

教育者的技艺美德不是具体的操作技能，不是某种技术，而是完成教育行动的能力品质。具体的技能是指向外在的某种操作过程的经验性技术，而教育者的技艺美德是其通过教育行动本身生成的心灵内在的能力品质。教育是一种实践性的艺术活动，其本身的完成就是目的，教育不是生产过程，因而没有教育产品，所以，教育者的技艺美德不是指向特殊的产品，而是生成、提升于教育行动之中。教育者的技艺在于展现、实现教育行动，使教育行动得以以自身卓越的方式展开，而不是使用工具性的技能对教育过程进行操作性控制。技艺比技能更宏观，更具有整体性和创造性。技艺虽然面向行动的创造，但是它让教育行动是其所是、是其所应是。技能是操作性的，而技艺是创作性的，是对教育行动的创作。由于教育行动具有创造性、生成性，因此教育者的技艺就意味着其整体性地或创造性地实施教育行动。技术和技能的运用都是工具性的、程序性的，如果把技术或技能的运用当作教育行动本身，那就是把教育行动狭隘化为具体的生产过程，是对教育行动的扭曲、控制。（海德格尔，2005）[14] 如果把教育技艺当作手段性的技能与技术，如果把教育行动当作技术活动，那么教育活动就会成为被设定、被固化、被控制的对象，变成可利用、可计算、可操控的对象。教育技术把教育行动当作手段，教育技能把教育行动当作控制对象，而教育技艺是让行动卓越地展现其目的，它通达、实现、创造教育行动，它回归并符合教育行动本身。

教育者的技艺是在筹划、实施教育行动等方面的优秀与卓越。这意味着教育者把技艺整合在智慧、情感、伦理等美德品质中，并施展在教育行动之中，使教育行动卓越和优秀。教育者的技艺美德使得教育行动具有美的形式，使得教育者卓越地创制教育行动。教育行动的生成与完成离不开教育者的技艺。教育实践需要教育者的精湛技艺，精湛技艺或技艺美德既是教育行动的必要条件，也是教育者的美德的组成部分。（参考维尔诺，2017）[75]

5.1 展现教育行动的能力

> 与现实世界不同，本然世界的存在、生成过程既没有人的参与，也非基于人所作之“事”，然而，其意义的显现，却离不开人所“从事”的多样活动。
>
> ——杨国荣：《存在与生成：以“事”观之》

生活世界是一个行动的世界。生活本身是由一系列的行动构成的。在生活中我们自觉地去做有价值的事情，我们有各种各样的行动。所谓行动，就是行动主体通过自己的作为而有目的地导致某些事情的产生。行动包含行动者自身的在场以及目的、意图、理想，包含行动者实现目的的途径、方法与方式，也包含行动者对行动本身及其结果的想象、反思与评价。行动意味着行动者把自身的心灵及其品质投入行动之中，其中包括行动者的希望与意志、情感与智慧、判断与选择、叙事与理解、能力与方法。这意味着，过生活本身就意味着人是要去做事的、去创造的、去成事的。我们的生活是在做事的过程中所形成的故事，把日子过好和把事情做好是统一的，去生活就是去做、去行动。（赵汀阳，2014）我们不仅要行动，而且要行动得好。在成事的行动中，不仅形成了新的生活，也形成了新的世界、新的关系、新的文化。

行动是人内在的生命本质展现在世界之中的方式，是人通过做事、成事对意义和价值的实现。（托马斯，2010）[271] 人在行动中展现自身的品质，并且完善自己的品质，人实现自身是在世界中展现自己的精神的过程。人的存在即行动，行动即展现。行动展现了人，同时也展现了行动的意义，展现了行动的价值。行动也展现了其成果与作品，同时也展现了与行动相关的世界，即让世界澄明地展现在人面前。这是一种双重的展现，即行动把人展现在世界面前，又把世界展现在人面前，使人与世界均在行动中获得了朗照。在这个意义上，行动使得意义敞开，使得价值显明，使得行动主体的人格展现、建构起来。

我们称为行动的事件，一定是我们作为主体的事件，即由我们作为主体构成了行动存在的主观原因与理由。主体展现行动、承载行动，通过行动的过程与方式赋予行动价值。行动者做出行动，不仅导向了一种事情的发生，同时也显现了主体性的心灵及其状态。行动展示了存在的意义，行动实现了世界与主体的价值。行动者对行动的表现力量说明，行动既发生在一个更大的情境之中，并显现在公共性之中，又发生在主体的参与中，是由行动者的主体意识发出的，显示出行动者自身的价值与期望、道德品质与能力技艺、理念与反思。主体展现了行动或成事的过程与结果，而行动又反映、展现了行动者自身。这种双向的展现说明，行动者发出了行动，而行动又构成了行动者。行动拓展了行动者的经验和智慧，同时也建构了行动者的自我认同与心灵品质。所以，行动也是一种自我构成的基础性力量，即我们是谁是由我们的行动所构成的。行动与我们自身的完整性相关，因此我们在行动中的自我构成就是建构我们自身的统一性（integrity）。

教育者个人作为行动者所发起的教育行动是教育者自觉创作的行动。教育者做的教育之事就是其所实施的教育行动，教育者成事就是成就教育行动。[①] 虽然学校存在，教育制度存在，教育作为社会的宏观实践存在，虽然教育者的教育行动发生在现实境遇之中，但是教育者是行动主体，其为自己所实施的教育行动负责。这是因为教育者的教育行动总是由其意向、心灵、行动方式所塑造的，教育行动不仅展现了教育者独特的品质，而且展现了教育者作为行动主体的主体意志和主体能力，展现了其作为行动者的行动技艺和风格。

教育者在进行教育行动时有独特的行动方式，这种行动方式与其他非自主的工作或活动所表现的行为方式不一样，因为教育活动对教育者的品格和自我的艺术的要求是其构成性条件之一，没有教育者的品格和自我的艺术，教育者就无法真正地开展教育工作或教育实践。不仅教育工作是个人自由的选择，而且每一项教育活动都是教育者审慎的伦理选择和技艺选择。这种选择是建立在判断和理性之上的，同时也是建立在教育者的行动力之上的。所以对于教育者来说，理性能力和判断力的养成、品格的自我塑造、教育行动的发出与创新、行动力的形成与提升是其实施教育行动的关键条件。教育者展现了教育行动。教育者的行动展现力是教育行动得以卓越的根本条件之一。教育者具有了行动展现力，他们的教育行动所蕴含的意义与价值就能够实现。

---

① 教育者的教育行动是做出来的，这是因为教育者的教的活动与教育者做人的行动一样，根本上是实践的，而实践就是一种试验、一种行动上的探索，当然也是一种认识上的探索。以往我们常犯的一个错误就是，认为我们只有获得怎样行动的知识（认识）后才能正确地行动。其实，我们通过行动也在拓展对自我的认识和对世界的认识，我们边行边知，边说边思边行，或者且行且知。行知相依和相宜。

教育者所做出的教育行动展现教育本身。教育行动按照教育的理念本真地反映教育是其所是、是其所应是，就是教育者通过创造教育的活动形式展现整体的教育行动的本质与理念，把具体的教育活动展现为具有丰富的教育意义的教育行动，使得教育行动本身成为美好的、卓越的。教育者理解教育的理念，自觉创造教育行动的形式与价值，努力把教育本身善的、美的力量表现出来，推动教育行动的改进与提升，这是行动表现力的意义所在。所以，教育者对教育的展现是教育者在自觉创造教育行动的过程中对真正美善的教育的追寻和实践。

教育者的行动展现力展现教育价值。蕴含价值的教育行动才具有教育性。教育行动要展现教育价值，使得真、善、美、正义等价值显现出来，从而发挥教育的力量。只有教育行动展现美好的价值，求教育者才能在学校中体验到“伟大事物的魅力”（Rilke，1986）[4]。教育行动是否展现出教育价值，是衡量教育是不是真正的教育的根本标准。教育行动具有教育性依赖于这些条件：第一，教育行动必须包含具有引导力量的教育价值。这些价值是优秀价值，是值得追求也是应当追求的价值。第二，教育行动展示了教育对教育价值的热爱。第三，教育价值在教育行动中有明确的展现方式、途径和形态。第四，教育行动对教育价值的展示是可持续的、整体的、协调的。这就意味着教育者的行动展现力包含着对教育价值的认识与实践。

教育者的行动展现力展现教育意义。教育者的教育行动也要展现教育意义。教育行动本身是丰富的意义表达形式，或者说教育行动是意义创制行动。它自身让参与教育的主体感受和理解丰富的意义，是产生教益的关键。教育行动的意义展现得越丰富，越多元化、多层次化，教育的内涵就越丰富，力量就越充沛。教育价值是真、善、美、正义等纯粹美好的事物或理念在教育行动中的存在、显现，是引导性力量，而教育意义是人的主观精神世界与客观教育价值相遇所产生的意义关联，所以教育行动对教育意义的展现就是以多层、多重、多样的方式让教育中的人与教育发生意义关联，在意义中建构和生成更丰富的意义。教育意义的生成就意味着教益的产生。

教育者的行动展现力展现求教育者的参与。教育行动是教育者与求教育者共同的行动，他们在其中共享教育行动所展现的教育价值、教育意义，同时，他们也通过教育行动所展现的自我而展开交往。教育者的教育行动展现着求教育者的主体性，展现着求教育者的在场、参与、发展、成长，使得求教育者的精神、人格、品质等尽可能自由充分地展现在教育生活之中。求教育者的在场性参与使得求教育者不仅是教育行动的参与者、共享者、创造者，同时也是教育行动的评价者、见证者、经历者。只有教育活动展现了求教育者的主体性，求教育者的成长才得以可能。因为求教育者展现在教育行动中，参与并享用教育行动，所以其才能获得经验的更新、精神的转化与成长。教育行动的展现让求教育者在教育中积极地在场。所以，一方面，教育行动的展现是把教育行动展现在主体间，让教育行动展现其意义、价值；另一方面，教育者与求教育者的共同行动，展现他们的存在与在场的心灵或精神。

教育者的行动展现力展现其自身的心灵品格。教育者自身是教育行动的发出者，教育行动本身也展现着教育者的自我、情感、意志、智慧、伦理和行动技艺。教育者的智慧、伦理、情感、经验以及行动技艺等心灵的各种品质都经由教育行动而得到检验与发展，这意味着教育行动是教育者自我建构的根本方式。它不仅提高教育者的行动力，也塑造教育者的教育美德。（参考杨国荣，2019）这是一种双向的建构，即教育者与其所实施的教育行动之间的双间建构和双间创造。教育者追求卓越的教育行动，而教育行动本身也在塑造着卓越的教育者。

教育者展现教育行动的能力是教育者的教育技艺。展现教育行动，是教育者的主体能力。追求教育行动的卓越状态，并且把这种理想化作展现教育行动的实践艺术，与提升自己实施教育行动的整体性的技艺美德，形成了相互奠基、相互促进的进程。这种教育行动的展现力，可以通过不断地追求教育行动的优秀而获得提升。

教育者对教育行动的展现并不是表演，教育者不是表演者，教育者与教育行动的关系不是表演者与表演对象的关系。“在学校中，不要摆出戏台上的样子来。”（福柯，2010）[266] 表演总是意味着表演者是一个外来者，是一个装扮者、一个进入表演场景中的他者，表演是做给他人看的，而教育者对教育行动的展现是其作为伦理主体本身对教育行动的创造。教育者作为本真的行动者出场并发出了教育行动，其并不是表演教育行动，而是与教育行动共存的，其表现合调于教育行动的理念，力图实现教育的本质。教育者所期待并试图展现的是教育行动本身，而不是为了表演给他人看的教育技能。

在现时代的形势中，教育者的教育行为受外在的操作标准或程式所规定。教育者服从某些程式，模仿某些技能，表演某种技能，但他们所做出的教育行为与他们自己不能合二为一。他们不是在聆听教育的声音，而是在迎合现实的操作程序，他们在这样的教育表演中无法进行自我建构，也无法在教育活动中形成自主性。他们做出操作行为，而不是创造教育行动。教育行为是他们演出来的，而不是出于他们的希望、判断、选择和创造。在演出式的“教育景观”中，我们听到的大多是空洞的词句，看到的大多是浮夸的行为，是以“教育行动”之名而博取其他目标之实，本真的教育行动的展现反而被人遗忘。教育、教育者，这些神圣的名称，被作为面具戴在那些怀有其他目的的虚假的教育者脸上。在教育表演的氛围中，虚骄充斥其中，表演者以自高自大的姿态在“教育”场景中说着、做着。说实话，教育者的表演只能说明教育的扭曲，而无法展现教育本身。

5.2 共在合作的艺术

在一切的事情中，沟通是最为奇特的。

——杜威：《杜威全集：中期著作（1899—1924）：第七卷（1912—1914）》

人存在于宇宙之中，也存在于具体的境遇之中，人与万物共在，也与他人共在。共在是人的存在方式。共在是一个事实，更是伦理。共在是与他者一起思考、感受、体验、交谈、行动、享用、响应、行动、反思等等。人如何与他者照面、交往、交谈，如何与他者相互回应、相互合作，反映的是心灵共在的伦理品质。

共在意味着交往、共通、共生，人与人在交往中通过生活的相交、共同事务的参与，共同围绕观念、经验、欲望、价值与目的，共同存在，进行合作，相互塑造，共同提升。（列维纳斯，2006）[38] 交流是人类心灵之间的沟通、妥协、协作，也是相知、响应、同行、共鸣、共生。交往不是简单的信息或知识的交流，而是一种整体性的心灵沟通、价值分享与行动合作。交往是为了共在的和谐和温暖，是为了解决冲突、对立和冷漠，是为了共同的美善生活，所以这种交往与合作对于心灵的生成及其卓越行动而言是具有本质性意义的。

教育者的共在合作的技艺，是指教育者在教育行动中创造与求教育者的教育联合关系和合作行动的能力。教育行动是师生共同合作的行动，所以，教育者的共在、交流、合作的技艺是卓越的教育行动的关键因素。这种技艺在于把教育行动变成教育者与求教育者共同在场、共同赠予、共同行动、共同培育、共同享用的行动、机会与方式。与求教育者同在是教育者不可或缺的教育姿态与美德。这意味着在教育行动的时空里，教育者与求教育者是共同行动的、亲密的、密不可分的共在，教育者与求教育者是教育行动的共同主体。

教育者与求教育者是合作主体。教育不是教育者施予求教育者的行动，教育是教育者与求教育者一起合作、分享、共鸣的行动。教育者与求教育者的合作，是教育行动的构成性条件。所以，教育者与求教育者的沟通与合作，创造性地展开了教育过程。教育者的共在合作的技艺，指的就是他们与求教育者共在的能力，他们凭借这种能力，能够把求教育者召唤、引导到教育行动之中，激发求教育者参与教育行动的热情，激发求教育者创造教育行动的主体性，与求教育者沟通、合作、创造、共鸣。

教育者与求教育者的共在是指教育者与求教育者的处身性相遇，即他们在教育的境遇之中照面、参与、联结、共鸣。教育者与求教育者的照面、相互吸引、相互表达善意，意味着共同在场不仅仅是碰面，不仅仅是身体上的接近，而且是心灵、心智上的相互通达、积极参与、理解、共同提升。不论对于求教育者而言还是对于教育者而言，教育是他们独特的共在方式，共同在场、共同创作教育行动就是教育意义的展现，是教育本质的展现方式与美好境界。

教育者与求教育者共同的教育行动是指二者共同发起并共同组织的教育行动，他们不仅共同在场，不仅相互赠予，更重要的是他们合作。他们是教育行动的共同主体。教育行动是他们作为共同主体的行动，也是主体间的行动，而不是某一方的行动，或者说是以某一方为主的行动。作为主体间的行动，教育行动是对话性的（弗莱雷，2001）[31]，即身处教育情境中的教育者与求教育者之间的相互引导、相互促进的生成行动。作为共同主体的行动，教育行动不仅是教育者的创造行动，也是求教育者的创造行动，同时也不单是求教育者的学习行动，教育者的参与不仅仅是辅助性的指点、促进与帮助，他们与求教育者都是行动的主体，双方合作，一起创造教育行动。教育者与求教育者共同构成了教育行动者网络。教即是学，学即是教。（于述胜，2014）在这个意义上，求教育者不是教育行动的接受者，教育者也不只是学习行为的辅助性的参与者。

教育行动是教育者与求教育者共同获得精神培育的行动。学校和课堂中的教育行动对教育者和求教育者的自我构成都有意义，是他们共同获得发展的过程和方式。教育行动的价值、方式、内容、形式都对他们的精神进行了培育。教育者既是教育者也是求教育者①，求教育者不仅是求教育者也是教育者，他们相互赠予并相互培育着对方，即在教育活动中，教育者与求教育者是在交往关系中相互塑造、相互生成的。教育者是在求教育者的在场中成为教育者的，而求教育者是因教育者的在场而成为求教育者的，双方在共在中相互塑造、生成。不论是教学活动，还是其他活动，教育者与求教育者的共同参与总是双向的，其积极影响力或召唤力都是双向的。教育者的共在合作技艺能够意识到这种双向的培育，并自觉地创造培育的方式与意义。

教育行动是师生相互赠予的行动。教育者与求教育者的相互赠予是

① 人及人性永远需要源于真善美的教育。源于真善美的教，才是真正的教。人之教不过是建立人与真善美的关系的一种德艺活动。教育者只有成为真善美的叩问者，他们的教才是可能的，所以，人只有成为学习者，才能成为教育者。

指教育者与求教育者在共在的教育行动中互相赠予知识、情感、行动及意义。他们的行动方式或有不同，但是他们的行动是相互赠予的、相互契合的，是相互赠予对方的礼物。他们把自身的存在、在场、品性、行动、见识、经验、境界赠予对方，就像赠予对方礼物一样。教育行动不是教育者针对求教育者而发出的，也不是求教育者向教育者所要求的，而是双方共同参与、相互赠予的。双方都在贡献自己的智慧、认知、心情、兴趣、理解、期望、意图、行动等，都在共同参与中赠予了对方原本没有的东西。这不仅仅意味着求教育者跟着教育者学习，也意味着教育者向求教育者学习，即教育者也接纳求教育者所赠予的东西。“教师的学生（students-of-the-teacher）及学生的老师（teacher-of-the-students）等字眼不复存在，新的术语随之出现：教师学生（teacher-student）及学生教师（students-teachers）。教师不再仅仅是授业者，在与学生的对话中，教师本身也得到教益，学生在被教的同时反过来也在教育教师，他们合作起来共同成长。”（弗莱雷，2001）[31]

教育行动是教育者与求教育者共同享用的行动。享用教育行动，把自身投入其中并热爱教育行动，通过对教育行动的享用而变革自身，这就是享用教育行动的意义。教育行动把自身展示在教育者与求教育者的在场之中，双方的交流、合作、沟通指向共同参与、共同享用。他们共同享用认知探究的成果，共同享用情感、价值、意义的交流，共同享有精神的愉悦。享用意味着生活在其中、陶醉于其中、乐在其中、展现在其中、行动于其中、获益于其中，并受到培育。教育者的教不单是给予，而且是与求教育者共同享用教育行动的过程；求教育者的学习不是单纯从自己的认知过程出发的深度学习，不仅仅是接受，同时也是与教育者合作、互动，展示自己对教育行动独特的参与价值。

教育本质上是教育者与求教育者共在、同学、共生的过程。教育本身要求参与者共在。共在技艺使得教育者敞开心灵，邀请作为他者的求教育者共同进行教育实践。教育者与求教育者交往，共同追求美善，相互激发心智，相互分享意义，共同检验知识，共同实现经验的个体化。他们把共在看作通过获得教益而成长的方式，看见增强人的共通性和主体性的方式。

教育者与求教育者的共在使得教育行动本身变成了一个意义共享的世界。

> 互相沟通是具有独特的工具性和独特的终极性的。它是具有工具性的，因为它使我们从沉重的事务压力之下解放出来，使我们能够生活在一个有意义的事物世界之中。它是终极的，因为它是对于为整个社会所珍贵的对象和艺术的一种分享，由于这样的分享，意义从相互沟通上来讲，就被充实了、加深了和巩固了。由于它这种特有的中介性和终极性，互相沟通及其共同的对象就成为最后值得敬畏、敬佩和忠实欣赏的对象了，它们是值得成为一种手段的，因为它们是使得生活具有丰富而多彩的意义的唯一手段，它们是值得成为一种终结（目的）的，因为在这样的终结（目的）中，人类从它们直接孤单的状况被提升起来而参与在一种意义交流之中。（杜威，2012）[151]

共在式的交流与合作意味着教育行动是教育者与求教育者之间的聚会与共鸣，是他们的知识、见解、情感、人格、谈吐、风貌、在场的精神状态的汇聚。这种汇聚促进了融合，创造出了超出个人经验的精神盈余，即教育行动的意义不是求教育者的经验建构，也不是教育者的教导，而是双方的经验、见识、理解、情感等的融合。这种融合产生了新的可能，溢出了他们自身的经验与精神，使得精神发生了扩展性变革，他们受到的培育超出了从自身出发的可能。交往、合作、汇聚促成的双方的共同成长是一种与个人自我发展方式不同的发展方式，这种方式打开了一种肯定性的开放、融合，产生了丰富的精神资源，从而与从自我出发的发展方式并驾齐驱。从自我出发的发展方式依赖个人的意向、动机、行动、目标，所实现的可能性是在个人的时空中展开的精神可能性，而交往和合作的在场是在公共的时空中依赖共享和融合而产生的丰富的可能性盈余。这样的精神成长不是在单个人的精神时空中展开的，而是在相互兴发、相互通达、相互融合、相互丰富的过程中展开的。这种共同成长方式既指向个人的精神成长的表现，又指向共同的交往活动带来的精神共契性成长。这两种方式都是人的精神成长的重要方式。

求教育者是教育者的行动伙伴，二者联合的行动共同组成了教育行动，所以，教育者与求教育者共同合作进行教育行动，并进行着智慧、语言、探究方式、交流方式、成长叙事的共享。在这里，没有哪一方，只有“共同”；没有教者或被教者，而只有共同经验的创造者和享用者。智慧的交融、知识的相互补充、情感的分享理解等，都是共在合作的过程。例如，就教学而言，教不单纯是教的行动，也不单纯是学的行动，而是教育者与求教育者共同创造的教与学统一的行动。在教学中，求教育者与教育者都是教者，也都是学习者，他们共同的行动既是教的行动，也是学的行动。

> 在这种共同参与的活动中，教师是一个学习者，而学习者，虽然自己不觉得，也是一位教师——总的看来，无论教师或学生愈少意识到自己在那里施教或受教就愈好。（杜威，2001）[175]

教育行动存在于教育者与求教育者的居间空间（space of betweenness）。教育行动的居间性（betweenness）意味着教育行动存在于师生之间，而不是在哪一方那里。共在蕴含交流，交流蕴含合作，这本身意味着共同言说、相互倾听、合作行动。教育者与求教育者以共在的方式参与同一个教育行动，而这个教育行动的一方的参与参照着另一方的行动，双方产生了观念、理解、行动的契合、交流和分享。在这样的共同行动中，教育的时刻、教育的意义就生成了。

教育者的共在合作的技艺邀请求教育者的共在行动，这需要双方在教育行动中发出多重声音，相互倾听，产生共同的理解。所以，教育者的共在合作的技艺能够让教育者倾听求教育者的多重声音，能够让求教育者表达自己。与“说”和“看见”一样，倾听是心灵对他者的敞开、领会。在这里，倾听是伦理性的，而不是一种简单的听的行为。倾听不单单是去听别人说什么，倾听是一种尊重式的、承认式的、积极回应式的听见，与理解合为一体。（伽达默尔，2001）倾听建立了听者与说话者的伦理性的理解关系，倾听承认他者的在场与声音。（耿幼壮，2013）[41]

共在合作的技艺把听和说结合在一起。在教育行动中，如果“说”是向他者赠予思想，那么“听”就是接纳思想这一礼物。思考是一种理性的探究，而人通过说这种方式把自己的思想真诚地表达出来，接受听者的检验，因此说意味着共同探究的诚意与善意，也意味着对所说的意义的共同检验。如果没有听，说的意义就无法通达。听是理解，也是分析，也是理智的尊重。说和听共同构成了交互性，说的意义在于让心灵中的思想被听到，听的意义在于让心灵向意义敞开，二者的合作形成了对说出和听到的思想的检验。

教育者的倾听是以谦逊的方式理解求教育者的共同在场。这是共在的教育行动的构成性条件。在与求教育者面对面的共在中，求教育者的话语、声音处于优先地位。就如列维纳斯所说，与他者的面容相遇，他者处于高处。所以，在倾听的关系中被倾听者永远处于高处。（列维纳斯，2016）[51] 所以，在教育者与求教育者共在的倾听关系中，求教育者在高处。让求教育者说话，倾听他们的声音，是教育者的责任。教育者不是要提高、放大自己的声音，而是要把自己的声音降低，让自己的话语变少，去倾听每一个求教育者的声音。教育者要像采撷珠宝一样珍视每一个求教育者的发言。（佐藤学，2012）[38] 就教育行动的合作性、共创性本质而言，教育者作为倾听者比作为言说者更重要，因为在教育教学中求教育者是更重要的、位置更高的说话者。教育者节制自己说话的欲望而让求教育者有更多表达的机会，才能建立真正的教育共在关系。求教育者在说话以及在说话中反思，他们在此过程中被倾听、被回应，如此才能真正建立心灵之间的精神培育关系。

在校园里、在课堂里，有些求教育者可能是沉默者，其实，他们想发出自己的声音，想让人们听见。教育者“听见”沉默的求教育者尚未发出的声音，也是教育性的倾听。教育者与求教育者同在，既意味着倾听说话者的言说，也意味着倾听沉默者的沉默。这才是心灵之间对话的方式。与一个人面对面地共处，就是直接去倾听有声与无声。倾听就是创造共在的相互呼应的方式，因为倾听对应的是在说、在表达、在场。一个在场的求教育者，总是呼唤着教育者的呼应与理解，而教育者呼应的前提就是倾听，倾听向求教育者发出了“说”的邀请。

> 倾听学生尚未发出的声音意味着什么？意味着不断地宽容他人，关注他人，关心他人，尊重他人；意味着不能匆忙地用我们可怕的言语去填塞学生的沉默，并且不要迫使他们说我们想听的话；意味着充满深情地走入学生的世界，以便他或她把你看成是能一直倾听他人真话的言而有信者。（帕尔默，2005）[47–48]

共在合作的技艺是教育者的技艺美德，也是教育行动的构成性条件。

5.3 直言真言的技艺

福柯在研究哲学史中的真话实践时提出，教育者作为指导者是真言的主体，教育者的教育是直言真言（parrhēsia）的实践。（福柯，2010）[283] 教育者真正关心的是求教育者的心灵健康，教育者是心灵教育者，因此，其要以直言和真言对求教育者进行指导，在求教育者的心灵之中播下真理的种子。教育者的教导、指导、教学必须依赖语言的技艺，即说话的伦理——直言真言的技艺。这种技艺是教育者作为心灵教育者之所以具有指导作用的原因所在，也是教育者关照心灵的根本条件之一。心灵的成长由真善美引导，所以教育依赖于直言真言。没有直言真言，教育无法追求真善美，也无法通达求教育者的心灵；没有直言真言，教育者与求教育者之间也无法形成信任的伦理关系。（福柯，2010）[261]

> 老师如果想要他说的真话在他的行为和指导之后成为学生的主体化的真话，那么就必须说遵从坦白原则的话。（福柯，2010）[283]

直言真言是教育性言说的伦理技艺。教育者作为心灵教育者，关照的是心灵。教育作为教育者与求教育者共同进行的行动，建立在一种直言伦理的基础上，同时教育者与求教育者之间的友谊关系依赖于直言真言。从教育伦理上看，直言真言既是教育者与求教育者说话的伦理，又是他们的品格。这种品格就是毫不隐瞒和说出真心话，就是充满勇气地言说真理。（福柯，2010）[110] 对于教育者来说，直言真言既是一种技艺，又是一种伦理。直言真言的品格是对教育者的伦理要求。

> 要想让学生的缄默有着深沉的内涵，要想在这种缄默的深处恰当地放入老师的真话，要想学生能够把这些话化为己有，以便自己有朝一日可以变为诚实主体，那么老师说出的话不是一种花言巧语，一种遵循修辞律并只注重如何感动学生灵魂的话语。这不应该是一种诱惑话语。它必须是这样一种话语，让学生的主体性能够消化它，并由此直达他自身这个目标。嗯，为此，对于老师，必须有某些法规，它们涉及的不是话语的真实性，而是说出这种真话的方式。而且，有关说出这种真话的这些法规，就是"parrhēsia"……（福柯，2010）[285]

福柯把直言真言的实践叫作教育（paideia）。（福柯，2010）[316] 这是说和做合在一起的行动。这种教育或教学不仅仅是在语言中追求真理，不仅仅是表现语言的真实性和真诚性，而且也是把真理体现在行动中，落实于行动中。在教育教学的行动中，我们说我们所想，想我们所说，做到言行一致，即认真审慎地思虑事情，真实直接地说出所想，并遵从我们在思想、言说中显明的真的认识去行动。所以直言真言意味着想办法说出真实、正确、正当的话，直爽地说出有意义、有意蕴的真话，并在行动中体现出来。直言真言是教育教学活动的本质性的话语方式，只有通过这种方式，教育者的语言才能进入求教育者的心灵，让后者的心灵受到照料与培养。直言真言的实践超越了师生之间的现实关系，是师生心灵之间的交往。教育者通过直言真言赠予求教育者不曾听过的新的精神内容，赋予求教育者一种主体意识和主体能力，它带给求教育者的变化是主体化，即作为伦理行动的主体的生成。这种教学伦理让对话双方清晰地感受自身的问题与欠缺，赋予双方不断突破自身局限、追寻变革、改善自身的可能性。因此，直言真言的伦理带来的是教育者与求教育者的精神在真话中不断变化，即心灵的不断塑造与提升。这意味着直言真言是一种关怀心灵的话语伦理，是面向心灵教育的不可缺少的伦理。

福柯认为，苏格拉底是直言真言实践的典范。（福柯，2016a）[24] 苏格拉底是真正掌握直言真言艺术的教育者。苏格拉底关心心灵是为了关心心灵的本真，也就是关心心灵的真正善好。他试图与他人真诚对话的理由是刺激他们关注自己的心灵，激发他们追求心灵的变革。苏格拉底的直言真言的伦理实践是通过直言的方式说出真话，激发对方关心心灵，引导其心灵转变，其目的是寻找心灵变革的本真方式。苏格拉底虽然不认为自己是教育者，却以真正的教育者的直言伦理、说真话的勇气，以教育学的直言方式，考察心灵的内在经验或信念的真假。苏格拉底的对话方式是一种教育性的直言伦理。

与福柯所说的其他三种真言方式不同，即与预言者、智慧者、技艺者（教师爷）说真话的方式不同，教育者的直言真言是一种为了心灵而直抵心灵的真诚话语，发挥指导、告诫、劝阻、引导、批评、治疗等作用。教育者关心求教育者，与求教育者一起检审经验、认识、感受与真理的关系，反省心灵、人格、精神与真相的关系，所以教育者直言真言。（参见福柯，2016a）[26] 教育者的这种真正的直言伦理关系着求教育者的直言伦理，也关系着求教育者心灵的培育与改善。这是教育者之为教育者的根本。苏格拉底不教知识，他说自己没有知识可教，而是探讨通过对话的直言与真言对心灵的智慧进行检验。苏格拉底的寻找（zêtêsis）不同于智者的寻找，智者努力传输知识与技艺，是教书匠，而苏格拉底则相反，他通过直言真言引导求教育者关心自己心灵的善好，即以直言的方式进行教育实践。他是教育者。（福柯，2016a）[70–73]

直言真言，是自然、朴实、真诚、坦率、直爽、智慧地说真话。直言真言涉及的是教育者的言说伦理，同时也涉及教育者的言说技艺。教育者的直言真言本身就是在恰当的时间以恰当的方式用合宜的话语与求教育者真诚交流。直言真言就是教育者在需要和有必要说出教育的真话时坦率地说出真话。教师以坦率的方式说出的真话不仅为可能的对话铺垫了可能性和真实性，而且会使对话不断扩展和深入，不仅可以显现真理，而且可以直达对话者的内心，在其心中种下一颗颗种子。这种心灵的种子只有在自然简单的话语滋润下才能发芽，所以，言说真理的话语，因其简单明了，因其真实真挚，而得以进入心灵，滋润心灵。当然，教育者在说真话的过程中也在判断心灵的种子发芽的好时机。只有在好时机，真言才能进入心灵之中。因此，教育者的直言真言是智慧地说、真诚地说，把握时机、明了方式，在正确的时刻以正确的方式说出真话，它适应环境、适应契机，与求教育者的倾听能力、理解能力相契合。（福柯，2010）[315] 总之，教育建立在直言真言的实践上，或者说，直言真言是教育教学的过程与方式。

教育者必须是说真话的言行一致的主体，这是教育者首要的伦理品质和伦理态度。教育以交流为基础，只有靠教育者的直言真言才能实现真正的诚挚对话，才能以清明的话语探究真理，才能培养主体真诚、真实的精神品格。教育者直言真言的技艺是自然的、坦诚的、不做作的，直言真言不迎合听者而博取掌声和名声，也不饶舌，不喋喋不休，不夸夸其谈，不信口开河，不会不经思考而随意乱说。[①]

直言与真言是与奉承或迎合对立的。（参见福柯，2010）[289–291] 教育者的直言伦理对抗的是奉承和喜欢被奉承的心态。因为教学是追求真理的游戏，教育者唯一的话语方式就是逻各斯（理性的话语），理性的话语都是真话，虽然有时候教育者可能运用反讽，但反讽本身也是引出真话的方式。有些教育者以迎合求教育者的方式夸大、装饰自己的话语，或者喜欢听求教育者奉承的话语，这都是与直言真言相违背的。奉承迎合了听者的某种趣味和情绪，从而保持听者对说者的依赖性，喜欢被奉承只是满足了听者自己的虚荣与自恋，二者都不考量话语是不是真言。奉承和被奉承一般都与说谎、言不由衷联系在一起，并形成了虚假的关系，而且奉承者一般都是别有用心的。孔子说：“巧言令色，鲜矣仁。”（《论语 · 学而》）真言、直言的根本方式与内容在于保证说者和听者的自主性与真诚性，而不是以奉承和

① 直言的坦诚、真挚必定是联系在一起的。真话来自对真理的探究，因为要探究真理，要按照真理直言，所以必定是慎重的。

接受奉承的方式掩盖或伪饰真实的自己，遗忘说真话的勇气、态度与方式。

教育者的直言真言也与修辞的话语不同。修辞是说服听众的话语方式，而不是探究真理的话语方式。修辞不一定指向真理，只是为了引导听众的情绪而装饰语言。修辞虽然必要，但过度修辞是为了取悦。教育者不是大众演说家，不需要哗众取宠。大众演说家力图博取掌声和名望，不惜运用各种漂亮的修辞，用煽情的方式迎合听众的口味。在他们那里，真话或坦率不是关键的，关键的是让大众喜欢。因此，大众演说家不会去辩理，而是去宣传；不是去探究真理，而是去征服别人。他们只说看似正确的煽情的话，而不遵守事物本身和真理的逻辑；他们只希望引发戏剧性的效果，而不在乎是否直言真言。教育者不应当是这样的人，教育者的直言真言是简单的、朴实的，他说出心中所信所想，他检验所想所说，并在行动中实践。教育者虽然需要激情，但不能煽情，煽情是煽动者所为。教育的言辞需要真诚和直率，教育者必须遵守真理的原则，必须具有涓涓细流或者温润细雨般的力量，以直言真言直入求教育者的心灵。福柯谈到这种淳朴的方式的时候，恰当地用母亲亲吻自己幼小的孩子那般进行比喻（福柯，2010）[312]，是的，就是那般自然而不夸张。教育者只为心灵的健康说话，不仅是为了听话者的心灵健康，也是为了自己的心灵健康。直言真言的实践是发自心灵的交流，因此是来自心灵深处的自然流露，不是表演、伪装、夸大，而是一种纯粹、简单的思想表露与教育方式。

> 即使是在正式的讲演中，我也不跺脚，不会把手臂伸向前，不会抬高嗓门，而是把这些留给演说家。如果我已经向你传达了我的思想，既不矫饰，也不平庸，那么我就认为我的目的达到了。由此可见，我心里只是想让你明白我想要说的一切，就是我不满足于思考它，我喜欢它。……哲学不斥责精神的雅致。至于在用词上的许多烦恼，其实是不必的。（福柯，2010）[312]

教育教学的时刻都是直言真言的时机，或者说当教育教学发生时，教育者与求教育者必须以直言真言的方式说出他们心中想说的话。当教育者进行心灵教育的时候，进行的是一种面对面的对话，是耳提面命。这种教导或指导不是教训，更不是洗脑，而是辩理或论辩，或者说是一种探究或推论，试图找出真正的道理。所以，一方面，这种对话以获得真理为根本目的，为真理留下对话的空间，或者说是探究真理的话语，是真理的游戏；另一方面，这种对话方式和风格是坦诚的、自然的、朴素的、简单的，就像清澈的水一样，根本不用任何花言巧语来装饰。教育者的话语是清晰的，就如他（她）的心灵因为说真话也是澄明的，他（她）说出自己想说的，说出事情本身需要他（她）说出的真话。他（她）不会掩饰，也不会装饰自己。他（她）一方面向真理本身敞开，另一方面又根据显明真理的话语，向求教育者敞开，用真话把真实和真诚传到求教育者的心中，滋润智慧的种子。只有这种简单的、没有其余装饰的话语才能进入真正希望听真话的人的心中。

教育者的直言真言是教育独特而必需的话语方式，这种话语方式一方面是为了让真理显明从而去蔽，另一方面是为了让心灵向善而受到真理的引导，因此，直言真言是与谎言对立的。恶意的谎言是不真实的，同时是欺骗性的。说谎者是为了欺骗对方，最终是为了实现自己的利益而让对方的利益受损。善意的谎言虽然具有善意，但因扭曲了事实而欺骗了听者。教育因为其本身是指向知识、真理的事业，是心灵获得真实、诚实的品质的方式，因此是与所有谎言对立的。直言真言是在语言中追求并显明真理、道理、意义的方式，而不是鲁莽地、不加思考地、没有节制地、花言巧语地对听者施加语言上的控制或暴力，以误导或欺骗对方。直言真言是因为显明了真理才是真的，是因为澄明了真理才是直白的。任何谎言都掩藏了真相和真理，其本身缺乏教育的意义。哪怕是善意的谎言，也只有在为谎言所掩藏的真相显明之时，才能让听者受到触动，延伸出教育的意蕴。

教育者的话语是温和的，但也是坚定的，既不应矫揉造作，也不应遮遮掩掩，这是因为真话就是简朴的，既不需要装饰，也不用掩饰。话语一旦装饰过多，水分就多，越是假话，就越是需要包装。真话是简朴的，但简朴的不一定就是平庸的。言说真理或者探究真理的真话，是平常的，但不是平庸的，平庸意味着追求某种庸俗的东西，而不是真理。平常意味着与真实亲近，而平庸是扭曲事情本身，甚至宁愿放弃自我的本真。直言真言没有矫揉造作，反而是优雅的，简洁的真话不乏优雅。优雅的直言真言在平常的心灵中自然透露出美和亲和力，表现出语言的美或境界。教育者说出所思考的东西，思考一个健全的人应当说的话，并做到言行一致，没有口是心非，没有言行不一，就是具有直言真言的伦理技艺。

教育者的直言真言不仅可在言辞中听到，也可在行动中看到，同时也可在交往中感受到。教育者不仅是一个言说主体，即说真话的主体，而且是一个行动主体，即践行真话的主体，同时也是交往主体。把真话说出来，践行出来，这是按照真话去行动。教育者通过简单明了的方式说出教育的真话，这些真话都是经过其审慎思考的，反映了其思想与情感是经过真实性检验的，即教育者之所以把这些话真诚地说给求教育者听，是因为其认为它们是真的，教育者在生活中体验了它们。教育者可能会犯错，但他们力图说真话，并真诚地与求教育者交流，接受来自求教育者（听者）的直言真言的检验。教育者作为说者，让求教育者感受到其在讲述自己经历过、验证过的真话，求教育者能够根据教育者实际生活中的行动验证他们是否在践行自己所说的真话。不仅如此，教育者只有直言真言，才能培育出求教育者的真挚与真诚。

> 老师的坦诚必须是用来激发、支持学生们也有可能、权利和责任坦诚相告。学生们的坦率会增强他们之间的友善（eunoia）或友谊。（福柯，2010）[301]

直言真言的伦理是教育过程的构成性条件，是落到教育者身上的不可逃避的责任。（福柯，2010）[316] 教育者的直言真言不是为了自己的利益，而是要通过显明真理实现对求教育者的引导或教导，是为了关心求教育者的心灵，是为了促进求教育者心灵品质的发展。直言真言是因教育本身而来的对教育者的要求，而不仅仅是一种教育教学方式，也就是说，教育本身只有在直言真言中才能显示其意义，表现其培育心灵的力量。教育者通过直言真言来引导、诱导求教育者。教育者的直言真言永远是为了求教育者的心灵成长，是为了唤醒求教育者的心灵。教育是对心灵的召唤，即“召魂”，它是在直言直语中进行并实现的。（福柯，2010）[316] 所以，对教育者来说，最为关键的就是说真话。教育者的直言真言使其以完整、真实、诚恳、淳朴的形象面对求教育者，成为拥有诚挚灵魂的友善之人。教育者的直言真言让求教育者受到感染、感动，从而引发求教育者思想与行动的共鸣，使求教育者从真话受到教益，获得“心灵受到教育”的真正的经验。

5.4 教育者的创造力

雅典娜是智慧女神，也是技艺女神，她富有创造力，善于筹划、创作。具有技艺的人是擅长创造的人。创造的技艺使人富有成就。创造力，是人类特有的一种综合性本领，是指产生新思想，发明新事物、新方法的能力，是成功地完成创造性活动所必需的品质。创造力成事、成物、成己、成人。

每个人都有创造的潜能与欲望，每个人都渴望能够改变自己与生活，都希望并致力于使自己正在做的事情有更好的进展，希望自己取得累累硕果。每个人依靠创造力对世界开放，形成自我的变革，形成自己对世界的认识和行动方式。这是人创造性地建构自我与改变环境、条件、处境的根本方式，也是人把自己的理想、理念在现实中予以践行的方式。可以说，没有创造力，就没有人的主观精神和客观精神，就没有人的丰富的存在现实，就没有多样而进步的实践，人自身、生活、世界就会变得贫乏、丑陋与僵化。创造力绝不限于少数天才的活动，而是一种根植于人的心灵及其存在方式的必然性。创造力被先验地赋予人类的心灵。我们每个人先验地把自己看作被赋予创造力的人。

> 如果你把创造力看作需要去寻找或获得某样东西，那么你的行为方式就是对某个伟大想法或灵光一现的希冀和期盼。相反，如果你把创造力理解为可以从体内释放、提取出来的某种东西，它就成为了一种内在行动——打开自我，运用我们每个人都拥有

的创造力。（斯宾塞 等，2018）[29]

心灵的行动是创造性的，因为心灵本身是不断变革的，不断提升的，不断面向新的形式、新的风格的。心灵只有在不断创造自身的行动中实现变革，才能使自己的品质得到提升。心灵的创造面向开放、新颖、丰富、充沛。创造指向人对心灵变革、精神成长的追求，是人对平庸、封闭、僵化的反抗，是人对心灵缺乏生机、精神故步自封的突破。在这个意义上，每个人在生命和生活的本体论上都蕴含着创造性，每个人都是创造者，因为创造是心灵维新、丰富、成长的方式。《礼记・大学》中的“苟日新，日日新，又日新”，就是心灵追求创造的精神气质。

心灵的潜能实现活动本身，也是创造性的。创造是心灵内在运动的目的。心灵不仅创造自身，而且创造在世界中的行动本身，也通过创造的行动创造世界、创造事件、创造生活。创造使得行动的方式、手段、艺术不断完善，也使得生活的世界及其中的事情不断丰富、完善和多样。心灵的创造既是精神成长、经验更新的方式，也是生活世界变革的方式。“我们一自由行动，便在自我中体验着创造。”（欧肯 等，2006）[164]心灵在创造中生成自己的智慧、经验、知识、道德，把潜能变为行动，把可能变为现实。心灵生生不息的精神以及世界生生不息的状态都是在创造性变革中生成的。

教育本身是创造性的，是因为教育面向心灵的变革。心灵的变革是把心灵提升到新的品质层次，让心灵处于不断地完善、超越之中，不断地完善、超越就意味着创造。教育作为一种创造性活动，就是创造时空、机会、际遇、条件，让教育成为赠予心灵新的存在形式、新的精神品质的过程与媒介。如果教育是古板的、封闭的、庸常的，教育就无法促进心灵的创造，那么心灵就失去了变革的可能与力量，心灵就无法获得变革。教育行动如果按照常规、按照习惯进行，虽然具有稳定性，但却失去了创生性，失去了源头活水。教育行动创造的技艺意味着把新的可能性带入教育现实之中，带入心灵变革之中，带入可能性的绽放之中。

教育行动的过程是创造性的。在本体论上，心灵与教育是不可分割的，心灵的变革以教育的方式进行，这一教育的方式是创造心灵新的善好。没有教育引发或引导的心灵变革，心灵向着美善攀登或提升就是不可能的。在这个意义上，教育的行动过程与方式是创造性的，没有教育行动过程的创造，就没有心灵的变革。只有新的、开放的、不可预估的教育情境、活动方式、发展机遇、内容，才能促成心灵变革。一切按部就班的、程序化的、固定的教育模式，都像铁笼子，只能使人的精神被禁锢，而不是获得教育。教育行动需要突破常规，需要不断地创造新的形式、新的方法、新的思想、新的教育情境。

教育行动的技艺本质上是创造性的。技艺的本质是创造作品，技艺创造具有艺术表现力的作品。不创造，就没有技艺；没有技艺，也就无所谓创造。技艺是以创造的方式突破成规，获得行动的作品。所以，技艺要突破标准化、常规化、惯习化。如果教育的技艺沦为惯习的程式化的操作，教育行动就会成为一种局限，就会变成禁锢变革的消极的呆滞的力量，就无法激发教育者和求教育者的创造力。教育者的创造技艺使得现实的教育活动不断获得超越，不仅给教育行动赋予新的形式、新的内容、新的意义、新的可能性，也给教育者和求教育者带来新的感受和变化，推动其持续地进行精神变革。

教育者创造新的教育行动的形式、方式、过程等，不是单纯为了追求新奇，也不是为了标定自己与他者的不同，而是对美善的教育行动的追求。教育者的创造技艺把美善带入行动之中，在教育过程中践行教育理想，这是使现实的教育不断获得提升的方式，或者说，教育者进行教育创造是对好的教育的实现方式、过程、可能性的不断追求。创造以美善为原则，是把善和美落实到教育行动中，即赋予现实的教育行动善和美，即创造更美的、更善的教育。教育者创造美的教育行动与创造善的教育行动是一致的。所以，教育者的创造的技艺是把教育行动引向更好的根本方式。

教育者的创造的技艺是改善教育现实的技艺，反映了教育者追求教育变革的意志。教育行动没有任何单一的实践形式，教育的丰富性包含在教育实践的不确定性之中，没有一种教育实践方式、教育活动方式是唯一的、最好的方式。教育实践和教育行动的开放性与丰富性意味着现实永远是朝向可能性的，现实不是唯一合理的标准。

教育者通过持续的创造，使得教育显现出丰富的可能性，从而给教育现实注入多样性，使得教育充满生机。这样越来越多的意义、价值、可能性便会显示在现实之中，从而使得教育现实不断超越自身。如果教育者的教育行动和他们的教育生活陷入单调、重复和惯习化的程序模式之中，他们的教育行为就是封闭化的、片面化的，这其实是意义贫乏和经验枯竭的表现。如果教育行政和学校管理给教育过程设定标准化的程序、方式、操作过程，就会扼杀教育者的创造性，就会扼杀教育行动的创造本质，不仅会造成教育行动的僵化，也会造成教育者的创造性的枯萎。教育者作为教育行动的“创造者”比他们作为“发现者”更有意义，这是因为教育活动、教育环境、教育方式、教育行动的表达都是发明性和设计性的创造，而不仅仅是发现。创造让教育者把思想表达、实现体现在教育行动的方式与过程之中，让教育者把教育行动当作不断更新、不断变革、不断超越的过程而展现其新的形态、新的可能。

教育行动是创造出来的，而不是像自然现象那样是本然存在的。教育者如何创造教育行动，涉及技艺。创造的过程没有终点，这是因为创造产生新颖。创造是充满活力、热爱新颖、对善的期待的表现。创造力将新颖的思想和行动带入探究、解决现实问题的过程之中。对于创新者来说，如果一个创造性的想法、行动方式是更美善的、更明智的，那么它就是可取的。只要在真实的教育活动中，教育者是开放的，勇于尝试、探索和突破的，其不断追求更好的方式、状态、效果，那其就是在进行有意义的创新。（尼尔森 等，2018）[131] 这种创新本身不仅是智慧的，也是艺术的。

教育者的创造的技艺不是指提出新颖的观点，只要他们以新的、变革的眼光看待教育，以探索的心态寻求更好的状态并筹划、设计、营造教育活动及其环境，他们就是在进行创造。从这个意义上说，教育者的创造的技艺是实践性的，即面向教育实践的组织、方式、方法、形式、过程、环境，创造性地想象、筹划和设计。教育者的创造的技艺包括创造教育教学活动的条件、情境、机会，创造教育教学的方式和方法，提出自己的教育理解，创造性地运用教育教学的技术与设施，创造性地设计新的课程内容、过程和方式，等等。可以说，教育行动的进行本身以教育者的创造的技艺

为根本条件。对于教育者来说，创造教育行动是一种责任，是一种伦理，更是一种技艺。（Ambrozy，2017）

教育者的教育行动的创造是双重创作的合一。一方面，教育者的创造使教育行动本身不断地向更好的方向变革；另一方面，教育者也在这种创造性的行动中进行着自我的锤炼和创造，即这种创造也创造着教育者自身，实现着教育者自身的智慧、伦理、技艺、情感的变革，创造教育活动的过程也带来了教育者自身的心灵品质的创新。创造使得一个教育者成为真正的教育者。

5.5 叙事的技艺

教育行动体现为事件，是教育者所创作的一件件事。这些事是一件件作品，展示着教育者内心所向往的境界与具有的品质，也像教育世界中的一盏盏灯。这些事回响在心灵之中，塑造着心灵。行动是做事，而叙事是对行动的再叙述，这是在思想和语言之中对所做之事的再体验。行动进行着，心灵对行动体验着、回忆着、反思着；行动构成了故事，而叙事不断重启、改进行动。

生活过程是叙事，生活行动是叙事，生活的体验过程与经验也是叙事。生命以叙事的方式展现，它本身是故事。做事与叙事不可分离。人类的活动是上演着的故事。（扎哈维，2008）[135] 叙事是心智的能力。叙事使得生命及其行动成为可追述的、可想象的、可再体验的、可再建构的、可再理解的、可反思的。

叙事是人们赋予生活意义的关键方式。对生命的叙事是对生命的理解，这种叙事的理解可以与知识的理解相提并论，即叙事也是人认识世界、认识自我、认识生活及生命的重要方式。人具有叙事力，它使得人能够做事、感受故事、理解故事、回忆故事、反思故事，并且在叙事中重建经验、交流经验、想象生活和认同自我。

叙事之所以是一种心灵的能力，是因为叙事一方面理解与表达了表现生命意向的行动，另一方面通达或融通了生命主体力图通过行动展现自己是其所是的精神。叙事力本身蕴含在生命的智性之中，展示了精神的志向与品质，塑造了行动的境界、方式与品质，叙事的技艺是生命的艺术。

> 叙事自身的同一性，依赖于叙事的构型（configuration），与相同物抽象的同一性不同，叙述的同一性能够在一段生命的内在凝聚之中包容变化和变异。所有那些由一个主体讲述的关于真实或虚构的情节使得一段人生的故事不断被重构着。这一持续的重构（reconfiguration）使得“生活本身成为了一块由所述故事编制起来的布料”。（扎哈维，2008）[137]

教育者的教育行动不是简单的活动，而是一场建立在参与主体的智慧、情感、伦理、技艺等基础之上的被创造出来的事件，这个事件具有叙事结构。教育行动作为实践本身是在叙事中建构起来的，教育行动与教育叙事联系在一起，使教育行动得以反思，得以言说，得以正名。教育行动的卓越是做事与叙事所共同追求的，在一定意义上，教育行动就是通过行动做好教育之事，而教育叙事就是通过叙事追问如何把教育之事做好。教育行动的延续性提升就是通过教育叙事把教育的想象与现实结合起来，将教育行动的境遇、过程与教育行动的主体联系起来。叙事把教育行动联结为一个整体，使得教育行动成为在理念上、价值上可持续的行动。同时，叙事突出了行动者的主体意识与主体责任。教育者的叙事力融通了教育者与教育行动之间相互促进、相互生成的过程。

教育者如何讲述教育行动的故事，反映了他们如何理解并建构教育行动的理念与实践。他们叙事的技艺，就是教育行动的艺术的组成部分，叙事筹划、展示、反思教育行动，从而使得教育行动成为自觉的、艺术化的创作。叙事的技艺体现了教育者个人独特的生命活力与精神风格，体现了教育者独特的理念、智慧、情感等精神品质，叙事力让人不断地对教育行动进行再建构、再延伸、再理解、再体验。叙事力实际上是教育者组织与解释自己经验、赋予行动与自我一致性和连贯性的一种能力。教育叙事的

技艺就是教育行动的艺术，也是教育者形成自我认同、在教育行动中获得教益的艺术。（参考利科，2011）[85]

教育者的叙事的技艺表现在叙事思维上。教育者的叙事思维把教育行动理解为叙事结构。叙事思维统合了教育者的想象与现实、行动与语言、境遇与变革、情感与理性、回顾与展望。叙事思维与逻辑思维不同，它表现为以讲故事的叙述方式理解世界，理解人，理解具体的、现实的处境，理解主体的参与。叙事发出的问题包括：在叙事中，人的情感、思想状态是怎样的，将来的叙事会是什么，叙事或故事带给人的是什么，行动如何在叙事中呈现，叙事如何表现行动，以及行动如何表现叙事，等等。教育者以叙事思维理解教育，是对理性思维的一种补充。这是因为叙事思维也是把握教育的工具、方式，教育的理念、现实都能用叙事的方式重构，教育的行动也可以以行动化的叙事建构、再建构。教育者对教育生活事件的记忆进行叙事、重新体验，从而加深对教育行动的把握和理解。

> 叙事本质的最重要的发现是，看到了它是心灵理解、解释世界的工具，是让人理解世界、相互理解的途径，由于它有理解和沟通的功能，因此也是人类最普遍、最经常、最有效的教育方式。（高新民，胡子政，2018）

教育者的叙事力还表现为他的叙事感受力。（布鲁纳，2006）[25]教育行动是叙事，每个人的生活（包括求教育者的生活）是故事，教育者自身的生活及其经历是故事，有些叙事已经得到叙述或表现，有些故事还没有被讲述。不论怎样，教育者的叙事感受力使其能够感受到各种各样的故事，能够把教育中的各种存在感受为故事，以叙事的方式感受教育，感受教育行动的故事，感受求教育者的故事，感受自我的故事。教育者不仅通过叙事感受力理解过去的教育经验，理解他者的教育故事，也可以以叙事的方式感受正在发生的教育行动；不仅倾听求教育者的成长故事，也反思自己的教育故事，把自己的教育经历以叙事的方式进行再建构，从而改善自己，改善自己的教育行动。这就是教育者形成叙事敏感性的意义。教育者的叙事感受力能够发现教育行动的独特意义与经验的丰富性，从而更全面、更整体化地理解求教育者、理解教育、理解自身。

教育者的叙事的技艺也包含运用语言进行叙事的技艺或能力。教育者叙述已经经历过的、正在发生的教育行动的经验以及未来可能会经历的教育行动，也是对自己的教育行动的叙事化。这是通过语言表达出来的叙事，这一叙事方式与行动化的教育叙事一样，也是教育者的教育生活叙事的组成部分。行动化的叙事是做出来的事，而语言所叙述的教育故事，是通过语言展现、想象、再经历的教育叙事，二者都是为了教育行动的建构和改善。教育者通过语言的讲述将教育行动转换为教育叙事，再通过讲述使其作用于现实的教育行动，再以行动创造教育的故事，这是一个完整的叙事行动。所以，教育者叙述教育故事的技艺与做教育的行动化叙事是相互通达的。

教育者的叙事的技艺是指导自己的教育行动的方式。教育者通过自己的教育知识指导自己的教育行动，同时也通过自己的叙事技艺完成自己的教育行动。没有对处身性的自我作为教育行动者的叙事，没有对教育行动的想象叙事和现实叙事，教育者的教育行动就是干巴巴的，缺乏亲身体验的。叙事通过连接、反思、体验、回味、再生产，不断使行动可持续地成为教育的生活过程，叙事把教育行动建构为有血有肉的主体参与的过程。在这种行动叙事和叙事行动中，参与其中的人获得了成长。因此，教育者的叙事不仅建构教育行动，其本身也在推动教育者和求教育者的成长，这就是说，产生教育意义的不仅仅是知识，不仅仅是教育行动，也包含行动中的叙事，叙事本身就是教育。叙事把教育中的各种因素有机地结合为一个个连续性的教育事件，教育的情境、机遇、内容、价值、主体、方式、行动、理念、话语、时间、空间等构成一个整体，鲜活地展示教育的价值与方式。叙事使得教育行动升华为教育故事，并且成为教育者可以不断追忆、不断重组的经验，既激发教育行动，又哺育行动主体。

教育者的叙事的技艺也包括把故事讲给求教育者听的技艺。教育是叙事，教育行动是叙事，教学是叙事，各种教学内容以及教学活动方式也都是叙事，在这个意义上，教育者的叙事的技艺包含以叙事的方式展开教育活动的方式。教育行动作为叙事，总是面对求教育者的在场性参与，求教育者也在讲述自己的故事，他们的生活世界也以叙事的方式展开。这就意味着教育者对教育故事的叙述与对求教育者叙事的倾听是完整的教育叙事的展开方式。教育者与求教育者共同讲述和倾听、感受和经历、反思和展望教育的行动化叙事和其他形式的叙事，从中获得丰富的教育意义。教育者不仅能够体察教育行动的叙事性，而且能够把教育行动叙事化，尤其是对教育行动或实践的连续叙事，让故事被讲述，让故事的叙述成为教育。教育中的叙事者不仅仅是教育者，教育者还邀请求教育者讲述自己的教育故事，让他们也成为叙事者，因为求教育者本身就是教育行动的参与者，所以他们也是故事中的人，他们的成长也构成教育叙事，他们自己的叙事也是教育行动的组成部分。叙事的技艺使得教育者能够感受到求教育者的叙事，与求教育者一起讲述教育行动的故事。叙事的本质就是共叙，就是与他者一起创造故事，叙述故事，在叙事中重建经验与想象。

教育者的叙事的技艺是把教育行动实施好、把教育故事讲好的技艺。教育者的叙事力是一种叙事的能量（narrative energy）。教育者以行动作为叙事，他具有叙事的动力，把自己的教育行动讲述成一个个故事，同时在叙事中想象、构建、反思或评价教育行动。教育者与求教育者共享教育行动的叙事。教育者能够以叙事的方式感受教育行动，使得教育行动再返回经验之中。教育者在叙事中再现教育行动，对其进行思考、回味，重新在叙事中理解教育行动，以创造更好的教育行动。

教育者若没有叙事的技艺，缺乏教育叙事力，则其对教育行动的反思、重建、提升就是不可能的。我们可以用教育学研究的命题知识描述、评价教育行动，但更重要的是，行动者（包括教育者与求教育者）可以运用叙事思维和叙事行动感受、体验、理解、反思、想象教育行动，以叙事的方式重建教育行动。这是教育行动生成、发展、提升的不可缺少的重要途径。这不仅是教育行动存在的方式，也是教育行动展现教育意义的方式。

教育者构建教育行动的叙事能力，使他们的教育行动具有丰富性，因为日常的教育行动在叙事中获得了更丰富的表现形式，叙事对教育行动的再建构使得教育行动不断生成、改善，并且教育行动本身的叙事性再建构，使得教育行动可以产生多重体验、多个层次。教育行动及其叙事既是现实中发生的教育行动，也是故事中的教育行动；既是具身体验中的教育行动，也是叙事体验中的教育行动；既是回忆中的教育行动，也是想象中的可能的教育行动。叙事中多重的教育行动共同构成整体的教育行动。教育者的教育行动不仅仅是他们做出来的事，也是他们叙述出来的故事；既是现实场景中的事情，也是他们叙述的故事。叙事是一个完整的教育行动。

5.6 辩证法的技艺

> 论辩是一种特别的手段，借助于它，哲人能够影响自己和其他人，因为，如果它是讲出它的那个人的生活抉择表达的话，那么，论辩总是间接或直接地具有一种塑造的、教育的、招魂的和精神治疗的作用。它总是着眼于产生一种效果，造成在心灵上的一种体征，或者引起自我的一种改变。
>
> ——阿多：《古代哲学的智慧》

古典哲人苏格拉底的教育活动主要是运用辩证法进行对话。从哲学作为生活方式来看，哲人使用的辩证法不仅仅是追求真理的方法，更是对心灵进行关照的教育方法。辩证法既使人通过检视自己的意见而直观真理，又使人在追求真理的过程中锻炼自己的心灵，通过以真理为师，对心灵进行教育。按照福柯以及古典学者阿多的分析，这样的哲学——辩证式对话的哲学，是古典哲人的生活风格。（Hadot，1995）[154] 这种哲学是教育学的，辩证式对话是一种心灵教育学（psychagogy），也是一种心灵教育术。心灵教育术邀请心灵“见证”真理，在此过程中，实现精神的变革（转向）。（福柯，2010）[14]

苏格拉底的心灵教育方式就是辩证法。运用辩证法进行的哲学对话是关照心灵、把心灵中最优秀的部分——理智引出来的教育方式。在现代学校教育中，辩证法这种古老的真理探究方式变成了一种可有可无的方法，也许在今天人们觉得无所不知、无所不能的情况下，在各种意见与立场平等、正确的相对主义情境中，辩证法的精神以及实践已经不合时宜。难道这一被称作“心灵密钥”的方法已经无用了吗？不再关照心灵是否真正优秀的教育是正义的吗？尽管现代的知识与信息是如此丰富和多样，尽管学习知识的动机或意图是那么功利，尽管教育越来越多地受利益控制，但是，假如教育与人具有关系的话，假如人具有心灵并且心灵是人的现实性的话，那么，教育必然要关心人的心灵。然而，现代教育能够真正关照人的心灵吗？也许，在一个遗忘心灵的时代，我们不得不追溯真正能够关照心灵的教育术——辩证法，除非教育不再关心心灵或精神的美善。

根据众多学者尤其是慕里（W. Müri）的考证，“辩证法”（dialektike）一词是在柏拉图那里成为一个专门术语的。（先刚，2013）这个起源于“语言”的词语指称的是苏格拉底独特的交谈方式，即辩证式对话。“辩证法”一词在古希腊语中意为通过诘问、反驳、否定、追溯理由等进行谈话的艺术。

借助辩证法，苏格拉底引导参与对话的人对自己的信念或意见进行审视，以放弃错误、虚假的意见。苏格拉底的辩证法以真理为准绳，相信真理的可能性并以真理为目的，因此苏格拉底的辩证法与逻各斯有关，是以逻各斯为根本标准的对话艺术。运用这种对话艺术的人通过对不同意见的诘问、反讽、推理而质疑已有意见的矛盾之处，从而发现、确证真的信念，或者说辩证法是人从纷杂的意见中使真理澄明显现的方法。

因为人往往处于意见的“洞穴”之中，常常试图以提出意见的方式去认识真善美等理念，或者试图获得某种意见，结果往往获得的是不真实的意象，所以，只有通过辩证法和对理性的运用，人才能抛弃不真实的意见，让真善美显现。意见与立场、偏好、情绪、臆想等有较大关系，根本无法接近真理，因为真理的理念根本就不在意见的视野之内，并且可能受意见的遮蔽，所以，除了运用辩证法，以发问、检验等否定、迂回的方式辨明意见的谬误，进行艰苦的探索之外，对真理、知识、理念的认识再无可能。

借由辩证法，人才能透过纷杂的意见，隐隐约约地看到真善美的理念世界，也就是让心灵从意见的泥淖中上升，在思想中见识或在实践中确证真正的存在。人具有各种各样的意见，正确的意见也只是半拉子真理（half-truth），所以，只有在对意见的质疑或检审中才能抛弃谬见，上升到对真理的洞察。真理常常被意见遮蔽，必须用去蔽的方法使它显明，辩证法就是使真理显明的思想方法。它“剥去”遮蔽真理的那些意见，让心灵不至于被桎梏在意见之中，受到污染或损害。

辩证法与心灵联系在一起。运用辩证法的关键是运用理性，一方面引导心灵向真善美转向，另一方面把心灵中最好的部分——理智引出来，使得心灵向上，实现和谐与正义。（柏拉图，1986）[299-301] 所以，辩证法是引导心灵转向、改善的根本方式。使心灵转向、改善的关键在于使心灵从各种不真实的假象中转过身来，这就要运用一种保障理性思考的逻各斯的技艺，这种技艺使得心灵能够与纯粹的真善美发生联系，并受到它们的引领与哺育。这样，人运用逻各斯的技艺——辩证法，不单单能够进行理性思考，而且能够使心灵获得德性，即使心灵呈现自己的美善本质。这意味着辩证法的实践与成为人即呈现人的本质联系在一起，正是在这个意义上，辩证法是心灵教育术。

辩证法所引导的对话就是把心灵置于真理的守护之下，通过不停追问使对话不断返回到追寻真理的辩理途中，并且处在真理的引导中。这不仅是认识的方式，也是心灵实现和谐、笃定、真诚、公正的方式。不受真理引导的、未经辩证法规导的认识过程是盲目的，就像盲人摸象（柏拉图，2003a）[192]，这是因为没有辨明的意见式认识，使得心灵遭受纷扰，飘忽不定，失去方向，不能真正地朝向真善美。没有辩证法引导的心灵是不理性的，没有恒定的、和谐的秩序，也没有优秀的状态，这样盲目的心灵没有方向，不相信真善美的存在，所以不会洞察到真善美，不会受真善美的引导和教化。使人能够真正走出“意见洞穴”的就是辩证法，因为辩证法是理性的方法，引导人离开幻想或虚假，使得心灵朝向真善美，使得心灵不断朝着真善美所指引的方向前行，所以，辩证法所指引的路是心灵向着真善美攀登的路。

辩证法的技艺不是为了经验地认识可见的实体事物，如岩石、树木，而是去追寻理念领域的实在，如真善美。后一种实在是不可见的，只有通过理智真诚的探问或辩驳，才能予以管窥，因此，必须经过不断迂回穿梭、层层递进、渐渐攀升，通过反反复复的思考和对话，逐渐去蔽，才能使真理澄明和显现。所以，辩证法追求“理念”的真，存在于对话中，或者说，辩证式对话的过程，以追问真实的理念为目的，只有以辩证法为根本的形式，对话才能真正具有意义。不管是哲人式的教育者，还是好学的、聪颖的求教育者，他们在运用辩证法对话时，他们平等地使用理性并接受真理的检验，平等地沐浴在理性的光亮之中，享有理智上的平等（intellectual equality）。

辩证法相信事情的真理与现象、意见是不同的，同时也相信每个人面对意见具有理性辩理的可能。所以，通过运用辩证法进行诘问，我们可以从自身的观念中发现缺陷，找出我们的意见与真理的不一致性或者不相容性，一步步检验人的认识是否与真理具有某种接近性。这是一种模模糊糊辨认真理的方式，也许没有比它更好的方式了。通过运用辩证法我们努力使自己的言辞不受意见、利益、情绪、立场的局限，以“不会跌倒的言辞”去寻找关于不可见的实在的真理。“灵魂对善的追寻恒无止境，而且，若不经过（口头）诘问并仰赖‘不会跌倒的言辞’来击退所有攻击，我们便无法认识善。”（费勃，2010）[27]

我们每个人都需要通过概念（名称）、现象（影像、表象）、信息、观念（信念、意见）、知识（证成为真的信念）等去认识万事万物，而认识的方法是以言辞为形式的定义、讨论、检审、探究等。离开了这些方法，认识或者去分有真理的认识是不可能的，我们也不可能发展出认识的能力。正因为如此，没有一个理智之人，认为自己的认识就是绝对正确的，就是真理，就是绝对不可更改、不可质疑和不可批评的。质疑、检审、探究恰恰是理智理性的表现，恰恰是追求真理的方式。

辩证法的目的是辩明思想与事情的真实性。因为真理在言辞中显现，不使用理智的、严肃的辩理言辞就无法看到它们。如果说辩证法是追寻真理的言辞艺术，那么其核心也与检验我们关于实在（善、真理、理念）的认识相关，是一种使得我们的言辞具有不可击败性（undefeatable）的方式。一个人如果不能用辩证法把善的理念和其他一切事物区分开来并给它做出规定，不能在正确的方向上将论证进行到底，那么，其就无法真正认识善本身和任何特殊的善者，其这一辈子便都是在打瞌睡、做梦，过得浑浑噩噩。(柏拉图，1986) 301

柏拉图的对话本身说明了辩证法的意义：使用辩证法不是目的，心灵转向善、认识善才是目的。辩证法指向言辞，指向主体间的言辞，指向严肃地追求真理之人的言辞，而不是胡搅蛮缠、巧舌如簧、固执己见、胡言乱语。人只有在依据理性而真诚地诘问和说话时，才能学会和运用辩证法。一个人诘问、质问那些似乎熟悉的、不能质疑的意见和事情，将熟悉的东西问题化、陌生化，而不是简单地接受或顺应，并对习俗、常识、信念、观点进行证明或检验，追问理由，其实就是在进行运用辩证法的教育实践。

苏格拉底运用辩证法进行教化，是辩证法的践行者。他的辩证法作为教育术，其实是一种治疗心灵或者预防心灵“生病”或受到毁坏的辩理活动。苏格拉底的辩证式对话如何能够防止心灵败坏而对心灵好呢？心灵有各种欲望，如果不知道应该欲求什么，不知道什么是真正值得欲求的，不知道什么是真正的善，不知道什么是真正的美，那么心灵不仅是盲目的，也是失序的。对于心灵来说，什么能够吸引它并值得它爱呢？什么能够引导它上升并使它美善呢？只有作为一切价值的价值——真善美。真善美是不可见的，只是可知的，心灵如果要追求它们的话，就需要心灵内在的力量指向它们、看见它们、实践它们，这种内在的力量是理性品质与道德品质。理性具有思考和判断力，能够辨识什么是真正的真善美，能够与道德品质相配合，让人在行动和生活中践行真善美。所以，需要一种教育术通过引导人追寻真善美而把人心灵的内在品质培育出来。辩证法就是这样的心灵教育术。

辩证法之所以能够引出或培育心灵中最好的部分，一是因为辩证法是运用理性的艺术，而理性只有在运用中才能得到发扬并获得健全发展；二因为是辩证法追求真善美。这二者合而为一。理智品质在追求真善美的过程中才能获得健全发展；只有追求真善美，理智品质才能真正得到运用。一方面，辩证法引出心灵的本质力量，引导心灵去仰望真善美；另一方面，因为真善美是理念，心灵不可能占有它们，而只能通过不断进行诘问、辩理、反思来分有它们、认识它们。所以，在运用辩证法的实践中，哲人式教育者激起求教育者对真善美的渴望，使他们认识到自己所持有的信念和预设可能是不正确的，可能与真善美相去甚远，可能仅仅是意见，引导他们认识到自己在真善美方面的无知，并在严肃的、彻底的探究中意识到真善美具有无法想象的复杂性（incredible complexities）。只有运用辩证法进行迂回式设问、诘问，才能使心灵向真善美攀升，同时也使心灵的理智得到教化。在这一过程中，辩证法既是完善心灵的方式，又是治愈心灵的方式。

辩证法的技艺是引导求教育者形成与真理、正义、善的理念等亲缘性关系的方式。教化（paideia）中的心灵的转向，就是说离开意见、幻象的桎梏，使心灵转向真美善。这样的转向是第一步，然后心灵开始借助辩证法攀登，在不断去蔽的攀登过程中一次次脱胎换骨。所以，辩证法是心灵摆脱蒙昧、学习美善的能力，或者说是心灵追求真善美理念的能力，没有这个能力，心灵就不可能真正形成关于美善的知识，也不可能养成理性的、健全的心性。在此刻，辩证法显现了意义：一方面作为心灵教育术，另一方面作为对真善美的理念的瞻望方式。没有后者，就不会有心灵的变革和提升；而没有前者，便没有真正接近真善美的瞻望。辩证法实现了双重性，既关照理念的显现，又关照心灵的完善。

辩证法蕴含的教育方式力图实现的是对心灵的领导与治理。心灵可能受制于身体的欲望，缺乏认识真理的能力，或者受虚假意见的蒙蔽，不知道真实的理念是什么，这是心灵败坏的常见原因。辩证法让心灵跟随智慧，让智慧主导心灵，使心灵变得和谐、善好，同时理性跟随真实理念的指引，从而摆脱虚假的认识，让心灵受到真善美的教导。心灵虽然可能染病，但心灵败坏的根本原因是心灵自身不能辨明真假、美丑、善恶，主体自身的理性缺失或领导力量缺失。因此，理性智慧的领导力量是维持心灵和谐秩序的根本。

辩证法的教育技艺能够引出理智心灵。美妙的思想探究与心灵教育通过辩证法实现了融合，让心灵受到真善美的引导，让心灵的理智智慧受到提升。辩证法以逻各斯为本，其本质上是与理智心灵相通的。辩证法让理性的辩理在对话中实现，既显现真实的理念，又引发心灵的理性习性。所以，唯有通过辩证法对真善美的理念的言说性瞻望，才能让理性受到真理的教化，心灵中的理智智慧才能成为心灵的主宰。这样，辩证法就是关照心灵健康的根本方式。没有辩证法，心灵就无法找到认识真善美的梯子。或者说，没有辩证法，我们根本找不到使心灵真正受到教化的方式，唯有辩证法才能胜任“心灵引导”的工作。

辩证法是人关爱和治疗心灵的方式。当心灵受到假象、迷思、成见、习俗等的污染而掉进执迷不悟的泥坑时，只有通过辩理和慎思（也就是通过理性）才能把心灵拉上来。站不住脚的意见就像疾病一样，会伤害或腐蚀心灵，导致心灵处于不健康的状态，而能够将心灵中的“疾病”治好的正是好的推理，也就是辩证式的对话。所以，学习论辩（论证），学会讨论和对话，学会认识真正的真善美，抛弃各种关于真善美的虚假或荒谬的见解，就是提升心灵的一种根本方式。所以，辩证法是让人走出“洞穴”的方法。教育打开人的心智，使人的心灵敞亮、真诚、健全、和谐、卓越，一方面，心灵有能力去认识和实践真善美；另一方面，心灵因为有受到真善美陶冶的经验，也有能力去面对习俗或意见的庸俗、霸气、自傲、野蛮。

只有辩证法的教育技艺才能培养心灵。辩证法与心灵之间具有内在的相通性。不是所有的教育技艺都会反哺心灵，控制、误导、迷惑心灵的洗脑术对心灵绝对有害处，如果教学停留在表象、现象层面，不对理念性的存在进行探究，教育就无法引导求教育者认识到在理念层面存在的真善美，同时，也不能把心灵提升到理性的更高层次。这样的教育不可能带来心灵的转向，不可能让求教育者形成理智的气质并热爱智慧。若教育方式不当，求教育者的理智与心性将会受到伤害，心灵之善就不可能实现。从这里我们可以看到，辩证法的精髓不是简单地为了把握理念性的存在或存在的理念，更重要的是为了心灵本身的品质或习性。也许，我这样说并没有错：学习运用辩证法不是为了获得哲学思维，而是为了成就心灵，即为了心灵的理性本质的实现。柏拉图把辩证法看作“招魂术”，就是因为把心灵唤醒是辩证法的真正目标。

教学具有一个根本的假设，这一假设就是每个人凭借理性拥有理解真理的条件，即每个人通过理智具有认识真理的可能性。因此，教学是不同主体共同运用理性追求真理的过程。这个过程是不同参与者以理智平等的原则共同对真理进行探究式追求，一起运用理性分享和交流知识的过程。这是一种别具一格的辩证式对话。如果辩证式对话是以言辞进行的追求真理的游戏，那么教学就是这种游戏的独特表现形式。在这种游戏中，教育者与求教育者进行辩证式对话，可让他们展示已有的某种经验，但更重要的是，可检审他们的看法或意见。这是一种探索式的自我展现，既是一种对自我的体验，又是一种对真理的探索；既是对自己看法的超越，又是对自身经验的重构。在这种游戏中，不同主体揭示自己的无知，敞开自己的心灵，把自己推向对真理的分享，从而向真理攀登。（阿多，2012）[61]

辩证法的技艺是教育方法论的根本原则。教学作为辩理和对话的过程，引导求教育者在探究真理中获得理性精神的发展。教育者的任务不是传授知识，而是引导精神变革，所以，他们进行的不是知识教育，而是精神教育。福柯看到了古典哲学中辩证法的重要意义。他认为人在进行辩证式对话的过程中，对话者以真话实践来追溯真理，认识自己，让自己的心灵进行理性（逻各斯）的装备，“好像这些‘logoi’慢慢地与他的理性、自由和意志结合起来，不仅告诉他应该做什么，而且实际上还要以必要的理性方式来做应该要做的事”（福柯，2010）[250]。人借助逻各斯的话语，也即辩证式对话，来倾听或言说真理，才能对心灵产生深刻的引导作用。福柯把这一过程看作真正的教学。（福柯，2010）[261–271]

柏拉图把辩证法看作心灵教化的根本方式。柏拉图在谈到人的培育过程时，说明了辩证法在教育中的崇高地位。辩证法的教学技艺，能够引导求教育者不断质疑与回应，在本原处发现可靠根据，从而把错误的意见和虚假的表象分辨出来，所以当心灵的眼睛真的陷入无知的泥沼时，辩证法能够轻轻地把心灵的眼睛解救出来，引导其向上看，心灵的学习就是完成这个精神转变的过程。（柏拉图，1986）[300]辩证法的技艺不仅与追求真理密切相关，更是教育命脉之所在，因为唯有靠它，教育者才能够以真理及其显明的方式教育人的心灵。

教育从根本上说应当是符合辩证法精神的。教育的过程是辩证法的实践过程。没有辩证法，就无法认识真善美，从而就没有心灵的教育。以辩证法为基础的思考过程，本质上是真与假的游戏（高宣扬，2015）[533]，或者说，辩证法进行的就是探寻真理的游戏。每一个教育者应当是这场游戏的参与者。探寻真理的游戏是一种主体性的精神教育实践，在这种实践中，个体之间通过真诚地言说真实的意见，一方面追求真理，另一方面按照真理去行动。这种教学不是单纯地教知识，而是以辩证法去探究真理，在探究真理的过程中形成知识，同时也把知识体现在行动中。这样，真理不仅通过辩证法影响了认识，而且融合在行动之中，塑造求教育者的主体精神。这种作为真理游戏的教学带给求教育者不曾有过的精神内容，赋予求教育者一种主体意识和主体能力，带来的是求教育者的主体化，使他们产生在精神上"被教"的体验。这种辩证法的教学方式把思想、实践、教化统合在一起，是一种面向理智心灵的教育。（福柯，2010）[316–317]

辩证式对话是所有教育的合理形式，真理的游戏是所有课程或教学都应当进行的活动。如果教育是面向心灵并从心灵出发的，那么辩证式对话的教学应当针对任何人生阶段的任何科目的学习。当然，辩证式对话可以不同的表现形式出现，或者说真理的游戏可以不同的方式进行。针对小学阶段儿童的辩证教育与针对哲学系学生的辩证教育的方式是不一样的，数学学科的辩证式对话方式与语言学科的不一样，但本质理念是一样的。不同形式的辩证式对话具有不同的目标，也有不同的模式。辩证式对话的双方通过善意的问答和讨论，在友好的对话中进行意见与观点的检审。在这一过程中真理在闪耀，而心智充满灵光。这种灵光乍现的教育场景，在生命的任何阶段都有可能出现。

阿多认为，学校的生活方式就是辩证式对话，这种生活方式就是坚持辩证法的对话伦理。（阿多，2012）[63] 教育者通过辩证式对话进行精神锻炼，不仅锻炼求教育者的心灵，而且锻炼自己的心灵。辩证法就是教育的本质方式。（参考伯格，2016）[172] 在这个意义上，每个教育者都应当掌握辩证法的技艺。

5.7 解释的技艺

人不仅认识世界，也解释世界。解释是人类把握世界、理解自我的理智活动之一。（德沃金，2016）[138] 世界不仅是可认识的，也是可解释的。认识与解释不同，认识世界是描述世界，而解释世界是理解世界，领会世界呈现在我们的精神之中的对于我们的意义。我们可以从不同的视角认识世界，也可以从不同的视角解释世界。不同视角的认识是为了形成更全面的描述，而不同视角的解释是为了获得更有意义的理解，是为了多元化地理解世界，领会世界的丰富意义。认识世界是为了让我们走向世界，而理解和解释世界是为了让世界的丰富多彩之处走向我们。认识以“真”作为标准，而理解和解释以“意义或重要性”作为标准。认识是为了揭示世界，这是对世界的适应，而解释是为了给予自身意义，对世界的意义领会总是把意义与我们自己的生活联系起来，事物总是因为对生活有价值、有重要性而具有意义。所以，理解与解释总是包含意义的获得与应用，即让自身的生活得到某种指引。人就在这种解释和理解世界事物的意义的过程中使自己对自己的生活有所领会、有所指引。（海德格尔，2015）[102] 人总是能够对世界有所解释并把握其中的意蕴而使得意义彰显出来。

理解和解释不同于对世界的客观认识，认识是为了形成知识，获得关于世界的客观描述，而解释是理解世界，是为了领会意义或赋予意义，即获得世界对于理解者或解释者的意义。知识是被确证为真的认识，而意义是被道理融通的。知识让我们了解世界，而解释和理解建立我们与事物的意义关系，使得我们珍视世界的价值，让我们敬重世界。我们在世界中经验世界，一方面形成对世界的认识，另一方面也感受世界，领会世界对于我们的意义或重要性。我们建立了与世界的意义关系，这种意义关系支撑我们在世界中生存的方式，支撑我们与世界互动的方式，支撑我们看待世界的方式，也决定了我们对待世界的态度和对待自己的态度，所以，意义关系决定我们对世界的价值反应模式。相对于知识而言，我们对世界的解释更多也更有效地决定了我们思考与行动的境界。

人文世界或生活世界中的众多事情不仅是需要认识的，也是需要解释的。我们以什么样的方式解释世界，就会以什么样的方式对待世界；我们以什么样的方式解释自我，就会以什么样的解释筹划自我。解释彰显的意义是可能性的展开，使人向着这种意蕴或意义去展开生活，建立与世界、未来、他者的可能关系。（海德格尔，2015）[169] 解释形成的意义使人形成了关于世界的态度，而这种态度影响着人与世界中的各种事情打交道的方式。如人对教育的解释赋予教育重要性，赋予教育丰富的意义，这种解释影响着人对待教育的方式与态度。我们总是根据我们的认识结果来控制自然世界，我们也总是根据我们的解释方式来对待人文事件或生活世界中行动。

可以说，世界与存在对人的挑战之一就是一切都需要解释。我们面对着世界，需要解释，而不仅仅是认知。按照海德格尔的思想，解释不过是让存在显明出来，让此在的人与存在之间建立意义关系。我们自己解释世界，也在理解他人的解释，我们的任何解释也有待于进一步的解释，我们不希望我们的解释遮蔽存在。为了让存在显明，给予事物、事务、事件更大范围的光，我们还要进一步给出新的解释。对于解释来说，没有终结解释的解释。终结了解释，也就终结了人与世界的意义关系，同时也就终结了意义创生、价值创造的可能。

> 一个解释是一种建构事物的方法，对它们有一个“看法”，以某种光照射事物，把它们装进一个框架或视域……。解释需要我们所说的判断力、识别能力和洞察力。（卡普托，2016）[207]

解释是我们心灵的事实，同时也是有意义的价值行动。我们之所以能够解释，是因为历史存在着解释的实践与传统，因此我们能够加入其中。（德沃金，2016）[145] 人类不仅有知识传统，同时也有解释的传统。所以，解释的有意义就在于在解释的实践传统中我们进行着解释，在其中我们形成、表达有意义的解释。我们的解释形成了一个意义链，从中我们可以看到或者可以解释我们的解释的意义。如果不从这样的解释的实践传统出发，我们就无法理解解释的意义。

教育处在解释之中。学科知识需要解释，时代发生的事情需要解释，学校的生活需要解释，更大的世界需要解释。总之，教育活动在一定意义上也是解释活动，而解释是汇聚信息，检查、判断、修正我们的理解，把握现实，并再情境化，给出更好的解释。教育者在学校中的教育活动是多姿多彩的，有一点是肯定的——其中包含着理解与解释。教育者的解释活动非常丰富，包含了对教育的解释、对求教育者的解释、对知识的解释、对教学的解释、对方法的解释、对自然与社会的解释、对生活的解释，也包含了对自我的解释，等等。因此，教育者需要掌握解释的技艺。教育者的解释的技艺是彰明知识、事物、人及教育的重要方式之一。

解释的技艺表现在三种解释之中。一是合作性解释。教育内容、教育文本的解释都是合作性解释，解释的对象是作者或创作者的文本，解释者把作者或创作者的理解或解释进一步推进。语文文本的解释就属于这一类，不论是教育者还是求教育者，他们对文本的理解都可被看作一种延续性的合作性理解，而不是对作者原意的猜测或揣摩，是不同于科学认识的解释。二是说明性解释。这是指一个解释对象作为事件或事情对于受众有何特殊的意义。社会学解释某种社会现象，就是试图说明这种现象对于接受者的特殊意义，从而指出新的意义世界及其可能性。三是概念性解释。概念解释者说明概念的含义，既包括基本含义，也包括在基本含义基础上的拓展性含义。（德沃金，2016）[151] 在教育中三种解释都存在。

教育者的教学解释是教学不可或缺的技艺。教育中不仅存在知识学习，也存在意义理解。教和学中的认知与解释这两种路线可能是交织的，但不可取代彼此。我们往往把解释理解为对知识的解释，目的是让求教育者听懂。然而，解释是意义的赋予与敞开，通过独白或对话，让事情、事物等对象彰显出丰富的意义。通过学习知识所获得的是确定的知识，而通过解释和理解所获得的是丰富的意义。所以，解释是运用语言的光照亮、显明事物，建立理解者与理解对象之间的意义关系的方式。解释是一种寻找意义的方式，就像在我们的思想与理解上打开一扇窗，让我们看到眼前的意义世界，更好的解释让我们看到了更多的意义世界。好的解释使我们看得更清楚、视野更宽广、所见更丰富，世界就通过道理显得更明亮。教育者的解释等于把一个复杂的被遮蔽的世界带到了求教育者的眼前，邀请求教育者借助解释这扇窗口去看世界，去洞察、去理解那些对象。教育者所给出的解释不是单纯的知识，而是对意义的理解，引发的是求教育者对世界的意义领会。教育者所给出的解释，又好像提供了一架梯子，鼓励求教育者借助梯子，通过理解去探索更丰富的世界。不管怎样，教育者的解释，提供了某个方式、某个角度，让求教育者的理解或解释活跃起来。在这个意义上，教育者的解释是抛砖引玉的，是点石成金的，即引发思想的、兴发解释的。在教学中，教育者的解释不是终极真理，因为教育者的解释有待于求教育者的解释，教育者的解释技艺在于激发求教育者的解释。教育者与求教育者的共同解释以及对共同解释的解释，本身就是教学的本质方式之一。让求教育者理解或解释不就是教育者解释的努力方向吗？教育者循循善诱，等待着求教育者的解释或更好的解释。教育者的解释的技艺，在于永远把自己的解释当作一个起点，当作一次启动，而不是解释的终结。教育者的解释仅仅是一个解释的开启，等待着求教育者自己的解释。

教育者不是终极的解释者。没有能够解释一切的终极解释，即没有不变的解释。解释不是封闭的，解释本身就是敞开，不但是心灵的敞开，而且是语言的敞开，同时也是向更好的解释的敞开。我们常常在解释事物的时候发现，解释不仅不通畅，反而遮蔽了对象或者对象的一部分，或者我们没有意识到解释的某种界限，这时候，解释的开放或者解释的循环，乃至等待解释，就成为必要的。解释意味着新的解释，即追求或者等待最优的解释，等待合理的、恰当的、正确的解释，等待新的意义。

在教学中，任何经验、知识、见解、主张、意见、看法、理解、解释，都不是最终意义上的，都不能作为解释的终结，这意味着解释向着更合理的解释开放，所以，解释包含着被推翻、被超越、被更新的可能，但这是解释的本质。教育者的解释有待于求教育者的解释，这就意味着给出解释不是要求他人接受，而是邀请他人做进一步的解释。邀请求教育者加以进一步解释是教育者高超的技艺。这不仅把教育者的解释放置在开放的境遇之中，而且引导着求教育者的思想历险，让他们勇敢地经历或体验解释，并寻求更合理、更可行、更丰富的解释，这种解释的历险恰恰是提升解释力的方式。思想具有解释的力度，说明思想是深邃的、合理的，当一个人具有了解释力及解释的风险意识，一个人对世界的理解就是开放的，其就真正地具有了思想。所以，教育者的解释的技艺，是培养求教育者的解释力的艺术，是促发求教育者去思想的艺术。

教育者的解释的技艺，蕴含对求教育者的思考或解释的尊重，这是因为，解释的目的不是给求教育者解释，而是让他们给出理解和解释。在这一点上，教育者的解释与讲解是不同的。讲解是描述，是为了让听众听懂和接受，而理解和解释是给出意义，是扩展意义领域，从而让作为参与者的求教育者借助意义领域而给出自己的解释。讲解是给出知识，而解释是打开意义的视界，让求教育者看到更宽广、更丰富的世界。[①] 教育者在进行解释时当然需要洞见，需要给出好的解释，但不是为了阻断解释，而是为了解放求教育者的智性。有时候为了解释的不解释也是一种教学的艺术。通过有节制地解释而激发求教育者的智性，让他们给出解释、阐发自己的思想，不仅是教学解放智性的要求，也是一种解释的技艺或者解释的智慧。

教育者是以独特的教育方式参与到人类的解释传统和意义世界之中的。教育的方式不仅包含掌握知识的方式，同时也包含理解意义的方式。教育者需要独特的洞察力，需要把这二者统合到教育行动之中。在这个意义上说，教育者的解释的技艺是一种独特的、高深的教育技艺。

① 在《无知的教师：智力解放五讲》（*The Ignorant Schoolmaster: Five Lessons in Intellectual Emancipation*）中，法国哲学家朗西埃批评了教育者的教学讲解。他认为，讲解设置了教育者与求教者之间的智性不平等，给求教者讲解事物首先设定了求教者是无知的，设定求教者不能依靠自己的能力去理解事物。实际上，教育学设置的教育者讲解突出了教育者与求教者相比的智性优越地位。这种讲解恰恰强调的是智性不平等：教育者是心智成熟的，是有知识的，而求教者是心智不成熟的，在智性上是低一等的。这样，就突出了教师的讲解者地位，从而把教学等同于讲解的艺术，讲解的技能成为教育者之为教育者的根本，也成为教育或教学的根本活动方式。不断地进行讲解无非是不断证明了听者的智力是不成熟的，仅仅靠自己的智性能力是无法掌握知识的，教育者的讲解是必不可少的，但是，这种讲解及其形成的智性不平等恰恰造成对人的愚化（stultification）。教育学把讲解作为教学的根本方式，是教育学的迷思。

5.8 建构习惯的技艺

习惯是心灵或身体稳定的存在风格和行动方式。“习惯”一词在希腊语中对应的是“ethos”，在德语中对应的是“gewohnung”，是指人的精神气质或精神气象，或者说是存在的面容、情操、方式。亚里士多德说伦理德性都是从习惯而来，这是指伦理德性是道德的习惯，是通过实践的修炼而获得的具有可持续性的行动意向、经验、智慧与能力，并且表现出个人的风格。

习惯是心灵的功能的持续性发挥。它表现在行动中，是具有可持续性的方式或模式。人的习惯是人投入思想、言说与行动之中的一种情调、一种境界、一种艺术化的方式。习惯是主体化的，是自我建构、自我塑造的方式，因为习惯总是个人化的，具有个性化的特征。一个人具有了习惯，就具有了某种自我化的行动风格。我们每个人总是形成习惯。习惯不仅表现了外化的行动方式，也显示了内在的精神意向，习惯表现了我们成人、成己、成物、成事的能力、艺术、方式、境界。所以，习惯是德性的表现。

习惯是自我及其思想行动得以表现的方式。思想的习惯是隐性的，语言与行动的习惯是显性的。实践与行动具有可持续性，思考行动、学习行动、健康生活、道德行动都是持续出现的行动，行动的意向、方式就易于形成个人风格。一旦形成风格，就具有独特的、稳定的意蕴。习惯就是行动的稳定模式，它只有通过持续的行动才能形成，所以习惯是一种行知，是一种体知，是一种亲知。

习惯是一种能动的行动方式，表现了主体稳定的、和谐的、有序的行动意向与做法。习惯把主体带入一种真实的参与之中，使主体实现了一种娴熟的心智与身体的杰出运作，并且取得了美善的成果。这样的习惯才是好习惯。好的习惯是生活的技艺，习惯在前，技艺在后。技艺、品质和习惯都是我们为面对复杂的世界和艰难的生活而持续地应对变化、困难、复杂所采取的智慧而善好的行动模式。

习惯体现为人行动的稳定、变化和灵活的统一。这本身说明习惯建构着自身。习惯是面对纷杂的、加速变化的环境的有效、娴熟的行动技艺。作为个人习得的技艺，习惯是人回应环境、在环境中行动的方式。习惯使人以意识的连续性和行动的连续性置身于行动的世界中。习惯是强有力的技艺，即行动的艺术。习惯表达了我们存在于世界的能力，或是通过运用自身的经验、智慧和行动方式来改变我们自己存在的能力。

从杜威的观点看，习惯主要是指有机体重建自己与环境的关系的组织能力。习惯把环境合并在自身之中，是对环境的调整，而不只是适应环境，与其说习惯是有机体的内在力量和能力，不如说是主体整合自己与环境中的行动、使之结构化的过程。习惯表现了行动的开放、改进、完善的连续性。习惯具有塑造能力，既塑造主体，又塑造环境。习惯是个体精神的连续性的塑造方式。（托马斯，2010）[169]

实践行动是习惯养成的方式，特别是理智实践、德性实践、技艺实践所蕴含的优秀品质都在习惯养成中得到升华，在这个意义上可以说，心灵的高贵也是修炼而成的，修炼是为了养成优秀的习惯。优秀的习惯在卓越的行动中养成，同时又是为了使行动更加卓越。源于好行动的习惯最高贵，因为通过好行动养成的好习惯是好品质的表现方式，好的习惯表现出优秀的人格品质。

> 习性是从久经历练的相应活动中形成的。所以，我们必须给予我们的行为一个特定的品格，我们稳固的基本品质就是根据行为的这种习性塑造的。所以，我们从青年时代起以这种习惯还是那种习惯来塑造自己，这绝非小事，而是非常重要的事情。（亚里士多德，2010）[79]

习惯与审慎联系在一起。审慎意味着智慧或明智，是行动者对行动的深思熟虑。行动者能够明察行动的时机、环境、条件、方向和目的，知道行动的正当性，能够推理行动的原则，并且能够发明行动的技艺，这些都是形成好习惯的基础。在面对外部或内部的困难、阻力时，行动者能够明智地坚持下去，能够对自己的能力、知识、经验和习惯运用自如，能够使行动、行动结果、行动者自身都达到善好的状态。这就是良好习惯的作用，也是良好的行动修炼的作用。

习惯必须在情境中发挥作用，但情境是变化的，如果环境、现场、目标、可能性发生了变化，以固定的习惯应对万变的现实时，习惯就会是破坏性的。当习惯已经僵化，不能形成美善结果时，对习惯进行反思并进行改变是必需的。因此，改变习惯也是形成好习惯的一种方式，理性地修正习惯及其结构是良好习惯的组成部分。

> 主动的习惯包含思维、发明和使自己的能力应用于新的目的的首创精神。这种主动的习惯和以阻碍生长为标志的墨守成规相反。（杜威，2001）[61]

教育者在教育行动中表现出娴熟、机智、灵活、应变自如，这就是习惯的价值。习惯的技艺使教育者在教育行动中能把观察、反应、预见、选择、行动、反思、改进等统合在一起，以一种高效、娴熟、有价值、合伦理的方式实现教育行动。在这个意义上，习惯是优秀、卓越的教育行动的条件，它面向和导向的是优秀、卓越的再行动。这意味着习惯本身不是固着的、封闭的、机械的，而是发展的、建构的、生成的。所以，习惯与按部就班、定式是不同的，教育者的教育性习惯是行动的自如、自觉和价值实现，而不是按部就班。如果不管情境、事情、氛围、心境的变化，不管价值、目的实现的伦理方式，不进行观察、思考和判断，仅仅是依靠惯习，以固定、重复的方式进行操作，那实际上是简单粗暴地对待行动、任务及其价值，也是行动者对自身的放任。按部就班的惯习其实是对习惯的破坏。教育者的习惯是思考性的、创造性的，而不是行为的重复。教育者的习惯本身导向的是习惯的学习与生成。因此，习惯是具有活力的，而惯习是缺乏活力的；习惯是开放的，而惯习是封闭的；习惯是不断调适和变革自身的，而惯习是不变的、死板的。

好的习惯是按照正当的尺度行动，即按照理性明智地行动。这意味着好习惯既是智慧的，也是伦理的；好习惯既是优秀的品质，又是卓越的行动。习惯以善好的方式作用于善好的行动，或者说，习惯在主体自觉地进行调整、变革、纠正的过程中形成。教育者的习惯是在卓越的行动中练就的，而且是开放的。卓越的教育者在习惯上具有灵活应对、适宜反应、通达行动的技艺，而初任教育者有待于形成卓越行动的习惯。教育行动的习惯是整体性的相互渗透、功能相互补充的行动方式与技艺，这意味着教育者的习惯不是割裂的、分散的行为方法。教育者不是在课堂、教学以及其他教育行动情境中按部就班地实施教育行动并形成习惯，而是针对教育情境的整体性深思熟虑、运筹帷幄、融通统合、应对自如、得心应手，从而取得教育行动的成果。（莱肯，2010）[26]

5.9 赠予的技艺

教育哲学家比斯塔（G. Biesta）反对当下教育理论和教育实践把教育过程“学习化”（learnification）的现象，他认为“学习化”消解了教的价值与意义，从而排除了教的重要性，这种现象其实同样也损害了学习。比斯塔把教看作给予或赠予，把求教育者的学习看作接受教学礼物。教育者的教具有给予性（givenness）。（比斯塔，2018）[78-80] 如果教育者的教是对求教育者的赠予，教育者要赠予求教育者什么？如果教是赠予求教育者的礼物，求教育者所欣赏的“礼物”又是什么？教育者如何把教作为礼物赠予求教育者？

教到底是什么？一言难以蔽之，但无论如何，教具有一种根本的特征，那就是求教育者喜悦地获得、享用了教所包含、呈现、显明给他们的内容。这内容不仅仅是知识、经验、技艺，还有意义、价值，等等。所以，教具有纯粹的赠予性，如果教是赠予性的，那么礼物的隐喻才能反映这种性质。教育者作为求教育者面前的他者，把教作为礼物赠予求教育者。教虽然是教育者的行动，但教的赠予性把教育者一下子推到求教育者面前，建立了教育者与求教育者之间的赠予—接受礼物的关系，因为教是教育者面向求教育者的赠予，它以礼物的方式存在。只有教作为纯粹性的赠予，作为一种礼物，教的意义才能显现，教本身才存在，才能激发求教育者的接纳行动。

教的赠予如果是传递知识、道德，告知信息或者传授技能，那教作为赠予就没有意义，因为知识、道德、技能并不是在教室里传输、传递给学生的。教育者把教作为赠予，其对求教育者具有的意义一定要超越传递意义上的“教”，要赋予“教”新的寓意、新的价值。这样才能解释教的重要性。

在否定传递意义上的教的过程中，为了突出求教育者的学习，教育学把教看作对学习的辅助性帮助。教的价值在于对学的辅助或帮助，如果求教育者实现了自主学习，那么教就没有本然的必要性了。这样一来，在学校教育中，教育者与教育、教的重要性就被湮没了。教本身没有重要意义，教育与教的价值便无法充分体现。如果教育者与求教育者相向而行，如果教与学能够相互增益，那么教就需要超越对学的辅助，给求教育者独特而值得赠予的东西。或者说，赠予不是仅仅给予帮助和促进，而是亲自给出超出求教育者自主学习活动能够得到的东西，给予真正属于教育者的、来自教育者的事物。帮助、辅助或促进仅仅是某种工具性的支持，而不是教育者存在的本质价值，也不是教的本质。“学习化”消解了教的本质，其实是对教的降格，否定了教与学的完整关系。

教与学共处于相互赠予之中。如果教无所谓给予，那教就没有意义。教总是意味着给予或赠予了超越求教育者原有事物的东西。教给予了，才成为教。因为与学的互动和交往，因为学的在场和参与，教成为赠予，而赠予也促成了学。学也因为教的在场与赠予，参与了教，从而塑造了教。教与学在相互生成的关系中形成赠予的关系。礼物被给予了，才是礼物。一个礼物没有被赠予，或者还没有被接受，就意味着礼物还没有成为礼物。教育者把教当作礼物赠予求教育者，这不仅是爱，而且意味着教育者的教拥有某种实质性的可赠予性，而不仅仅是某种助推学习的行为。同时，赠予礼物意味着面对面的交往，意味着教与学、教育者与求教育者互为他者的相互感通，意味着在教与学的过程中双方均赠予了对方值得赠予的礼物。

> 如果我馈赠我所能够馈赠的，如果我馈赠我所拥有且能够馈赠的物品，我不是在馈赠。一个有钱人馈赠他或她所拥有的财产

不是馈赠。（德里达，2017）69

教育者能够赠予的礼物是什么呢？其所能赠予的礼物并不是现成的知识储备。礼物是在教的行动与过程中生成的，这就意味着教不是传递，而是创作出礼物并赠予求教育者且求教育者接纳礼物的过程。这意味着礼物是生成的，只有共同出场或在场的教育者与求教育者才知道礼物是什么。教育者的教把教作为礼物给予求教育者有双重的在场。一是教育者的主体性在场，即教育者的心灵和精神的在场。教育者作为一个完整的人存在于教育之中，作为一个他者，在求教育者面前在场。① 二是礼物的在场，即被给予的东西的在场。礼物作为教的过程所创造出来的东西而现实化，存在于教与学的互动关联之中。这种双重在场意味着教育者与求教育者在教育中共同在场或交互性在场，也意味着求教育者是站立在教育者面前的他者，他们的面孔是教育者创作礼物的源泉。如果教育者的教仅仅是辅助学习，或者仅仅是传输知识，那么求教育者是作为单向的学习者而出场的，教育者也是作为单向的学习行为的帮助者在场的。他们的心灵、面孔在教育中就不是重要的，在教与学中是离场的，他们就不可能作为他者而相互赠予。

教作为礼物被赠予是有条件的。（方向红，2016）一方面，教作为礼物被赠予反映了教育者与求教育者当下的完整在场。教育者及其教在此时此刻完整地出现、呈现在求教育者面前，而不仅仅是针对求教育者的学习行为；求教育者也完整在场，而不是仅仅学习教所呈现的知识。另一方面，作为礼物的教，还包含着教育者有把教赠予求教育者的意向，愿意把教作为给求教育者的礼物而精心挑选教的内容，愿意给求教育者一个惊喜，而在求教育者那边，教作为礼物，总是意味着乐意与欢欣，意味着意外的收获。礼物的赠予，规定了教的意向性。教是教育者愿意赠予对方的，而不

① 师生间建立的是互为他者的关系，相互面对，而不是互为对象。相互面对就是每一个人都是以他者为相对，构成相对，才构成相互“教育”的关系。“相对关系”总是意味着人面对他者，走向他者。他者在那里，总是与“我”构成照面的交往，构成倾听与合调，构成精神之间的否定与相通。否定是与他者的差异对“我”的否定，从而走向他者；而相通就是我们在这种合调和倾听中相互学习，我们之间美美与共。每一个与他人相遇的他者，都是相对。

是强加给对方的；礼物是求教育者乐意接收的，而不是被动接受的。礼物的本质是“被给予性”，同时具有“惊喜性”和“欢喜性”。这些使作为礼物的教具有一种新的气象，给予作为礼物的教一种规定性，使得教超越了日常的例行公事，超越了单纯的传递性工具，而成为一种赠予的技艺。

> 让我们思考一下礼物（gift）吧，馈赠（giving）应该是一个事件，它必须作为一个惊喜并送出或被馈赠，它必须要超越交换的经济循环制约，因为，倘若馈赠要成为可能，一个馈赠事件要成为可能，它必须看起来不可能。为什么？如果我给对方礼物作为感谢或作为交换，馈赠就从未发生，如果我期待对方感谢我去认同我的礼物，并且以某种或其他象征的实物或者物质的方式给我一些东西作为回报，这时也不存在馈赠，即使是纯粹象征意义上的感谢，也会使馈赠无效，馈赠必须超越感激……。这意味着礼物成为礼物的可能性，只有在它呈现为不可能时才实现。（德里达，2017）[67]

教是纯粹的赠予，是给予性的。这意味着赠予是教自身的存在状态，而不是说教育者时而发出某种赠予的行为，或者说教仅仅是传递礼物的方式。德里达在解释礼物时，对礼物的存在状态进行了规定，礼物的赠予对于赠予者和接受者来说，都是纯粹的。① 教育者赠予教的礼物，不是因为教育者慷慨或大方，而是因为教的本质是赠予，教育者在教的过程中“创作”礼物。而对于求教育者而言，获得教的馈赠是教本身所蕴含的。如果教育者否定了教的给予性，而只是偶尔地给出一些礼物，那就解构了教的存在意义。教育者必须把教当作礼物一直地给予学生。在给出的过程中，教纯粹的给予性呈现出来，教实现了自身的价值，如此教作为礼物的给予品质才能体现出来。

---

① 德里达认为：“要使礼物成为礼物，送礼和受礼的人都不应该把它看成礼物。这是一个悖论，但它是礼物能被给出的条件。”（德里达，2011）[58-59]

教之赠予或者教育者馈赠礼物是教的一个事件性行动，赠予是教之行动，是一个深刻的事件，足以引发惊奇与爱欲，但教之馈赠作为事件不可预料和不可估算。也就是说，教作为礼物的赠予行动发生在日常的教的行动中，但却是连续性事件；同时，教作为礼物的价值也不可估算，谁能评价和估算一个礼物的价值呢？教作为礼物一旦被估算就变成了利用物，变成了器物，被庸俗化了。赠予不能被当作施惠，也不能被当作行贿，赠予是教的纯粹本质。教的礼物只能被期待，而不能被要求，也不能被估算。一旦被要求和估算，教的礼物将不是礼物，赠予将不是事件，教将不能成为赠予的行动，教也就不能"创作"出礼物。

教育者的教的赠予不是交换行为，不是把教的礼物当作利用物。教作为礼物被送出去后是不需要回报的，即不需要回赠。教的给予性是纯粹的，而不是双边的互惠互利，不是为了建立学与教之间的利用关系。[①] 这正是教所具有的纯粹的给予性的特点，教作为礼物正是纯粹地把自身呈现给求教育者，而不要求以求教育者的学习作为回报。那种作为学习的辅助行为的教，恰恰是遗忘了纯粹的给予性，而以求教育者的学为条件，结果使教被解构为碎片。（Biesta，2012）因为求教育者获得了教的赠予，求教育者实际上在场参与了礼物的创作过程和赠予过程，这本身也是对教的赠予。

教育者的教的赠予努力使得教成为礼物，使得教成为真正的赠予，使得求教育者具有"被教"的经历。

> "被教"从根本上不同于"向……学习"的经历。在学生向教师学习的情境中，教师以一种资源而出现，如此，从老师那里学到的东西得以在学生的控制之中。但是"被教"的经历则是另外一种情境：在那种情境中，一些东西从外面进入我们的存在中，可以这样说，那些东西从根本上是超越"学习者"的控制的。因此，"被教"——打开自我以获得教学礼物——意味着在个人的

① 德里达认为，礼物既然是赠予的，就不该有互惠互利，不该有报答、交换，不该要求感恩，也不该出于亏欠，赠予的关系不是感恩和回报的交换关系。（方向红，2016）

理解和个人的存在中为这样的打断提供了一个位置。(比斯塔，2018)[85]

求教育者获得教的礼物，意味着其在获得教育的过程中具有了一种“被教”的经历，即具有了一种获得感。这种“被教”的经历使得求教育者获得了教益，即求教育者的学习、理解建构了教的意义，获得了远远超越教的教益。求教育者的“被教”的经验远远超过了教的内容，因为求教育者的接受、接纳是对礼物意义的建构。这是教与学融合生成的意义领域，远远地超越了教的内涵。教益不仅仅来自教，而且来自学的增值，所以教益大于、多于教。教是一种赠予的礼物，而教益是求教育者接纳教之礼物后的状态。教作为礼物处于一种居间状态，既是教育者精心呵护的赠予，又是求教育者获得教益的经历，这是教育者与求教育者的共同创作。

教育者的赠予的技艺在于把教变成礼物，在于让求教育者具有获得教益的经历。求教育者的获得感不是“被给予感”，而是感受到教的赠予并以行动去获得、去享用“教”，即求教育者本身也把教作为礼物去获得、去享用。这样一来，求教育者在“被教”的经历中就获得了教益。与其说教益是教传递过来的，毋宁说教益是教与学相互契合的产物。它既不是教之结果，也不是学之结果，而是教育者与求教育者共同的精神收获。

> 接受教学礼物的经历，并不是可以被教师制造出来的经历——这意味着教师进行教学的力量脆弱且具有存在主义的力量。这股力量依赖于互动和偶遇，但并不是强而有力和形而上学的力量。(比斯塔，2018)[80]

教益不是求教育者所获得的某种可以被考试所测评的知识或能力，而是求教育者作为主体的完整的精神状态。教益的获得即礼物的获得，这是求教育者深刻而广泛的主体性在场和创造性参与。它凸显了求教育者的主体性，并且以“我的姿态”获得教作为礼物的意义和价值。教益意味着求教育者在主动的创造性获得中把所享用的教育事物转化为整体的精神变革的力量，转化为自身新的形式、新的姿态，转化为新的存在、新的品质、新的精神，转化为新的可能性。从本质上说，教的赠予，是教育者的存在性立场，意味着对礼物赠予的呵护，而礼物的接纳是教益的获得，是求教育者主体性建构的存在性历险（adventure）。所以，求教育者在教育中获得的教益和精神享用远远超越了教的内容与方式，也超出了求教育者的学习活动的方式。教益可能是显明的，也可能是潜在的、隐藏的。教益蕴含着新的教益。

教育者的赠予的技艺就是呵护“教”的技艺，也是呵护“教益”的技艺。

6

诗性：教育美德的自我创作

时代的艰苦使人对于日常生活中平凡的琐屑兴趣予以太大的重视，现实上很高的利益和为了这些利益而作的斗争，曾经大大地占据了精神上一切的能力和力量以及外在的手段，因而使得人们没有自由的心情去理会那较高的内心生活和较纯洁的精神活动，以致许多较优秀的人才都为这种艰苦环境所束缚，并且部分地被牺牲在里面。因为世界精神太忙碌于现实，所以它不能转向内心，回复到自身。①

——黑格尔

① 这段文字出自1816年10月28日黑格尔在海德堡大学讲授哲学史课程时的开讲辞。

主体具有生命实体性（身体），同时也具有精神实在性。实存着的主体如何在生活中伦理地建构自我，生成精神变革，实现主体化，是生命的重要问题，也是教育的重要问题。

亚里士多德认为，人的心灵具有两种表现形式。一为认识。心灵可以纯粹地认识存在，从感觉到理念，亚里士多德把这一表现形式叫作心灵的成识原理，这是人的理性认识的层面，包括沉思和理论反思。在这个意义上，人是一个认识者、思想者。二为行动。心灵可以发起行动。心灵的理智提供行动的理由，由欲望、意志发起行动，并由能力实施行动。亚里士多德把这一部分叫作心灵的起动原理。（亚里士多德，1999）[55] 人的心灵也许还有第三种表现形式，这就是美德或品格的构成，这是心灵的自我构成原理。

心灵的自我构成是生命历程和生命行动的自我塑造与自我培育。这是一种自我重建的伦理意识，是心灵的自觉。任何人在生活实践中，在改造世界的行动中，如果把自身作为伦理存在进行反思和塑造，就进行着心灵的自我构成运动。自我构成就是采取一种对自我的伦理态度，即把自己作为一个伦理的对象进行改善、提升。生命过程中的事件、行动、叙事、反思都是自我构成的契机与方式。

人生活于对生活的创造之中，而生活本身也是人的自我创作。人的自我创作不可能在生活之外，生活也不是简单地延续日常或创造生活资料，生活本身的成就之一就是生活者本身的精神变革。人的自我创作是生命及生活的义务。生活必须要创作人的心灵，否则就是对生命的背离。生活因此应当是对心灵本身的爱护与改进，而不是对心灵的破坏或扭曲。这是生活的任务。就如列维纳斯所说，生活就像有人在提醒"我"存在的义务，重申这无法解除的契约的庄重和严厉，"我"必须做些什么、必须行动、必须憧憬，这不仅建构生活，也生成自我。（列维纳斯，2006）[13-14]

人是一个纯粹潜在性的存在，总是处在绽放可能性之中。因为人是生成的，所以生活是人的生成过程，我们过什么样的生活就成为什么样的人，这样的生活形式不断地建构人的形式，而人的形式及其变形又在塑造着人的生活。生成意味着心灵的形式（人的形式）的变形，向善的变形就是生成，生成不是因为有既定的潜在去实现，而是通过潜在的实现指向纯粹的善的可能性。

> 生活是一种并不先于其实质的实存。生活的实质（essence）形成生活的珍贵处（le prix），而价值（la valeur）在此则构成存在。生活的实在性已经处于幸福的层面上，在这个意义上，它处于存在论的彼岸。幸福并不是存在的一种偶然之事，既然存在是为幸福而冒险。（列维纳斯，2016）[91]

如果我们把生命成长看作潜在性的生成，那么教育就是要促成生命可能性的生成，教育就是探索生命与生活结合的方式与行动，或者说，教育就是引导人去探索生活之形式（form-of-life），并引导人不断改善其生命的形式。生命之形式赋予生活之美，也赋予生活之善，也就是使得自然的生命成为具有形式的生命，只有追求生命之形式的生命才是有形式的生命，才是美好的生命，而生命只有在值得过的生活之中才能摆脱自然的素朴而获得生命境界的提升。

从生活与生活者的相互塑造而言，生活应当是生活者向着美善而自我创作的试验。生命的日常自然展开不是真正的生活，真正的生活是生活者向着心灵的美善的提升，即心灵自我构成的过程处于生活之中，我们在生活中创作自我与创作生活。积极生活即创作生活，创作生活就是改造世界和创作自我的生活。生活是诗意的，意指生活是创作的。诗意就是生活的伦理，就是在生活中创作生活和创造自我，即把生活当作一件艺术品去创造并因此而享用（审美意义上）生活，并在这一过程中创作自我。生活因为被创作而得到滋养，自我因创作的生活而自我构成。这是生活与自我相互创造、相互构成的原理。

教育者的心灵美德的自我塑造是通过教育生活而进行的。教育生活不仅是教育者生活于其中的生活，而且是教育者的生命所创造的整体性的生活，是教育者在教育生活中的所在、所向、所是、所为。积极的教育生活是教育者面向教育的美善而创作出来的，表达了教育者对生命的爱以及由此而生的对教育生活的爱。这一对教育生活的爱意味着教育生活是由双向活动所构成的，即教育者对教育生活的创作和教育生活对教育者自我的创作。

对于教育者来说，他们所从事的教育不是简单的谋生工作，而是教育生活。教育生活是他们的生命表达。他们不是凭借教育生活，他们是在过教育生活。教育生活本身是值得去过的。教育者积极地去过教育生活，就是去实现作为教育者的精神、价值，去创作教育的本真与美善，这一过程就是在成就作为一个教育者的生命。这是教育生活本身的伦理。诗意的教育生活就是积极创作教育、创作教育者自我与心灵美德的生活。教育者在教育生活中创作教育，也创作自己的心灵美善。

教育生活的行动具有自我构成的力量、意义和方式。教育者的自我构成与教育行动是相互塑造的。教育者必须而且应该修炼自己的品格以配得上真正的教育。对真正的教育的追求，是教育者自我修炼、自我构成的过程。以爱、热情和尊重，以积极通达的创作艺术从事教育行动，这是教育者的天命，或者说是过教育生活的本质。这是教育行动本身的召唤，而不是来自某种教育观的布道。教育者的自我必须是持续改进的、提升的、升华的，这是以艺术的态度和方式对待教育、对待自己。自我赋能、自我塑形与自我变形，就是自我创造。自我构成就是给予自己伦理风格，给予自己美的形式，就是自我修炼与自我塑形。教育者的自我培育是不断地自我塑造或自我创造，这是自我的艺术，是生活的艺术。

教育者的心灵美德的自我塑造是心灵的诗学。这是创作教育者的心灵之美、教育生活之美的过程。自我构成实现了生命的变形（metamorphoses），构成生命趋向“尚未”实现的美的运动。（列维纳斯，2006）[104] 自我构成在生活中不断地自我创作，心灵就介入了生活与世界，就在创作自身的美，就意味着心灵在不断地变革，在追求德性品质的美。这就是心灵美德的生成原理。

6.1 关心自己的心灵

据柏拉图的著作《阿尔西比亚德篇》记载，苏格拉底告诫阿尔西比亚德，如果他真的想实现治理城邦的政治抱负，那么就必须先关心自我，因为如果一个人无法关心、治理自己的心灵，就无法具备治理城邦的技艺。

柏拉图特别强调了“关心自我”对于一个人的重要性。我们必须关心的这个“自我”是什么呢？答案就是“心灵”。为什么要关心心灵呢？因为我们要使心灵好，要使心灵健康。要关心心灵，首先就必须认识心灵的本性。如果想要关心心灵，就必须看到灵魂最善的地方，这才能够最好地认识自己，并关心自己的善。（柏拉图，2009）[171] 认识自己就是认识自己的心灵。心灵反观自身，对自身进行把握、思考、反省，理解心灵的本质原型，从而引导自我在生活的艺术活动中追求心灵的美与美德。这就是心灵的升华，即向着本质的实在——心灵的原型提升或完善心灵。

福柯指出，西方文明所经历过的最严肃、最严格、最有约束力的道德都是从关心自我这一命令出发的。福柯指出，德尔菲神庙上的“认识你自己”与关心自我具有重要的联系，认识自己和关心自我之间相互召唤，有着一种动态的交织。 在柏拉图的《阿尔西比亚德篇》中，对心灵的关心被描述成“灵魂有关自身的认识”。心灵认识自己的界限、秩序、目的、状态，也认识自己应当实现的美善，这样才能进一步通过行动来治理自身。

按照福柯的解释，如果一个人能够正确地关心自我，认识自我，知道自己是谁，明了自己希望得到什么，懂得自己的位置和责任，明白自己在伦理上应当或能够做什么，知道自己能够合理地期待什么，知道自己的价值秩序，那么这个人就懂得了治理的艺术。福柯的解释其实继承了苏格拉底的思想传统，因为在苏格拉底看来，一个人不能认识自己，也就不能认识他人；一个人不关心自己心灵的好，也就不会关心他人心灵的善；一个人不能治理自己，也就不能治理他人。关心自我是关注我们的灵性与智慧，即关注我们心灵的善好，而不是关注我们的所得与外在利益。这意味着我们要认识自己的心灵，认识到心灵对真善美的皈依，认识自己的匮乏与能够真正拥有的品质。认识自己、关心自我，就是让自己皈依美善，关心自己心灵的善好，把自我带入向更高、更完善的自我的超越之中。

希腊传统中的关心自我具有一些根本的特征。例如，关心自我是一种积极的伦理原则，是塑造自身精神品格的伦理命令，也是生命或主体自身本质性的精神需要。另外，关心自我也是伦理实践的具体技艺，是生命艺术。关心自我是精神修炼，是面向自我改变、自我塑造、自我净化、自我提升的，是自我实践的技艺。总之，关心自我是人的精神性实践。这种精神性实践意味着它导向心灵或精神的改善。（福柯，2010）[13] 这种关心自我的、面向心灵的自我改变的精神实践是来自心灵的本体性要求。"epimeleia heautou"（关心自我）是作为所有人的一般职责出现的（福柯，2010）[32]，这是对一切人、一切时间和整个人生都有效的原则（福柯，2010）[66]。心灵具有关心、改善自我的根本性任务，不去开展或承担这一任务，心灵或精神可能就不能成为自己，或者个体将不是主体，意味着个体无法获得主体性，无法塑造精神，无法与他人形成积极的教育关系。

自我关心是理性的表达。人具有的理性使人能够反思自我、理解自我，建立自我关系。理性不仅面向世界，也反观自身。理性能够针对自我创造而引导自身，进行自我的教化。所以，理性是自我构成的重要能力。这种自我构成的能力不仅仅告诉我们如何生存，更重要的是告诉我们为什么生存，告诉我们心灵向什么敞开自身。这是心灵的自由本性。通过理性，通过这种自由判断和运用其他能力的精神，心灵才能关心自我，才能敞开自我、建构自我。（斯蒂格勒，2018）

人关心自我，首要的任务是关心发生在思想中的各种运动——其实就是自己的观念活动，即能够反思我相信什么，我所相信或者我所坚持的信念是不是对的，我所具有的情感是否合适，等等。这样的关注让我们的理性能够自由、自觉地观察、评价、判断在观念和情绪中自然生成的一切。每个人在日常生活中形成了不少关于生活各个方面的信念、情绪、态度和行动方式。让理性在场，反观心灵中的观念、情绪、欲望的动向，以理智的力量判断它们、领导它们，这就是关心自我。这就是要真诚地证明或确证我们所持有的各种意见的真实性，从而决定我们坚守或者否定、改变我们的看法与信念，并且决定我们是否应当根据我们的信念或理由行动。这是思想本身的修炼，或者就是思想本身，也就是自己与自己交谈、对话，做自己的朋友。这正表现了自己对自己的引导，自己对自己能够进行治理，自己是自己真正的主人。这涉及我们是否真正把自己看作具有思想、情感的主体，是否具有把自己塑造为伦理主体的意向。这样的自我关心表现了生活的态度——是否对自己真诚，是否对自己真实，是否对自己说真话。反观自身，关注自身，首先要把自己培养成伦理主体。

关心自我就是关心心灵形式及其存在样态，就是关心自我如何获得具有伦理风格的存在精神与存在形式。关心自己的心灵意味着改善、塑造自己的心灵，意味着引导自身的精神发生变革。这种自我培育是伦理性的实践，即把自己作为一个伦理主体去培育，或者说，把自己转化为一个伦理主体。关心自我建构了一个人与自己的伦理关系，这种关系决定着一个人把自己作为伦理主体进行建设的方式，决定着治理自身品行的方式。把自身作为伦理主体、建构伦理关系是人在一生中持续进行的任务，是生活本身的要求和责任。

关心自我的伦理具有美学的一面。自我的伦理化也是自我的立美。这意味着自我的伦理关系的建立与美学关系是同构的。向着善改变自我，使自己更美，既是伦理的，也是审美的。自我关心是伦理的生活艺术。关心自己，把自己当作伦理主体来塑造，就是把自己作为艺术作品来创作。人是自我的艺术家，给予自我美的形式，给自己塑形，使得自己具有风格之美。这种对自我的伦理和审美的实践，对自己进行的艰难而高贵的自我雕琢或治理，追寻和建构自己的纯粹性、完整性、创造性，使得自我优美、崇高，表现了针对自我的生命的权力意志。这就是诗意的自我创造（poetic self-creation）。这是一种生活的美学——存在美学，它以审慎、节制、适度表现自我在生活中的风格与形式，使自我具有美的形式（形态）。这是自我的伦理，也是自我的艺术。

教育者以伦理和美学的方式关心自我，就是把自己塑造成一个伦理主体。关心自我是为了心灵的超越或变革，这是精神品格的变形，就是自我的再诞生。这种变形或更新，就是精神的成长，就是自我超越，就是通过自我创造使自己的精神更丰盈、更美丽、更善好。关心自我的自由实践就是人认识自我、塑造自我、超越自我的行动。关心自我使得心灵知道自己是什么、不是什么，明白自己知道什么和不知道什么，让人知道自己的心灵是否“有病”（被错误的意见控制、被错误的生活方式误导），让自己思考如何治愈心灵的病，进而把遮住心灵的眼睛的错误信念去掉，把纷杂的欲念去掉，知道真正的美是什么，知道心灵接近真理的方式是怎样的，知道如何确立和保证心灵的伦理秩序。因此，关心自我、认识自我、塑造自我，就构成了心灵美化自我的方式。

教育者的伦理的精神气质，就是其从事教育行动的伦理品性，是其作为教育者的精神气象。人居于精神气质之中，人的精气神不是天生的，而是通过自我关心的伦理实践修养而来的，这需要建立与自我的伦理关系，因为这种关系能够使个人进行自我治理（self-governance）。人的自治，其实就是对自己的治理，对自己的教化。中国哲学中的修身之学，就是自我之学，就是把自己看作一个道德存在者来修炼自己的品性。这通过一系列的行动进行，这种精神修炼就是自我的伦理实践和艺术实践。就个体的伦理行动而言，这本身就是对自我的治理；就存在的美学经验而言，这是对自身的审美塑造。二者都是自我治理的实践。

教育者关心自我是治理自我的条件，也是引导和教育求教育者的条件。这里存在四级关系。第一级就是自由与关心自我的关系。自由是关心自我的条件，自由意味着能够对自己进行治理。第二级就是自由与认识自我的关系。认识自我是关心自我的条件，同样自由也是认识自我的条件。第三级就是认识自我与治理自我的关系。认识自我不是要获得对自我的描述性知识，而是要获得引导自我升华的实践性知识。认识自我是治理自我的条件。第四级是治理自我与治理他者的关系。治理自我依赖于自由、认识自我与关心自我，治理自我的目的是改善心灵的精神气质，因此治理自我的艺术就是对自我作为伦理主体的引导。在治理自我的过程中，主体也建立与他者的伦理关系，因为治理自我建立在认识自我所建立的根本性的伦理原则之上，建立在对心灵的本性的认识与关心之上。所以，只有认识自己的心灵，才能理解他者的心灵；只有关心自我的主体才能够关心他者，才能形成引导他者的技艺。治理自我，先于教导他者，治理自我在伦理上是教导他者的前提，“自我关心具有伦理上的优先性”（福柯，2016b）[261]。所以，治理自我的艺术是引导他者的艺术的前提。

关心自我不是自我中心主义，不是自恋主义，因为这里并不存在道德上的麻木或对他者面孔的忽视，也不存在对共同的生活（政治）的疏离或犬儒态度。这种精神变形本质上是在社会交往环境中进行的，也是以社会实践的方式进行的。关心自我处身于当下的世界，把握心灵的本性，理解心灵追求美善的境遇，感受与他者心灵的相遇，与世界、与他者自然共鸣、和美，承担个人对世界、他者及自然的责任与使命，参与在世界和社会中的行动，这样才能真正地进行自我关心的实践。因为实践是在生活中展开的，是在人与自我、自然、世界、他者的关系中展开的，如果不关心自然，不关心世界，不关心他者，就没有社会实践，也就没有进一步的自我关心、自我理解、自我塑造。

关心自我与关心他者是不冲突的。关心自我的伦理其实包含对他者的道德。伦理是自治的实践，伦理或道德作为主体存在方式或状态，是让自我可见于他人的方式。这其实就是把自己显现在生活的世界中，显示在他者面前，与他者形成美美与共的关系。就人的存在而言，人是自己的作品，人的精神成长是人对自己的雕塑——自我塑型。人成为自己的过程，也是人与他者、世界产生共鸣性关联的过程。迷失自我的人，难以理解他者，难以与他者真正建立尊重、友爱的关系，因为其不知道自我与他者的精神关系。关心自我的人，也会反思自己与他者的正当关系，慎思对待各种事物和各种事件的态度。反观自身恰恰就是自我关心，所以，自我关心的伦理行为并不是脱离他者、脱离社会实践的行为。

关心自我是一种积极的自我构成的活动，它与所谓的自我中心不同。关心自我不是把生命或生活看作自我中心的，或者自我取向的。它是一种自我教化或自我培育，是审慎地对自我进行伦理治理。这不是一种个人主义的自私，而是探求一种内在性的针对自我、引导自我的伦理。这种伦理更为根本的是个人运用生活的艺术对自我进行塑造，把自己的生命以及生活当作艺术品的素材进行加工，从而成为一个伦理的主体。这种自我关心是开放的，而不是自我封闭的；不是退回到自己的内心世界，也不是躲进自我的小天地里自我欣赏，而是把自我作为治理的对象和内容，通过建立与自我的关系，使自己成为一个伦理主体。

自我关心的主体是共契生活的伦理主体。个人通过认识自我和关心自我而确立正当生活的正当思想和正当行动，让自己善好，这是对自己的公正。这种公正的自我治理也导向个体对共契生活变革的参与。如果说人对自己的公正就是通过治理自我使自己变好，那治理自我就是治理公共生活的途径之一。共契生活的善好建立在个体与自身的治理关系的基础上，同时治理自我也是在社会共契的互动中进行的。这样看来，关心自我作为生活实践的本然方式，其实也是主体进入社会实践的方式之一，甚至主体的社会实践本身就是主体关心自我、治理自我的过程之一。关心自我不是为了把自己与世界分隔开来，而是要在与自我的关系中建立与世界更为公正和亲密的关系。“关心自己的目的不是让自身脱离世界，而是着眼于世上的各种事件，让自己准备成为行为的理性主体。”（福柯，2010）[416] 在这个意义上，关心自我是为了让我们成为一个积极行动的伦理主体，或者说它促使我们行动，建立与事物、事件、世界、自我、他者的正当而合理的伦理关系，让我们成为卓越行动的主体。关心自我把建立与他人的关系纳入建立与自我的关系之中，因此它不是慎独的要求，而是一种真正的社会实践。（福柯，2010）[416]

从以上关心自我的伦理普遍性来看，关心自我是培养优秀的教育者的教育、伦理以及本体论条件。每一个人——当然包括教育者——应当成为关心自我的主体。就教育者而言，其工作是以与儿童建立的引导关系为基础的。教育的艺术，本质上是一种治理、引导的艺术，如果教育者不能治理好自我，或者说教育者如果不关心自我，不认识自我，没有治理自我的技艺，其就不是一个伦理主体，不可能建立起自己与儿童之间的关系，不能真正地认识心灵和关心心灵的善，因而难以成为心灵的教育者。普吕塔尔克在《论未受教育的统治者》中说过，如果一个人没有管好自己的能力，即没有自我教化的能力，那么其就无法教育别人。

教育者为什么要关心自己作为一个教育者的心灵呢？心灵是人的终极

实在，一个人是什么？就是他（她）的心灵，身体、语言、行动、思想、情感、意志、德性等都是心灵的表征，工具、金钱、技术等都为心灵所用，而不是使用心灵。所以，什么是我们作为人应当关心的，那就是人的终极实在——心灵。如果心灵是人的终极实在，它的健康、正义，就是人根本性的健康，心灵的善即人的善。心灵的健康、美善，可以让人正义地、善地、美地发出行动。所以，关心自己就是关心心灵的健康、美善，形成对自己的伦理态度。人应当关心自己的心灵，教育者作为教人的心灵向善的人，当然应当关心自己的心灵。

教育者需要关心自己的心灵，不然就难以关心他者，难以与他者建立教育关系。教育者对自我的伦理关怀，是为了自己心灵的美善，是为了心灵品性的杰出。这样的心灵关切与求教育者心灵的善好是相通的。教育者对求教育者心灵的关怀是内在于对自己心灵的关怀行动的。教育者自我关心的伦理，是教育者作为教育行动主体的构成性条件。教育者成为一个自我关心的主体，才能够进行自我治理。这是关心求教育者的心灵的根本前提，是教育者从事教育事业的前提。

教育者的自我关心具有重要的教育意义。教育者关心学生心灵的健全并激发学生去关心自己的心灵，是教育者本己性的任务。如果说一个人必须关心自身，如果关心是心灵主体的实践技艺，那么，让人学会关心自己就是教育的目的之一。一个人在学校中学会关心自己是最为重要的实践之一。教育者要教求教育者学会关心自己的心灵，同时，教育者也要关心自己的心灵。既然教育者的根本任务是通过关心求教育者的心灵而引导求教育者关心自己的心灵，教育者关心自己的心灵的技艺与品行就很重要。教育者首先要懂得并实践关心自己心灵的技艺，也就是说，教育者真正具有关心自我的伦理实践及其艺术，才能真正地关心学生的心灵，教并激发学生学会关心自我，引导学生成为自我关心的伦理主体。①

既然教育是心灵的教育，既然教育者是心灵的教育者，既然求教育者

---

① 福柯区分了教育者与教书匠。教书匠只是教知识与技艺的人，而教育者是一位精神性的伦理实践者，他（她）是学生真正的朋友和同伴，是良师益友。（福柯，2010）[48]

要学会关心和塑造自己心灵的健康、美善，那么，一个教育者如果要成为一个真正意义上的教育者，就必须知晓并实践关心自我的精神性实践。

6.2 与自己为友

> 一个人完全地或者主要地就是要作为这个真正的自我而存在，这是毋庸置疑的。有德之人最钟爱的就是这个真身。所以他最爱自己本身，但这是与贬义上的自爱完全不同意义上的，二者区别如此之大，就像一个是按照灵智来生活，一个是按照欲望来生活，而且，前者追求的是自身的高尚完美，而后者追求的是对他显得有用的东西。
>
> ——亚里士多德:《尼各马可伦理学》

伽达默尔认为，在希腊哲学中，自爱（philautia）是高贵而重要的品质。之所以高贵，是因为自爱表示一个人追求心灵最美好的品质；之所以重要，是因为自爱是一个人建立和保持与他人联系并担负起自己责任的基础和条件。一个人如果不自爱，本质上就不会对自己承担起自省、改变的责任，也无法在社会共同体中自立、自信与自尊，无法创造与他者的友爱关系。真正的自爱意味着人必须持续地与自己保持一致，必须保持内心对自己的真实与真诚。如果不能，人就失去了完整性，就处于分裂与矛盾之中，处于虚伪之中，那么这个人在与他人的共同生活中就会处处受到阻碍，处处感到疏离、陌生和痛苦。（伽达默尔，2002）

> 谁不能成为自己的朋友。谁甚至同自己都处于瓦解状态中，谁就不可能为他人献身，同时也不可能与他人达成团结。（伽达默尔，1988）[137]

人作为存在者是与自身在存在中的结合。自我友爱是因为人活着必须是为了与自身有一个最好的关系。（福柯，2010）[347] 人为了自身的完整性和独立性而寻求自我关心，而需要自爱。按照福柯的观点，人必须与自己形成友好的关系，这是人存在的本体论支柱。人只有依靠这种本体论的支柱才能活着。（福柯，2010）[348] 这就是柏拉图所说的人必须对自己友善、对自己正义。（柏拉图，1986）[172] 人要成为自己的朋友！借助人与自己的友爱方式，人才能保持自己的真实，保持自己的宁静和自明，保持心灵的正义与和谐，保护和实现自己的完整性和独立性，这是人治理自我的目的与方式。

成为自己的朋友意味着人与自己的和谐相处。人与他者同在，同时也与自己同在。人无法离开自己，所以人最好与自己和谐一致，保持自己的良知与对自己的正义。人与自己同在的方式和与他者同在的方式一样重要，二者相互映照。“我”的存在不仅意味着“我”自身存在，而且意味着与自我相处，与自身相伴，对自己正义。（列维纳斯，2006）[108]

人如何与自己同在呢？如何才是真正对自己友善和正义呢？人如何确立与自己友好且正当的关系呢？

与自己为友是人建立与自己的友爱关系。但是，什么是真正的爱自己？从中国儒家哲学的“克己复礼”的修养到希腊哲学的“自制”，都指向人把自己作为对象进行制约、与自己斗争的状态。这种状态是不是意味着人与自己为敌？人只有战胜心灵中一切与真善美的渴望相悖的欲望，只有在自我斗争的过程中让理性取得胜利，才能成为正义、健康、美尚之人。所以，对自己友好的伦理艺术其实与战胜自己是不相悖的，因为与自己斗争是为了心灵的良好秩序的形成，同时也是为了心灵卓越本质的实现。战胜自己是一种自我治理的力量表现，或者说，这样的伦理的艺术，使得人表现或执行针对自我的主权力量。这恰恰不是与自己为敌，反而是与自己成为好友。

自己战胜自己，就是自己要当自己的欲望的主人，而不是做欲望的奴隶。做欲望的奴隶，不做欲望的主人，恰恰不是把自己当作朋友。自治是对自己施加力量。因此，放弃做自己的欲望的主人的人，其实是无力的、软弱的。在苏格拉底所讨论的爱欲斗争中，爱欲恰恰与自我破坏的驱动力展开斗争，这样的斗争就是对自己的友爱。这就是自我的伦理艺术，或者说是针对自己的道德治理。

如此看来，与自己为友的自爱状态和与自己为敌的自制状态是自爱的具体形式与实践。自爱是因对真善美的热爱而实现的对自己心灵的爱，而自制是对欲望的克制或适度的追求，以及与鄙俗的欲望（如作恶的欲望）做斗争而实现的对自己心灵的爱，所以，这两者是一致的。自制是对待自己的真正的友爱方式，即告诫自己、帮助自己、希望自己在心灵品质上不断提升和改进，好像自己是自己真诚的朋友。

人与自己做朋友，意味着人总是对自己直接、爽朗地进行批评与提出建议，反省自己，认清自己的缺陷，指出自己所"患有"的疾病，对自己进行"治疗"，却又好像是自己的敌人。我是自己的朋友，因此我本质上希望自己好，即希望自己完善。我把自己看作统一的或整全的，即我试图做完整的自己，因此我必须自省和思考，不仅仅是针对自身进行反思，而且要在整个思考过程中保持自己内在的完整与真诚。

康德在他的《实用人类学》中把思考定义为与自己的内心对话。（康德，2008）[194, 223] 在思维中，我与自己的内心对话，说明我向自己提出了问题，我尝试回答问题，我在克服信念的冲突、寻求思想的通达，我与自己相伴，我就不再孤独，我寻求自己与自己的和谐。思考使人成为一个与自己对话的人。所以，阿伦特在康德的意义上接着说，思维的唯一标准就是与本身一致。（阿伦特，2006）[208] 思维寻求答案的过程就是寻求思想的一致，这一过程就是人寻求与自我的一致，就是所有理性主体心同此理。我在思维与对话中获得了自身的同一性，我是自己的伴侣，我与自己一致，我不是自己的敌人，同时我也获得了与共通性的一致。当我处于困惑之中时，意味着我还没有找到自我同一之路。思考使得我们与自己和谐，或者达致自己内心的和谐。

> 在思想的过程中（在其中我实现了言谈中的具体的人类差异），我明确地把自己构造成一个人格，而我应该尽量地保持为一（remain one），以使我能够不断地重新进行这种构造。（阿伦特，2011）[75]

思考是我与自己无声的对话，如果我思考，就必须使对话的我与自己和谐相处，如果我获得了真实的答案，那就说明我已经确证了与自己的一致，我不再有理智上的困惑或者自相矛盾，我与自己的偏见、陋见、无知、愚蠢做斗争，我力图获得理智上真诚的自我一致。这是对自己保持真诚。

这是一种非常有趣的思想活动，因为这是一种把自己当作朋友又把自己当作敌人的实践，或者说，在思考的实践中把自己当作自己的敌人进行斗争是因为我是自己的朋友，而且，这种理智斗争的胜利，对自己有益。所以，人的自我中这种对立中的一致是非常奇妙的体验。

与自己为友的另一层面就是与自己保持对话。阿伦特说过，精神生活的显著特点是与自己交流。我们有精神生活的可能性就在于我们有与自己对话的可能性，如果没有与自己的交流，那我们就没有自己的精神生活。我们在每天的忙碌之后还会有多少热情与自己交流呢？于是我们存在于自己之外，遗忘了自己，或者我们牢记自己的方式不过是那些标记自己的外在之物！

在柏拉图的《大希庇亚篇》中，苏格拉底在对话即将结束时说，他回到家里时，有一个总是会盘问他的亲人在等着他。（柏拉图，2003b）[60] 苏格拉底的意思是，在回到家里面对孤独时，同一个躯体中的自己会盘问自己，产生了与自己的对话，这就是良知所推动的思考，是阿伦特所谓的精神生活的方式之一。我们是否经得起自己的追问和反思？我们每个人都有这个伙伴或这样的朋友，但我们是否愿意与其对话？

> 我不能做某些事情，因为假如做了这些事情，我就不能再和自己生活在一起了。这种和自己一起生活（living-with-myself）不只是意识，不只是那种无论我做什么和无论我在什么状态下都陪伴着我的自我意识；在思想的过程中，自我存在和自主判断得到澄清和实现，而每一个思想过程都是一种活动，在其中我与自己谈论所发生的关于我的事情。那种呈现在这种无声的自我对话中的存在方式，我现在把它叫做独在（solitude）。（阿伦特，2011）[77]

精神生活的根本条件就是孤独地与自己为伴！使自己独在，但使自己陪伴自己，使自己看见并面对看不见的自我，并与自己交流、对话，这就是人与自我的友谊。没有这种独在与友好，人就失去了那个建构人格的自我。（阿伦特，2011）[79-80] 思考与对话一样，相互参与中的人都是朋友。对话者之间的探讨，是友情的展现。

人与他者的伦理共在建基于人与自己的交流。一个人在思想和行动中如果与自己相矛盾，如果容忍这种矛盾持续下去，那其就是虚伪的，就是自我分裂的。如果心存真诚，就把自己置于一个不得不鄙视自己的位置上。（阿伦特，2011）[53] 人必须听从内心的自我，对自己作为理性存在者进行思考，并做出判断。康德的实践理性的自我立法就是指人不愿放弃自己的理智，不愿背弃自己的道德良知和道德义务，这就是人与自己的一致，就是人对自己的义务。

与自己为友，是良知的不断唤醒。良知是自我内在的善，或者是心中的光明，为了这种光明不被遮蔽，我们就必须和自己对话。这是我们思考自己、思考世界所必需的一种方式，也是我们在内心中瞻望真、善、美、正义的方式。我们在与自己的对话中试图建立与它们的关联，让它们来拷问我们自己，让自己的思考把自己当作人格去塑造，即把自己塑造为一个道德人格，这恰恰就是与自己为友的道德方式。（阿伦特，2011）[83]

自我友爱建立在自我的真诚之上，也就是自我真诚地自我友爱。缺乏真诚的自我的人可能是自恋的，即自我溺爱的，这是过度扭曲的、非本真的状态，是自我中心、自我夸耀、自我放大的状态。自恋不是自爱，而是扭曲的自我表达、夸张的自我表演。自恋者生活在自我的假象中，并没有在内心深处与自己对话。自恋者把自己的心灵当作自己可随意表现的作品，其实是装饰自己、夸大自己。这其实是自我物化，不是真正的自我友爱。成为自己的朋友，在于对待自己真诚与真实。自恋或自负的人缺乏真诚，自恋是人格障碍，是虚假的自我友爱。自恋与自爱相反，自恋者沉浸于自己的世界而把他者看作放大自己的工具，这意味着自恋者看不到他者的本性，他者在自恋者的眼中失去了意义。自恋者的自我是扩张的，也是夸张的，而不是真实的，所以，自恋者看不到自己，并不是自己的朋友。

6.3 回归童心

童年犹如遗忘的火种，永远能在我们的身心中复萌。

——巴什拉：《梦想的诗学》

教育者要有一种变成儿童的情怀，在精神上成为儿童。这是教育者的童心，但保持童心不仅仅是为了理解儿童，更要像儿童一样去真诚地体验世界，纯真地行动，像儿童一样参与生活，感受世界对心灵的触动，感受儿童与教育的关系。

一个教育者想象童年、回忆童年，就是理解童年，叙述童年应该成为的样子。每一个人都应当回味自己的童年，想象真正的童年，让精神回归童年的纯真、严肃、完整和自然，教育者更应该如此。回想童年的教育者，精神上就像儿童那样纯真、完整、无邪。对于教育者来说，回归童心，也就更能理解儿童、成为儿童的朋友。

教育者的童心对于他们与儿童的交往和教育具有重要的意义。一个好教育者，一定对童年具有深刻的体悟，其不断地唤醒自我对童年的想象，并把这种想象带入自己的教育生活中。教育者作为成年人，有了这种想象，才能真正在心灵上亲近儿童，以儿童的方式对待儿童，真诚地、带有灵性地与儿童交往，成为儿童真正的朋友。

法国哲学家巴什拉（G. Bachelard）曾说：童年持续人的一生，童年的回归使成年人生活的广阔区域呈现出勃勃生机，当梦想童年为我们的历史润色时，我们心中的童年就为我们带来了她的恩惠；我们必须和我们曾经所是的那个孩子共同生活，从这种生活中得到对生命的认识，存在的生命之树就会枝繁叶茂。让我们对童年的想象引导我们成年时期的生活，不仅仅如此，对童年的理解还引导我们为儿童创造更好的童年时光，引导我们与他们进行教育交往。

成年人在对童年的回忆中重新体验了童年梦想的纯粹。尼采曾经说过，找回童年游戏的严肃性。我们教育者回顾童年，用想象和记忆体验我们的过去，用记忆来重现童年，用想象来再生童年。想象自己的童年，发现自己的童年，回忆童年，这是教育者自我发展的一个重要方式。成年的教育者想象童年，就是以儿童的方式重新建立与世界、自我和他人的纯真的关系，建立与儿童的关系，建构一个纯粹的儿童世界和教育世界。

教育者对童年的回忆和想象，其实意味着教育者对童年的真、善、美的重新体会。回忆不是单纯地再现过去，不是感知过去，而是用想象建构童年的价值与意义，这是想象所能发挥的作用。唯有想象，童年的意义才能向成年人呈现出来，从而使成年人不再扭曲儿童的童年。

想象童年，回忆童年，是温馨和愉快的过程！童年的完满、完整、安宁、平静、祥和是无以比拟的。回忆童年会给教育者带来心灵的幸福。回忆童年，就如重新经历童年，这样的重生性的经历，使得教育者重新体验成长。不仅如此，教育者还在继续经历一个没有结束的童年。如果教育者重温童年的梦想，在梦想中重温童年，教育者就会具有赤子之心。

教育者对生命的沉思、对儿童的热爱，要从重新想象失去的童年开始。重温童年，唤醒对于童年的感知，这是教育者创造自己的方式，也是教育者创造教育的方式。找到宁静的童年，追溯生命之河，逆流而上，找到生命的源头，那一泓生命的清泉，宁静而澄明！

梭罗（H. D. Thoreau）说过，生命需要不断地唤醒。生命需要不断地回归童年，就是不断地唤醒对于生命的敏锐和对于精神丰满的渴望。人可以重新生活，不断地唤醒生命、唤醒存在，这是梦想所赐予我们的；生命可以不断新生，这是成长根本的形而上的意义。童年的不断重现，使一个人具有生命的源泉。我们可以拥有和体验无数次童年，那是因为我们可能有无数个童年梦想。教育者要在自己身上发现童年。童心深藏在我们心中，它是一种心灵状态。

童年是生命的源泉，不断流淌，清新而愉悦，给予我们一种新生的厚度。向往我们过去的梦想，寻觅童年的梦想，似乎是某些不曾出现的生活、某些想象的生活恢复了活力。教育者向往童年的梦想好像是在回归过去，但更是在心中展开了一种未来，即生机勃勃的形象的未来，向任何重新找到的形象展开的梦想的未来。

童年好像是人生早期最为丰满的阶段，丰满是因为成长的快乐。但是“童年持续于人的一生”，这意味着童年是一种成长的精神状态。我们心中的童年时时召唤我们保持纯真，向我们呈现成长的幸福，使得成年人的生活充满生机。守候童年，其实就是守卫心灵的纯真。向童年回归，其实是不断地唤醒自己的心灵，追求纯净、安宁、真诚的状态；向童年回归，就是对神秘而单纯的世界的再度开放、对童年的再度经历和建构。而在这一持续的体验中，童年的经验和人生的再度创造不同寻常。

我们知道，教育者已经失去了童年，却为儿童安排和制造童年，这个童年却是为了成年的，其实是与童年相对立的。教育者怎么能够指出、安排和制造其并不经历的童年？怎么能安排一个并不真实的未来世界？教育者回归童年，才能与儿童在一起体验童年、想象童年、想象未来。童年具有心灵价值，童年成为人的心灵生活的本源，是原型，不断开拓生活的可能性。不断开始的生活的伟大原型为生活提供活力。教育者直接面对童年，要热爱童年，而不是湮灭童年。与童年直接在梦想中对话，与儿童产生一种心灵的默契，教育者的心灵与儿童的童年自然合二为一，与儿童的世界建立亲切的联系。想象能够展现童年生活的奇观，并将心灵投入童年之中。童年是如此美丽，融入了童年，心灵的宁静与精神的丰满似乎在不经意中存在。

对童年的想象和回归有助于我们相信世界、热爱世界，并创造世界。向童心回归，就是向儿童世界的开启，就是向儿童心灵的开启。向童年开启我们的想象力，那是教育者对儿童和自我的一种允诺。对于教育者来说，这是恢复超越精神的一种途径，因为教育者以可能性的方式想象了自我，教育者的心灵与儿童的心灵相遇，两颗心灵在相互感动中共同成长。克尔凯郭尔（S. A. Kierkegaard）曾经说过，人是伟大的，倘若他（她）将孩子视为自己的老师的话。喜欢感受来自孩子的有益的影响，并向孩子学习，心灵便会安宁下来。我们多么需要新的生命，多么需要儿童开放的心智的教导啊！教育者更应该以儿童为师。

教育者应重新经历童年，想象童年，回忆自己的童年，唤醒心中的童年的崭新状态，从而为儿童创造一个能够梦想童年、体验童年的教育世界。

教育者与儿童在一起生活，所以他们想象童年更为容易。教育者在梦想和想象中叙述自己的童年，回归童年，梦回童年的纯真、真实与完满。回忆童年，沉思童年，想象童年，为童年确立首要的价值原则，找回童年的固有本质，让人性的永恒的善与爱涌现。梦想童年给予教育者一种新生的厚度，使得他们与孩子们一起重新经历童年，与孩子们一起寻觅童年。想象的童年生活恢复了活力，为儿童创造了生机勃勃的童年，开拓了教育的未来。

童年的梦想可以把教育者带到一个超越的世界，会使教育者感受到心灵在平静中超越，感受到安宁和完满，感受到充实和幸福。回归童年，给人一种童年的幸福。这是想象童年赐予教育者的礼物。教育者在童年的梦想中创造一种符合童年的教育，并且童年的梦想使教育者进入儿童的精神世界，与儿童心灵交融。童年的梦想将教育者与儿童的教育生活引向高峰，将教育的理想落实于儿童的世界，落实于学校生活本身。

童年的梦想向教育者的心灵发出呼唤，呼唤教育者用童年的梦想为自己和儿童打开一个不同的世界，并且把这个世界与教育生活的当下联系起来，使得师生精神契合、心灵呼应，生活在梦想的童年中。这不是疯狂或幼稚，而是一种心灵的成长，把心灵或精神与更为广阔和宏伟的存在联系起来，从而使精神超越了狭隘，实现了发展与提升。梦想童年的方式更新了我们自己，改变了教育，也更新了我们存在的当下的世界，将我们带入了不断更新的宇宙和生活。这不就是教育的内在目的吗？

6.4 自我赋值

一个人的生命的价值是由其活动、人际关系和经验，简言之，就是其生活内容的价值所决定的。

——拉兹：《价值、尊重和依系》

“我是谁”这个问题不仅仅是自我同一性的问题，更重要的是，当一个人向自己提出这个问题的时候，他（她）是在追问自己想成为什么样的人，或者说他（她）应当如何有价值地生存，他（她）的理想是怎样的。对于这个问题的回答，其实就是一个行动者的自我赋值，也就是他（她）对自己想成就的人格赋予价值，给自己的人生或生活赋予意义，赋予重要性。

当一个教育者在自己的教育生活中追问“我是一个怎样的教育者”或者“作为教育者的我是怎样的一个人，应当是怎样的一个人”的时候，他（她）是在追问作为教育者的自我同一性，是在试图探问将要成为怎样的教师，是对自己有所期望，也就是试图给自我赋值。

我们设想，如果一个教育者没有清晰的自我观念，没有对自我的价值期望，其又如何能够自我赋值呢？教育者自我赋值的前提是，对自己的教育生活以及在教育生活中的自我具有价值期望，他（她）渴望成为一个完整的人，那么，他（她）才会有价值行动，才会在这种价值行动中实现自我构成，才能实现自我赋值。如果一个教育者违背自己对自己的价值期望，他（她）在行动中没有进行自我赋值，无法形成自我的价值依系，那其就难以理解或实现行动本身的价值了。在这样的情况下，教育者的日常工作不再对自我塑造具有价值，工作本身仅仅凭借某些惯性，工作不再因创造意义而有乐趣，也不再给自己的生活赋值了。不能自我赋值的日常工作实际上就成为自我异化的手段了。

自我赋值的行动或者自我构成的教育生活对于教育者的生活的幸福来说是至关重要的，因为它使教育者在生活历程中把自我作为价值判断和价值实现的主体。这表明，在这样的自我构成的价值实践中，“我”对自己有价值期望，“我”与自己共同成长，“我”的行动与“我”的人格是经得起价值考验的，“我”的生活是“我”的价值生存的方式，“我”与自己的价值理性、价值理想保持着统一。“我”不仅在教育生活中为行动赋予了应当追求的教育价值，而且创造了自我的价值。“我”不是为了职称，也不是为了名望，“我”在过“我”应当过并值得过的教育生活，“我”在这种生活中表达了自我的价值感，“我”做了一个教育者经得起反思的、有价值的事。

具有经过自我反思的自我期望，做出经过自我审视的、有价值的事，是自我赋值的关键。为什么“我”想成为那样的“我”？为什么“我”想过这样的生活而不是那样的生活？为什么“我”会选择这样做而不是那样做？这样的问题是我们作为有理性和有理想的人常常思考的问题。这样的反思要求我们阐明自己行动的理由、生活的价值，要求我们依靠经得起批判的信念或价值观去行动，要求我们反思生活是否值得过。这样，我们才是有理性的，也是有智慧的，同时也是有价值感的。

教育者的自我赋值依赖于有价值的存在和做有价值的事情。前者是与有价值的存在产生关联，后者是创造价值并构成自己的价值。自我赋值一方面是体认宇宙之中的美好价值，建立与美好价值的关联，这是我们获得价值的方式；另一方面是实现主体化存在的内在价值，将生命本身的尊严及其重要性以人的方式、内容、精神状态、美德等表现出来。同时，在价值实现中，它积极利用工具性事物的工具价值，创造现实世界和生活的价值形态。对于教育者而言，如何体认和建立与美好价值的关系，如何把美好价值作为心灵和教育生活所依赖的价值，如何在教育行动中表现心灵的美好、人性的善、主体性的创造力量，如何创造出有价值的教育实践形态，如何运用有价值的教育方式、工具与手段，都是自我赋值的内容。

教育者的自我赋值是塑造自己的主体价值的方式。就自我赋值而言，关键的是抵御自我的工具化，防止对自我的物化。（霍耐特，2018）[117] 物化自我，把自己工具化，把自己当作可使用、可征用的工具，以工具的价值判断自己的主体性价值，割断了旧的自我与新的自我之间丰富的价值联系，这样的生活的价值表现是物化的，是没有把自己作为一个内在价值的承担者去赋予自己价值使命，这不是真正的自我赋值。人与自我具有价值承认之情态。这是存在性承认。这种形式的承认是自我同一性的基础，是摆脱物化自我的方式。自我赋值意味着承认自己的价值情态，把自身主体化，而不是把自身工具化。自我承认是人类的一种事实经验，也是主体性建构的应然，我们作为人渴望理解自我，与内在的深刻的意识或愿望展开对话，感受自己的价值，建立与世界之间的价值联系，创造新的价值。这其实就是自我价值承认的实然与应然。如果在教育工作中，教育者把自己当作可利用的工具、当作谋生者，就会形成一种扭曲的自我价值关系，就容易对工作产生倦怠心理。

如果教育者忽视了在教育工作中自我作为主体存在的内在价值，把自己作为一个工具，那可能会扭曲自我、物化自我，使得教育者失去内在的和谐。物化自我是对自己内心中的价值体认、感受、实现的阻断。个体的心灵健康源于对自身价值的探究、体验、反思、接受与认同。一个人真正具有认识自我的能力并不是单纯地表现为其揭示自己的特征或欲望，而是表现为其能够通过表达实现旧的自我与新的自我内在性的价值关联，体认人性之内在价值，把自己当作一个内在价值的承担主体。如果一个教育者忽略了自己内在的价值感受与体悟，就会变得麻木，就会造成自我赋值的缺失。

在自我赋值中，教育者首先需要认可自己的价值存在及其对美好价值的依存，在教育实践中真诚地表达自己，实现自己的价值期望，创造有价值的教育形态。所以，教育者只有感受价值关系、承认生命以及生活体现人性的内在价值，才能真正地实现价值、创造价值。如果放弃去感受自己作为教育者的内在价值，教育者就忽略了自己的价值力量，其教育行动的价值彰显就会有困难。只有教育者从内心深处感受具有普遍性的价值，实现价值世界的宽广与丰富，真正地认识价值世界、认识自我价值，实现自我赋值，才能不断创造和丰富自己的教育行动的价值意义，他们的工作才能对自身彰显出深刻的意义，他们的教育生活才是幸福的。

6.5 自觉地主体化

主体化模式是什么？它指我们必须把我们的存在建设成为美好的存在，它是一种美学形式。

——福柯：《说真话的勇气：治理自我与治理他者Ⅱ》

何为主体化（subjectivation）？主体化是人通过伦理性的实践，把自身作为一个具有美德的伦理主体去塑造，这一塑造过程通过个体性

（individuality）显示出来。教育者应当把自己主体化，也就是说，应当持续地把自己塑造为教育主体。教育者的教育行动或教育实践，离不开教育者的主体品格，教育者作为教育者的主体品格是其教育实践的构成性条件。教育者的主体性反映了其教育实践的行动品质，教育实践展示教育者的主体品格。教育者通过主体化的方式，培育自己的主体品格，是其成为真正的教育者的主体化过程。

教育者的主体化就是对自我的精神品格的伦理构建。教育者的主体化作为自我建构的过程与方式，就是在与自己的伦理关系中重建自己作为教育者的主体精神。这种自我塑造是教育者在教育行动中不断进行伦理的自我建构、不断尝试转型、不断把自己塑造为教育者的过程。

从人性的成长来看，主体化是人的命运。存在就是去成为主体。人应当把自己主体化，应当持续地成为主体。人不是作为实体去存在，而是在存在中创造自己的主体性，这就是主体化。主体化即创作自己，把自己作为艺术品、作为伦理对象进行雕琢或塑造。人作为人就是不断地创造自己，不断地展现自己的力量，不断地探索新的可能性，不断地成为新的自我，不断地使自己的主体性诞生。主体化是去成为主体、创造新的主体性，是去创造生命新的可能性，是去形成生命新的形式、新的高度及新的宽度，构成生命的真正风格，成为真美善的生命主体。（德勒兹，2000）[105]

主体化的过程是心灵追求自我完善的过程。这是柏拉图的发现。心灵是行动的，是运用自身的完整性建立存在关系的、自我关心的主体。人作为心灵存在与自身具有多重重要的关系，或者说人能够建立与事物和自身的多种伦理关系。在这些关系中，人成为伦理主体，创作主体的伦理姿态，具有了主体性。

主体是生成的。主体不是一开始就是主体，而是在主体化的过程中成为主体的。尽管主体化是一个没有尽头的过程，但在不断的主体化中绽出，这就是主体的诞生过程。所以，人在主体化的过程中成为主体，主体化意味着人在生活中实践着自己作为主体而生活的伦理。人不仅自然地生活着，而且伦理地、艺术地生活着，追求生活的美善与自身的美善，改造世界与改造自己，如此人就成为主体。如果我们把主体看作一个实体，忽略了主体的诞生性，那么主体就被固化了，这样，我们反而就不再关心自我的主体化，不在乎主体诞生的生活艺术，不在意对主体性的磨炼与雕琢，生命就变成了一种无所谓的自然过程，生活不再和主体化相关。

主体化的经验发生在与世界的关系（包括社会的关系）之中。主体处在世界和社会的关系之中并不意味着主体的客体化与被客体化。客体化与主体化是相反的，主体化是对客体化的突破与反抗。主体化的过程并不把世界、他者当作客体，而是以非物化的态度与世界对话，同时，主体化是对客体化的突破，是对压制与桎梏的超越，所以，主体化不是显示自己或者把自己独立出来作为孤立者，也不是把世界和他者作为客体加以操纵。主体化不是存在关系的阻断或隔绝，而是破除阻碍，把关系建立起来，使关系向各个方向扩展。主体化是通过自我的伦理，使自己敞开、敞亮，去争取向世界开放，在实践中敞开。

因为主体化是主体的自我存在的伸展或舒展，是主体自身对自己的创造，是自身能从自身的边界、封闭或限制中伸展出去，同时也在外在的压制与封锁中伸展出去，所以，主体化是双向的过程。主体化投身于世界和实践，这一过程同时又是对自我的伦理塑造，所以主体化不是主体单向地向世界延伸，它也是主体向内的自我塑造。主体化在世界和生活中展开，它不凌驾于他者，不抢夺世界。这样的主体化的经历和经验，就是自我的生长，或者就是自我成为自我的过程，即人成为人的过程。人是一个主体性存在，这就意味着他是一个主体化的存在。

主体化也是一种精神实践，这一精神实践是主体精神的自我培养，即培养卓越的、健全的、和谐的心灵。福柯认为，主体性实践与主体追求真理的实践分不开。（福柯，2010）[14] 主体的精神实践源自对真理的追求。按照福柯的解释，主体要求转变精神，建立了与真理的关系。为了追求真理，主体塑造自己，以便自己与真理相配，这意味着主体只有通过提升自己才能体悟真理。而主体要塑造自己，就要听从真理的引导。所以，主体通过塑造自己而通达真理的过程，同时也是真理进入主体心灵的过程。这个双向过程使主体思想澄明、行动真实，这意味着主体的行动获得了真实的真善美的引导。

> 真理就是让主体澄明的东西；真理赋予它真福；赋予它灵魂的安宁。简言之，在真理和通向真理的途中，存在着完成主体自身、完成主体的存在或改变主体形象的某种东西。我认为，我们可以这样说：对于精神性来说，如果认识活动没有通过某种主体（非个人，而是主体自身的存在）的改变来作准备、陪伴、配合和完成，它是无法最终给出通向真理之路的。（福柯，2010）[14]

没有与真理生活在一起，主体是无法主体化的。主体化的过程与对真理的爱分不开。没有对真理的爱，主体不能追求真理，也就不能塑造自己的主体性；不能塑造自己的主体性，也就不能进一步追求真理。按照福柯的说法，追求真理的过程是爱的运动。这是由对真理的爱引发的对真理的探求，同时也是由对自身的关照引发的主体化，而主体化必须通过追求真理进行，所以，对真理的爱就与针对自身的治理结合在一起，即对真理的爱和对自己的关爱结合在一起。所以，爱使得主体真正向真理开放，并且以一定的方式显明真理，这样主体就在追求真理的过程中形成了主体化的方式。追求真理与追求真正的生活联系在一起，追求真理意味着追求生活的真、善、美。追求真理不是要获得简单的认识成果，而是塑造主体的生活及其美德的过程，真理本身作为能让主体澄明的东西而使得主体本身被启明，所以，追求真理的方式必然是回归主体的、塑造心灵的方式。主体在追求真理的过程中以某些特别的方式既显现着真理又照料自身的精神，从而在追求真理的过程中实现自我的转变，实践真理和自我完善变成了合二为一的过程。所以，主体如何追求真理将会影响自身的心灵劳作。福柯说，如果主体的认识活动没有能够真正改变自身，没有通过主体的主体化而改善自我，那么主体是无法通向真理的。同时，没有走向真理之路，或者说没有以适宜的方式（与真理相配的方式）追求真理，主体也是无法完善自身的。主体在追求或认识真理的途中，完善主体自身、实现主体的存在价值。所以，怎样追求真理与教化自身、完善自身的主体化是无法分开的。

在柏拉图的思想中，真善美在理念世界中，而行动者在经验的现象世界中，二者之间有着存在性的距离。主体与真理之间的互通使得主体成为主体，主体只有通过爱真善美，才能通达它们，而主体之所以爱它们，是因为它们值得爱。主体只有通过真善美塑造自身才能成为主体。主体追求真善美，分有真善美，在真善美被给予主体的过程中，主体过一种真的生活、善的生活、美的生活。真的生活是没有伪饰、不扭曲、不混乱的生活；善的生活就是对心灵予以促进、护养、培养、完善、提升的生活；美的生活就是把自己的心灵当作艺术品进行雕刻的生活。

主体化是一种自我塑造的过程，是自己对自己的伦理劳作，是为了创造出新的、美的精神品质。主体为了通达真理而塑造自己。主体的探究、实践、体验、修炼，就是主体的不断诞生与自我救赎，就是追求真理的过程，也是主体的精神塑造的过程。（福柯，2010）[13] 主体化的过程是人受真理牵引的向上攀登的过程。人的存在过程就是去达到或接近存在高度的过程，只有真理才能指明这种人应当具有的真正的高度，因此，真理虽然是无蔽的，但却是向主体显明的，只有向主体显明，真理才是真理，主体才能进入存在－生成这一永恒的回归过程之中，也就是说，人才能真正地成为一个其应当成为的主体。主体是真理建构的，而真理是由主体以一定的方式发现的，而且这一方式也是真理带给主体自身变化的方式，也即发现真理的方式必定把真理带给了主体，使得主体的精神发生变化。人获得真理后必然享用真理，享用真理使得追求真理的人真正主体化。

人自身的实存成为对真理的追求与实践，这样才能为实存开辟多样化的道路。唯有进入对真理的体验张力中，人的心灵才能体验到自我的成长。人的精神的一个重要特征就在于按照真理所敞开的、指明的方向去主体化。一旦主体和真理之间“交往”的渠道通过精神塑造得以打通，那么主体并不仅仅是单向地获得真理，真理本身也回馈着主体，充实着主体，并改变着主体的存在。在主体化的精神塑造的种种实践中，主体与真理之间相互作用。如果没有主体本身的某种“转变”，那么单凭一种简单的认识活动，主体是无法把握真理的，而无法把握真理，主体就无法诞生和再诞生自己。主体的自我创造或主体化既是追求真理的游戏，又是塑造自我、改变自身的行动。

教育者如何成为一个教育主体？如何才能成为一个教的实践或行动的主体？如何塑造作为教育者的主体性？教育主体是真正理解教育是什么的教育者，是通晓和实践真正的教育及其艺术的人。教育者的主体化是其自觉地成为教育者的修养过程，是自觉地把自我教育为教育行动的主体的过程。教育者通过关心自我的心灵美德的理念与方式①，把自己锤炼为一个高贵的、伦理的行动者。教育者的主体化与求教育者的主体化是分不开的。教书育人的过程其实是不断地激发主体进行精神变革并实现主体化的过程，这一过程就是人进行精神实践的过程，即在追求真善美的思想历程与行动历程中实现主体化的过程。教育者所从事的精神实践，一方面要求其实现学生的主体化，另一方面要求教育者自身的主体化。

教育者的主体化是其不断去成为主体的过程，而不是说只要从事教育工作就是教育实践的主体。教育者的主体化意味着人要确立自己作为教育者的意识，创造性地开展新的教育活动，塑造自己作为教育者的主体形象与精神品质。教育者的主体化与自我塑造相关，是其不断建构自我、形成自我新的可能性的过程。教育者的主体化是创造性的，既是艺术的，也是伦理的，又是审美的，是教育者作为主体的生命样态不断突破旧的束缚而获得新的形式的过程，是教育者不断提升自身的整体品质的过程。它总是处于对教育之真、善、美的瞻望、实践之中，处在教育者的心灵绽放之中，处于突破僵局、克服困境、挣脱束缚的教育行动中，总是给教育者的生命带来新的气象。

教育者的主体化意味着教育者具有在教育中应当做什么、如何做才能使自己真正以一个主体的身份存在着的自觉意识。当教育者是主体时，其把自己作为教育的担当者，向自身提出“我应当进行什么样的教育”“我应当怎样做我应当去做的”“我是怎样的教育者”“我在教育行动中是谁”“我如何在教育生活中成为参与教育的伦理主体”“我如何通过教育行动塑造自

① 福柯认为，关心自己与认识自己是分不开的，而且关心自己是认识自己的目的，关心自己的律令是高于认识自己的。关心自己是希腊文化中的一种态度与反思方式。（参见福柯，2010）[8]

己并获得主体性”等问题。这就意味着，教育者视自己为主体，进行着自我审视和自我塑造。所以，教育者的主体化是自我教育的过程。一个教育者首先得成为自我教育者，必须通过自我教育的艺术而获得教育的艺术，这是因为心灵的自我治理是进行教育实践的根基。

教育者的主体化，意味着教育者主体意识的形成，意味着不断使自己真正成为教育行动的卓越创造者。教育者具有主体意识，就会自觉担负教育行动的本质使命，以教育行动的目的意识、伦理意识创造教育实践，而不是盲从或跟风。主体化作为规范性概念，意味着教育者应当成为一个真正的具有主体意识的主体，即应该把自身主体化。事实上，不是所有参与教育实践的人都是真正的教育主体，这意味着主体及主体化均不是描述性概念，而是评价性概念，是规范性概念。一个教师的教育实践行动有没有反映其主体意识，是可以评价的，主体意识或主体化是评价教育实践者的根本维度之一。

在相对稳定的教育情境中，教师如果不凸显自己的主体性，只是按部就班地根据教育结构的运行惯习工作，听从所有外部控制者的指令，按照既定的程序实施教育活动，不思考、不决断、不选择、不创造、不改进，那么，他们就会被日常的琐碎所淹没，他们就会失去教育行动的热情与能力。实际上，这样的教育者解除了自身的主体责任，失去了重塑课堂、重塑自己、重塑生活的动力与创造性。他们的教育主体性沉沦后，他们沦为非主体，失去反思能力、判断力与创造力。所以，教育者主体化就是汇聚塑造自身、诞生自身的心灵德性的力量，重新思考或担当教育存在赋予心灵的使命，把自己作为一个教育主体去塑造。教育者如何在教育中作为具有心灵的主体参与自我与教育行动的建构和再建构，是其作为教育主体的责任。

如果教育者是教育实践的忠实主体，他们就会以好奇的研究态度进入教育事件，不会忽视新事物，也不会拒绝新事物，亦不会厌倦和破坏新事物，而是向时间、世界和事件敞开。他们追求改进，渴望变革，勇于行动，对于教育事件具有兴趣，忠实于新的教育行动与方法的创造，他们把自己放在教育之中，体验着自我，创造教育行动，获得经验，不断地主体化。

有些教师可能对生活、日常的教育时空、事情习以为常，以不以为意的态度对待世界、生活、教育，以为一切只是过去的延续。他们不愿借助新的活动、机遇改变教育、改变自己，拒绝接受教育行动所具有的新颖性和未来性，拒绝新的可能性对自己的邀请和改造，也不愿创造可以改变自身的实践关系或实践方式。这其实封闭了新的可能性，既封闭了自身主体化的方式，也阻断了对未来的更好的教育实践的创造。

6.6 修炼生命的风格

人们正是在艺术之中并且通过艺术才能通往对生存的赞同，才能对生活说是。

——阿多：《别忘记生活·歌德与精神修炼的传统》

主体化是一种积极的精神修炼方式，或者说是自我培育方式。主体如何塑造自己？人在自然意义上不是主体，主体性是人创造出来的个人品质，主体是经塑造或重新塑造而诞生的存在。自我塑造就是创造自己的形式，使得自己具有品格、风格和位格，这些都体现了人作为伦理存在者的美学意蕴。主体化把自我作为自觉追求美的主体，给予自己的品格更美的风格。这就是生命的艺术，也是主体的精神美学。

精神的美学是指人把自身作为艺术品建构，创作自我的美。生命主体或生活主体把自己作为艺术品进行雕琢或塑造，不断想象或建构自我的多重面相，使生活与心灵变成一部带有特定审美风格的作品。这是对自我的美的重建，是面向自我的美学建构。自我的美的形式的建构也是道德的自我形塑。赋予自己的生命高贵的、美丽的形式，其本身也是善的。主体化的方式把自己塑造为伦理主体，也使得自己具有美的形式。在这个意义上，生命伦理学与生命美学是相通的。（舒斯特曼，2016）[314]

主体化是通过自我的诗性或创作来塑造的。诗性是针对自我的艺术性创作。自我是人创制的艺术品，自我的技艺就是针对这一过程的伦理艺术。

自我的创造过程，说它是诗性的，是因为它是创制的技艺，是人对自我的精雕细琢；说它是伦理的，是因为自我的技艺是一种对自身加以塑造的艺术，是心灵的艺术，塑造的是自我的品性，即精神品性。精神品性的塑造是主体生成，是精神创造，是教育的重要内容。所以，个人作为主体的伦理品性建构，是主体诞生的标志，是一个人成为主体的标志。

主体化是一种自我塑造的过程，主体化的过程就是自我改善的美学过程，就是给自己的生命、生活赋予美的形式，这是塑造自我的过程。主体化赋予我们的生命及生活一种高贵的、完满的、美丽的形式，这是把自我作为伦理的、美学的主体进行建构的艺术。自我的建构努力的方向是赋予我们“尚未”达到的美的形式，让我们成为一个不一样的自己，也就是在寻求另外的可能性中改变自身，使得自己更完善。成为自己的陌生人、成为另一个人，是心灵的主体化追求美的隐喻。

主体化的艺术是生活的艺术。生活的艺术就是主体化的生活美学。生活的艺术是为了主体的诞生，不仅生活在艺术的创作中成为美的，而且在这一艺术创作中主体得以进行自我创造，正是因为主体进行了自我创造，生活才是艺术的，所以生活的艺术就是主体进行自我创造的艺术，或者说是主体化的艺术。人生活在主体化的自我创作艺术中，才是向真善美敞开的、进行自我创作的人，所以主体化就是人的艺术化生成，人通过生活的艺术而生成，这是人之为人的关键。

主体化是向自身的回归，是对自己成为主体这件事的关心，是转向自身，返回自身塑造，通过生活的艺术，塑造心灵的美。这种生活的艺术就是对自己的培养，这是主体的自由实践。主体把生活与行动作为一种创作，把生活当作艺术，才是一个主体，所以，生活的艺术是一种自我关切的艺术，或者说，自我关切是通过生活的艺术、自我的主体化创作而得到体现的。

近现代以来，主体体现为认识与行动的动因，这是向外，而不是向自身的回归，生活、行动与主体化的分离成为现代人的一种标志。这其实也是主体被遗忘、主体性的生成被阻断的过程。这一过程也是世界的技术化以及生活的工具化过程，是主体被作为工具加以形塑、支配的过程，也是主体沉沦而失去自我的过程。只有返回自我的生活艺术，把主体化作为生命艺术的宿命实现，把生活作为一种创作的艺术去过，忠实于生活，在这种生活的艺术中把自我作为艺术品去塑造，才能拯救主体。

把生活当作艺术去创造，不仅是好好生活的过程，而且也是塑造心灵或人性之美的过程。所以，生活的艺术与把自我作为艺术品去创造是一回事。美德的生成就是把自己的心灵当作艺术品去雕琢，把生活与行动当作艺术品去创造，这是心灵向美的攀登，也是美的生活的历程。每一种美德都是心灵的美。（普罗提诺，2004）[9]美德是心灵的优秀状态，是人性之善，也是人性之美。塑造美德，是在美的生活中塑造人性的高贵与美。（郝亿春，2016）生活的艺术既是一种使得生活表现为美的方式，又是过美的生活的方式。这不仅是一种生活的境界，也是塑造主体的生活方式。这种境界意味着以智慧的、正当而合宜的、令人愉悦的方式管理生活，不仅使自己过得好、过得美、过得真，也使心灵变得越来越美。

> 必须对灵魂进行训练，首先让他看美的生活方式，然后看美的作品，不是那些艺术作品，而是那些以德性闻名的人的作品；再后看那些创作美的作品的人的灵魂。那么，你怎样才能看到良善灵魂所有的美呢？退回到你自身里面来看；如果你仍然看不到自身的美，那就学学雕刻家的做法，他为使一个雕像变得美丽，这里敲敲，那里磨磨，把这一部分刻得光滑一点，那一部分纯洁一点，直到最后雕出一张美丽的脸；同样，你必须除去多余的部分，整平歪曲的部分，照亮阴暗的部分，孜孜不倦地雕刻你的作品，直到德性的神圣荣光照耀在你身上……（普罗提诺，2004）[17–18]

生命之所以成为审美的，就在于生命使自己美善地存在。这意味着主体要关心自己的存在，关心生活的世界，反思生活方式是否美，以一种美的方式实现生命的存在，或者说对自己的生命进行美的塑造，这是一种返回自身的实践。返回自身的实践是对自己的教育和变革。这是一种改造自我、塑造自我的过程，即改变自己的气质，使生命具有美的气质、美的风格，即让生命绚丽、精彩、庄严、丰富，展现出独具一格的风采。

主体去过美的生活，创作自身的伦理之美就是存在美学。存在美学就是生活的伦理学。在这里，生活统合了伦理和美的向度，以审美的方式塑造自我与世界，与生活的善好是一致的。生活的美学使得生活本身以及主体的自我成为美的感受性的对象，成为艺术作品的质料。生活是一种创造艺术品的经历，自我与生活是美的对象，在对美的感受性中，自我作为主体变成了美的，生活变成了好的。所以，积极的生活就是积极的生命美学。这样的生命美学，其实也是一种生命伦理学，是针对生命也就是针对自我和生活本身的自我培育、自我创造，把自己的身体、行动、思想、语言、情感，以及整个的人生，都当作一件艺术品去认真地创造。

让生命或心灵完善或完美是主体化的根本表现。渴望生命的美，关键是把生命、心灵作为美的对象去雕塑。把心灵及其生活作为艺术品去创造，这就是赋予生命美的风格，对心灵的美进行精神锻炼。在精神锻炼的美学中，心灵与生活作为“作品”被创造，心灵与生活在真实、无蔽之中成为自我展现的艺术品，展现出本身应有的美善。这种精神锻炼既是自我的伦理学，也是自我的美学，更重要的是自我的教育学。

如果我们以审美的眼光看人的生命存在，我们就会发现生命存在需要审美化，因为生命的本质就是存在，就是去成为人的过程，这一过程就是在成为人自身的过程中让存在活动成为审美化的活动。这不是说把心灵的存在浪漫化，而是指对心灵进行塑造。生活的美化在于贯彻生活的智慧，从而使得生活成为一种美。生命是艺术品，但要靠生活的艺术去雕刻、去创造。这种雕刻和创造需要人的坚毅、热情、深切、真实，需要人付出辛劳。这就是说，生活本身具有审美化的方式，这种方式使得生活者感受到美的愉悦、感受到善的高贵、感受到真的纯粹。这样的生活具有伦理和审美意蕴。

人是自己的诗人，意味着人应当具有诗学精神，就是人应当具有自我塑造的精神。人的一生要为塑造自己的精神品格而付出艰辛努力。这种精神品格的学习、修炼与提升，没有终点，是不断“切磋”“琢磨”的过程。心灵的诗学达到的不是一个结果，而是一种境界、一种精神或心灵得以自我完善的心性秩序。

主体化的精神修炼，是建立人与自我的伦理关系，或者说，精神修炼是对自我进行创造、再创造，是自我实现诗性存在的修炼。精神修炼是实现自我、拯救自我、实现主体化的方式。（福柯，2010）[247] 按照福柯的说法，精神修炼是心灵用来装备自身的，这种装备使得心灵为未来的各种事件做好有目的的准备，从而从容不迫地以自己的心性品质解决生活中的各种问题。（福柯，2010）[248] 精神修炼或修养是为生活做好准备，时刻迎接生活中的变化、挑战、风险。人修炼精神后之所以能够迎接挑战，是因为人用品格装备了人。精神修炼让人用思考形成智慧，用智慧生成行动，用行动塑造美德，以绽放的姿态迎接存在。

> 就如运动员通过反复的身体锻炼，重新增强并塑造自己的身体那样，哲人通过哲学操练发展自己心灵的力量，改变自己。（阿多，2012）[179]

精神修炼是自我培养，其实就是人通过伦理实践回归自我。精神修炼是让自己变得更好、更美。精神修炼把认识实践、审美实践与伦理实践统合在一起，是把主体化的伦理与真理联系起来的一种方式。（福柯，2010）[245-246] 精神修炼包括真理实践的学习、伦理实践的学习和审美实践的学习。真理实践的学习是为实践行动确立真实的原则，让行动主体知道好的行动的理由及其行动所应遵循的原则是什么；伦理实践的学习是让主体在具体的活动中坚守道德并通过对道德的践行养成行动的品格；审美实践的学习让主体在生活行动中追求美。这样，主体通过精神修炼，构成自己的精神风貌或气质，让主体成为真的、美的、有道德的人。

精神修炼就是让精神通过美丽的历险，培养心灵的美德，让精神灿烂。如果没有精神修炼，心灵就会扭曲。心灵的扭曲或畸变，就是心灵失去了应该具有的形式。这是放弃了自我形塑的结果，也是心灵受到不好的影响而变坏了，不美了。不形塑，则扭曲；不改善，则退步。因此，面向自我形塑的精神修炼可以抵抗心灵的畸变，抵御心灵的走样，从而保证心灵向好的方向发展。

教育的过程就是主体化的过程，这是给主体“装备”美德（包括智慧、审美与道德等品质）。就智慧而言，这既是心灵获得秩序（和谐和宁静），又是能够以真实的思考和行动的伦理原则进行行动的理性。智慧的装备是主体给自己确立正确行动达至正确目的的指导，使得主体对自己的行动具有合理性的、真实的、有效的、有力量的指引和限定，从而使得行动成为美的、善的行动。智慧的学习让主体探究道德上可辩护的理性行动原则，塑造了主体，让心灵在这些行动中变得更美好。

教育本身就是一种精神修炼，是通过探究真理的思想行动、践行真理的伦理行动、塑造自我的审美行动而提升心灵美德的过程。一方面，教育引导求教育者不断地思考重要问题，让他们通过“占有”思想确证思想，另一方面，教育引导求教育者在生活中践行普遍的伦理原则，把思考真理与践行真理结合在一起，成为一个不断塑造自我的主体。这样的精神修炼让求教育者成为思想的主体、行动的主体、审美的主体。

教育者要真正地开展作为精神修炼的心灵教育，那他们在自己的生命中首先要开展针对自己的精神塑造——精神修炼。教育者的心灵美是教育者关心儿童心灵的根本前提。教育者要关照自己心灵的美。如何使自己的心灵成为一个美学对象，如何使生命成为美的，是教育者主体化的根本任务。教育者的主体化、艺术化及审美化，美德的修炼，形成自己的生活风格，是教育者的生命艺术。（福柯，2016a）[135]

教育者通过精神修炼，形成自己的思想和行动独特的印记，这是自我塑造的主体化成果。精神的风格就是人格，充满魅力的人格乃是具有明显的美的风格的人格。让自己的生命具有形式，让自己的生活具有境界，让自己的教育行动具有风格，是教育者的主体化内容。风格是独特的，是生机勃勃的，是精神灿烂的象征。教育者的精神风格是在独特的教育教学实践中的自我创造的结果，它凝结了个人的精神气质，融合了个人对世界、人事、万物、教育的理解，并表现在教育生活中。精神风格蕴含着人性的价值、行动的高贵、思想的尊严，蕴含着人格独特的魅力。风格是高贵的，“坏的”或“糟糕的”思想或行动是无法用风格来理解的。风格是真实的，不是装饰出来的，不是表演出来的。教育者的风格是从生命深处和教育生活中鲜活地生长出来的（舒斯特曼，2007）[275]，是思想之美与行动之美的自然展现。它是自然展现的，而不是自我夸耀的。教育者改善自己的行动与改进教育的行动是联系在一起的，在创造自己的美德风格的过程中，教育者也在创造自己的教育行动的美。（舒斯特曼，2002）[43]

教育者的生命美学就是回答如何赋予自己的生命形式或风格的实践之学，是心灵的诗学或生命美学。在这样的生活中，真的生活、善的生活与美的生活统一在精神修炼的主体化实践之中。教育本身就是心灵的艺术，而教育者的教育生活与生命美学具有本质性的关联。教育本质性地要求教育者关心求教育者的心灵之美，要求教育者成为心灵的艺术家，要求教育者把自己的心灵作为美的和伦理的作品去创造。

6.7 努力的意志

努力使自己继续不断地生存，这是生活的本性。

——杜威：《民主主义与教育》

人生在世，不是一场探索吗？不是一场努力吗？不是一场历险吗？生命的本质是存在，即生生。生命存在面临非存在的危险，生命在本质上具有克服非存在的意志，在存在的过程中对抗可能的非存在，故生命努力存在。人“努力”在生命的途中让生命奋力绽放。因此，“努力”是生命的象征，生命在存在论上是“努力的”。努力与生活的关系是内在的，是本质性的。

努力是生命存在的自觉情态。努力就是人克服慵懒、无力、无聊、精神萎靡，让生命精彩。努力属于生命本身的力量与倾向，而不是他人从外部加之于人的东西。在这个意义上，努力是人作为生命存在者尽心尽力提升自己的生命状态，是对存在的承担。如何承担我们的生命及其存在是摆在我们面前的任务。对于孩童来说，生命是活泼的，生命是充满活力的，生命是自然努力存在的。对于成年人来说，对于世界的熟稔和生活的惯习使得他们可能会懈怠，可能缺失精神的活力，因此他们的努力是需要意志力支持的。

海德格尔在《存在与时间》中将操心看作存在原初的根本情态。这一操心状态是源于存在的，具有存在论的必然性。实际上，对存在的操心是实践的，是努力的。这是指努力源于存在并对此生的尽心尽力、全心全意。这是存在表现自身的方式，是生活之为生活的方式。生活本身在操心中进行，它的善美就在这一操心中被追求并被加以实践。对生命存在的操心就是劳心劳力实现生命的美好，就是努力。

努力是一种存在的意志。斯宾诺莎指出，心灵意识到自身的存在，意识到坚持或保持存在本身的努力，这种努力就是意志。（斯宾诺莎，1983）[107] 因而努力是为着心灵的变革而奋发或坚持的意志。努力是灵魂存在的天命，是生机勃勃的意志力量，是生命力量的张扬，是生命力或心灵力量的洋溢状态，这就是"弘毅"。这样的弘毅或努力面向的不是生命或灵魂之外的目标，不是为了获得的外在利益或实现外在目标而努力，不是把自我投入存在之外的物品或与存在相背离的事情之中去，而是对实现存在本身的努力。努力是为生命自身的本质、为人性力量的实现而奋斗，也就是说，努力使得生命是其所是，是其所应是。没有这种努力，人的生命本身将无法实现。这意味着努力是生命本身的力量，存在的努力就是把这种生命本身的力量发挥出来。神采奕奕、生机勃勃就是努力的象征。

努力所导向的是主体化，是主体性的绽放与绽出，这是存在的内涵。按照列维纳斯的观点，我们的存在是作为存在者的我们与存在本身的契约。（列维纳斯，2006）[18] 我们作为生命，无法解除与存在的契约，因为生命存在是合于生命目的的，解除这一契约意味着生命意愿不存在，这是反生命的。所以，履行生命的契约就是好好地存在，以生命应当或值得的方式好好地存在，这是生命本身焕发力量、生命尽性的方式。一个具体的存在过程诞生了尽性的生命状态，展现了其自身所蕴含的力量（美德或美好的精神状态），如此灿烂地存在就是努力。在这个意义上，努力使得生命更丰盈，这不是说努力是以名声、地位或者利益填充人生，而是说，努力使得生命更美好，使得生活更精彩，使得精神更灿烂，使得人性更善好。努力就是感受、体验、体悟到自己在生活，就是生命在享有自身的刚健活力中努力提升自己，就是把生命应有的美给予自身。

人在世界中生活，其实就是在探索如何活出一个精彩、美好的“我”来。所以，存在就是绽放，生活就是存在。存在就是生活起来，让自己在生活中绽放。这里的生活是一个动词，即选择过一种美善的生活并投入过这种生活的行动之中。在这个意义上，生活是主体性的，生活是生活起来的生活。生活并不是简单的、随意的生活。生活的日常性使得我们常常对生活不以为意，然而，如果“我”希望过自己所希望的生活，希望“我”的一生体现对生命意义的选择，那就意味着“我”投入努力，把平平常常的日子过成一种美好的生活。在这种生活中投入希望、投入热情、实现价值、获得乐趣、提升品格，“我”希望追求生活的繁盛并且过得幸福。所以，努力就是对生活的爱。

人多数时候是自然地生活着，而努力生活和爱生活是自觉地生活着。自觉意味着生命有着自我意识到的努力。人是一个说“我”者，即他（她）能够询问“我是谁”，也能够说“我应当”，这意味着成熟的说“我”者必须考虑如何走向未来，思考在生活中应当做什么和怎样生活才算好等问题。“我”不仅要考虑用什么方法更好，而且要考虑并选择好的生活方式（the way of life）。生活方式不仅涉及活着的方法上的合宜，而且涉及生命本身的好。（图根德哈特，2007）[28]

努力包含着主体对自己的伦理承诺。我们的人性，我们的生命，已经向我们提出了一种本源性的向善去存在的任务，我们只能去奋发地完成，这就是努力的表征。努力意味着自我超越，也就是面向更好的自我超越。只有努力才能显现生命的意志，即“天行健，君子以自强不息”。努力向着尚未实现的可能性绽放，这是对已有的自我进行扬弃性超越，是对更好的自己的庄重承诺。“存在（existence）拖着一副重担——哪怕只是拖着它自己——这让它的存在之旅更加艰难。”（列维纳斯，2006）[19] 因为存在所承载的东西如此沉重，努力才显得重要。

努力是生命实现自身的行动，是促进精神成长的力量，是精神活力，是精神体验自身成长的自觉。努力是自主的意志力，但不是实现外在目标的力量或意志，努力虽然具有意向，但不是欲望（身体方面的欲望）。欲望导向外在的目标，试图通过获得与占有而满足自己。如果人的生命把努力当作占有或获得东西的手段，那就把努力工具化了，也把生命本身工具化了。工具化的努力仅仅是外在的强制，而不是生命意志的内在力量。生命内在力量的发挥是生命本原性的努力，这种努力不会导致人疲惫、厌烦、懈怠，而实现欲望的满足是间断的、不深刻的，是压制性的。这种工具化的"努力"将成为生命额外的负担。

努力的生活就是不断更新的生活。努力面向精神的更新与创造，承诺存在的不断生成，也就是说，努力是诗性的、创造性的。努力是诗性的劳作，它是生命对自身的给予，它希望自我作为生命的作品完满地通过努力而生成。本体论的努力，是精神自身的创造，或者说，努力面向精神自身的作品，精神自身的作品就是精神本身，一种更好的精神的诞生就是努力的目的。实际上，亚里士多德的"完满"（entelechy）概念作为精神自身的实现，是精神创作自身最好的表达。一切灵魂的存在，在追求实现自身的完满中，克服种种阻碍而付出更多的精神力量，表现出精神的自觉与活力，这就是努力。努力使得生活者体验灵魂的变革，体验精神的更新，体验存在的价值与力量。

"努力是在现在所做出的努力，它就发生现在的滞后之中。"（列维纳斯，2006）[24]"努力"是生命的态度，但不仅仅是态度，它还是行动，是生命昂扬或意气风发的情态，这是当下的事件。我们不能仅仅说我们曾经努力过，也不能说我们在未来的某一天要努力，我们只能说我们正在努力。努力只有发生在当下，才真正地与存在相连。

努力确证过去、未来向人的生活的现在性的凝聚。努力总是发生在当下，"我"说以后努力，那是说努力仅仅是一种未定的可能，甚至是对不努力的委婉表达。如果说"我"曾经努力过，那仅仅是回忆。过去已经成为历史，而只有从当下开始行动才有真正自觉的未来。现在才是存在或生命的开端、新生，所以现在给了生命付出努力的机会。我们通过努力绽放在存在之中，如果没有通过付出努力对存在进行介入，我们在当下就无法建构未来的生活。只有抓住了现在、付出了努力，我们才能把生命的精彩延展到未来。仅仅意识到生命在时间中延展并不高明，更重要的是通过现在的努力创造当下和未来的生活。

努力总是表现在当下的可持续的行动之中。精神与生活都处于时间的绵延之中，努力就是对抗在绵延的时间中行动的终止，对抗干扰、阻碍存在的偶然性，或者说努力就是持续地行动，避免行动中断。在这个意义上，努力意味着承担，对自我的精神创造及其存在价值的彰显这类责任的连续性承担。在努力的过程中，一个积极的生活者、创造者站出来，以积极行动的方式显现存在价值与意义，或者说，努力实现了存在。我想，正是因为存在的努力具有这样的本体论意义，列维纳斯把努力看作一种天命或者说天责——一种命定的对生活或存在的担当。从努力的这一存在论特性来看，存在就意味着去努力，去努力就意味着去担当。

生命努力实现自身存在，这说明人的努力是面向未来的。人的存在是向未来开放的，人有时间意识，因为人生是延展的、指向未来的，未来因此具有拯救性。如果现在有过失或遗憾，因为有未来，我们可以把自己从现在中拯救出来，在未来呈现更好的自己。如果人仅仅是一只蜉蝣，没有未来，那就意味着努力是无意义的。正是因为生活指向未来，所以努力具有意向，具有价值。人渴望好的未来，努力意味着在乎或者操心未来如何是好的。尽管未来也许可能突然不存在，但人只要活着，就相信有未来，人因此面向未来、有自觉的存在意向，即人可以自觉、努力地创造意向中的未来的自己。这意味着人关注、操心或在乎自己的未来是否指向真正好的存在。

努力是精神健康的表征。精神的健康表现在当下的存在场域，精神融合在存在之中。英文的在场（present）和现在或当下（present）是一个词。当下就是在场，在场意味着具身于当下，在场和当下对我们的存在而言，都是礼物。我们是此在，就是让生命自觉地焕发存在的力量，就是让生命的力量入场、在场，就是克服在当下的缺席（不在场），让精神因获得当下的礼物而昂扬。魂不守舍、心神不宁、心不在焉就是不在场，就是忘却了生活、忘记了去生活。这样的人似乎成了生活或存在的旁观者，对当下的礼物毫无感觉。

努力表征我们如何通过某种促进精神健康的行动把活着提升为生活，

把日常提升为新颖，把乏味提升为品味，把无聊提升为有趣，在生活中实现心灵的自我修炼与超越。歌德把当下看作“含义隽永的时刻”，这是不是指当下所蕴含的意义无比丰富？如果当下蕴含丰富的意义与可能性，那我们就应该抓住并且重现这一可以看到过去和未来的时刻，在这个与他者共在的时刻体验共情的温暖，在这个开启或诞生的时刻体验生命的繁盛，在这个投入并感受的时刻接纳生命努力所带来的礼物。

存在是有自身方向的，背离存在的方向是非存在或者反存在，这就意味着生命自觉是有方向的。努力意味着付出行动并向着存在应当展现的样态去努力。离开了生命美丽的绽放这个存在的本然方向，努力将不是努力。反存在或者反生命不是努力的方向，不是生命意志的意向，也不是努力的意义。因为，存在是去存在，生活是去生活。努力附在存在之上，离开了生活的存在论方向，努力是无意义的。破坏生命的生活是无意义的、是反生命的，因为其违背了生命，不能称为生活。不向着存在的方向去努力，就没有努力。“努力地”破坏生命或存在，那是肆无忌惮，而不是努力。

合目的的、面向实现生命本质的尽心尽力，才是努力，即这种努力内在地把过程、行动与善联系起来。有些坏人做恶的事情做得很卖力，但是我们不能说他们努力了。努力必须与有意义的事情联系在一起，才能解释精神投入的意义。努力是尽心尽力地实现生命的美德，即努力实现生命本身应当实现的品质，实现生命的善与美。而作恶是人性的堕落，是生活主体的腐败，因为恶是反生命的、反生活的、反存在的，所以，我们不能说作恶需要努力，或者说“努力”作恶。竭力作恶是放肆无耻，说“努力”作恶是没有意义的。所以，为“努力”正名，就是把努力归结为弘扬生命自身实现本质的意志力量。为善需要努力，实现生命的本质需要努力，努力的意义在于其所努力的事情以及所努力的方向的正当性。努力只有投入确证生命与人性的善之中才是努力，那些令生命腐朽的行为都指向肆无忌惮、不择手段。

生命具有它本质上成为它所应当是的力量，积极地发挥这种内在力量就是努力。努力不是调动自身之外的能量去实现自己所偏好的某个外在目标，而是发挥生命内在的力量。这样的努力是存在论的，即这种努力是生命本身所包含的。这种存在论的努力是生命自身的自我肯定、自我实现。生命在存在论上、在自身的存在意义上无法拥有不属于它自己的东西，它只有实现它自身，所以，努力是生命提升自身、发挥自身的力量的体现。这其实就是生命实现自身变革与超越的力量。生命超越自身、发展自身、确证自身的力量所实现的不是外在的东西，不是为了实现外在的目标而把生命当作手段或工具，而是发挥生命本身所能够发挥的力量，也就是生命本身的善。

努力的合理性就在于此。它来自生命本身，只有面向生命本身的善才是合理的，因为这样才能以生命本身的自我肯定为努力的方向。只有生命本身的力量导向生命自身的善，生命才不是工具。如果一个人付出了努力，但把生命当作了工具或手段，生命的价值就低于其所努力的目标。所以，努力的纯粹性或存在性就在于这种内在性，就在于努力与生命自身的内在关系。

努力因此是存在的责任或义务，也就是说，一个人作为人、一个有灵魂的生命、一个有精神的存在、一个有本质力量的存在，必须承担起发挥这种内在的本质力量的责任，这是人的义务，或者说，这就是存在的方式、存在的义务。因此，人生的美好就存在于这种努力之中。努力号召我们采取行动，让生命是其所是。付出努力不是为了追求生命之外的东西，而是要去承担天命，实现生命的美德就是天命，努力的价值就在于此。

灵魂的力量发挥出来就是美德，美德既是生命的潜能，又是生命努力实现的品质，这种品质构成了生命的深度与高度。生命实现美德，这是一个艰难、辛苦的过程，因而需要意志，需要努力；而堕落与作恶，只要放弃、放纵自己就可以轻易做到。因此，努力的程度就是生命实现美德的程度。“美德是一种只按自己真实本质行动的力量。美德在程度上的差异，也就是某人为自身存在而奋斗或肯定自身存在的程度上的差异。”（蒂利希，1988）[20] 所以，努力是一种对自身作为人的灵魂本质的肯定，对自身所具有的所有人性的价值与力量的自我肯定。努力肯定了人的存在本质并尽力去实现它。

6.8 对抗精神的懈怠

教师也是常人，再平凡不过，日复一日的内卷化的工作常常使人疲倦无力，过度追求工作绩效也带来精神的倦怠或懈怠，甚至导致厌倦、抑郁的情绪，缺乏活力与精神的力量。这种精神的无力感在教师身上是常见的，但却是危险的。

努力意味着克服违背或者否定存在的因素或力量。从人的存在本性而言，人虽然力图努力实现自我变革，但是可能在面对诱惑、面对困难、面对打击、面对挫折时失去努力的信心。面对努力所形成的张力与操心，人可能把努力当作劳累之源，从而放弃努力。这对生命的存在及其价值实现是危险的。但是，这种危险一方面彰显努力的意义，另一方面也说明心灵自身需要克服懒惰、意志薄弱。

懒惰是不思进取，是对努力的厌恶（列维纳斯，2006）[15]，因此是对存在的否定。懒惰显示了对存在的懈怠，意味着心灵失去了奋发的力量，呈现了否定存在而不是肯定存在的状态。懒惰是意志薄弱，是无所意向，意味着精神的不在场，意味着放弃为生命及其价值实现而行动的精神，所以懒惰是一个人的精神逃离存在，在存在中不在场。一个懒惰的人就是一个精神疲倦的人。他（她）逃离存在，否定自身，不再操心存在，也不上心存在。

懒惰就是生命缺乏活力或意志，缺乏行动的力量与热情。懒惰的人无兴趣、无意志，其生命态度是反存在的，不再热情地感受或承担生命的自觉，希望在存在之中躺着，而不是在存在之中站立。懒惰者希望存在放过他们（列维纳斯，2006）[20]，希望放弃这无法放弃的契约。但是，活着就意味着生命必须遵守契约的规定。因为懒惰不承担必须承担的责任，所以懒惰构成了对生命的破坏。

存在就是行动，而行动就要实现行动所应该实现的存在。“存在意味着担承存在，那么从根本上来说，存在者的存在（existence）就是行为。”（列维纳斯，2006）[29] 努力意味着承担、对抗非存在的痛苦。努力是存在的构成。存在意味着站立起来，站立起来指称着自我超越或自我实现，而懒惰、不去站立起来，是有意或无意地放弃存在的意志，没有持续存在的精神力量。这意味着懒惰是对存在的否定。

精神力量的发挥就是努力，这意味精神力量是心灵内在的、本质性的，总是属于主体自身的。而这种力量没有被使用、被浪费、被放弃，就是懒惰。行动不仅在于创造了什么或做了什么，而且在于获得了什么经验，如何塑造了自我的精神与心灵。精神懒惰是不愿意行动、不引发行动，它与努力相反，它既不能改造世界，也不能改造自己。“懒惰，作为对行为的退缩，意味着面对存在（existence）的犹疑，意味着懒于存在。”（列维纳斯，2006）[18]

懈怠或懒惰之人拒绝去行动、拒绝承担责任，这是一种精神上的无力，也是一种无趣，同时也意味着个体无意于未来，不振作自己的精神，放弃了生命的自觉，所以，对一个以心灵或精神体现行动参与的人而言，懒惰或懈怠是主体性的自我抑制，是放弃自我绽出的行动，表现出的是自我否定的精神晦暗状态。

懒惰是颓废。“安于现状”，不再为了自我超越而付出努力，其实就是颓废。努力是使命，是乐趣、境界、风格，是勇敢地反抗那些违背生命的事情，而颓废是生命的对立面。我们有责任让生命变得美好，所以美好生活不是一种可选择的追求或理想，也不是一种环境、条件（尽管与环境、条件有关系）。美好生活是一种义务，是存在本身或生命本身赋予存在主体的无法放弃的使命。这就是生命的沉重之处，它无法被轻化。生命的存在无法承担“轻”，轻与生命的美好是相互违背的。生命意味着努力，也就意味着努力之中的“重”。生命之疲惫是生命被外在的重压所压制，生命的毅力无着落，生命才是劳顿的、劳碌的、无趣的、无望的，才是麻木的、无生机的。当下的疲惫、倦怠、慵懒、麻木、颓废，不是生命本身的行动带来的，而恰恰是生命被耽搁、被征用、被误用的结果或状态。

懒惰的英文是 idleness，字面上的意思是“无所事事”，但是从拉丁文 acedia 的含义来看，懒惰是指一个人放弃了伴随着自身尊严而来的责任，他（她）不想成为存在要人成为的样子，或者说，他（她）不想成为自己，放弃成为自己的权利，一个人不想或者不肯做自己。（皮珀，2005）[36] 因此，懒惰是精神萎靡、懒散的表现。与懒惰相反的意思并不是拼命工作，或者说，努力并不等于劳累。拼命工作不是真正的努力，努力意味着一个人对自己的存在和世界的敞开、上心或积极肯定，是对生命的积极彰显，这与“拼命三郎”的自我牺牲是截然不同的。懒惰是人和自己不协调。这正是与努力相悖的。闲暇不是懒惰，人享受闲暇时光时恰恰回到了自己，与自己成为一体，和自己的存在协调一致。（皮珀，2005）[40] 在这个意义上，闲暇、游戏、努力都是实现人性的本质方式，而懒惰、庸俗、懈怠、涣散都是与这一人性本质不和谐的否定状态。

努力与闲暇是一体的，而不是对立的。努力不是攫取，闲暇不是封闭，二者都指向开放，都是人对自己的开放，都是对世界和存在的开放，都是对自己存在的友好与实现，都是生命张扬的方式。闲暇时人投入真实之中，感悟、默想、感受、倾听、交流，让存在更宽广、更丰富、更悠然、更有滋有味。闲暇是存在的自我澄明，它是生命或存在的泰然处之，是无功利之需的从容。努力虽然是操心、上心，但并不在生命或存在之外的事情上拼命而扭曲或贬低生命，不是那种手足无措、急不可待、惊慌失措。闲暇与游戏一样，都是需要努力的，也是需要勇气的。它们的共同敌人是懒惰或萎靡、懈怠与庸俗。

虽然我们的确存在着厌倦或倦怠的情绪，但这种情绪是因为我们无法把握生命应当实现的本质或者生活被扭曲的后果。它是我们无法付出行动的焦虑，是对那些湮没生命本质的琐碎事情的厌倦，是对庸碌的生活的厌倦，是对工具化或手段化存在的厌烦。这样一种倦怠或者厌倦是降落到生命存在之中的偶然，是因为生命的努力被遮蔽而产生的情绪反应。

克服懈怠的方式唯有努力。只有努力地好好存在，厌倦或倦怠才有可能被克服。如果我们以外在的刺激或约束来解除懈怠，可能具有短暂的作用，可能仅仅会激发或者刺激自己产生某种动机，但不会激发精神内在的力量。而这种外在的力量因为把人的心灵或自我作为手段或工具，因为与生命力量是不一致的，最终会导致懈怠。生命的懈怠、倦怠或懒惰其实产生于对心灵内在的本质力量的工具化使用或征用，因为工具化的目标会带来压力，会引发人的焦虑或紧张，因此会成为人气馁、懈怠、懒惰的借口。我们只有把精神力量运用到精神自我实现的活动之中，我们才有兴趣，才会乐于行动，才会克服疲倦而去努力。

努力是精神的投入或入迷，是对行动的热爱；而懒惰是“沉睡”，是存在的麻木。如何唤起精神的力量从而使得人的精神苏醒？中国哲学中的“尽人之性”就是生命主体自身积极、诚挚、努力实现生命之本质或生命之本性的投入，就是积极承担存在的使命（天命），就是努力。努力就是对生命的真诚，就是不断地唤醒自己，就是努力把对生命的爱尽力、尽性、尽情地投入存在之中，或者说，努力就是精彩、灿烂、自为、自在地存在，不是为了占有，不是为了炫耀，不是为了表演，不是为了装饰，不是为了隶属，而只是艺术化地生存。

是不是有人会把生存看作一项负担或者必然性的义务而觉得它让人无法忍受？生命在这种承担的努力中是否会失去光彩？强调努力是否把生活看得过于沉重与艰巨？其实，因为努力是生命力量的展现，而不是对生命手段的过度追逐或占有，它以生命自身的方式实现其自身丰富的本质属性，所以努力并不奴役生命，并不扭曲生活，它是生命主体力量的自为展现与主体性的生成。

努力的生命现象学是主体绽出的现象学。“我”如何显现存在，“我”如何绽放“我”的生命，这是生命的自我展现。这既是自我向自我的展现，同时也是向世界的展现，这包含生命的感情，也是主体的自我实践。“我”通过“我”的努力证明“我”的生命，凸显主体性，这就是努力的价值。

努力包含主体对自身超越的操心。劳作是存在者自我超越的方式。这种劳作就是努力创造自己的精神风格或风骨。生命就是一场诗意的劳作，这是指生命的意义在于让自身形成美丽与高贵的风格。生命的这种诗意的劳作恰恰就是海德格尔所说的诗意地栖居在大地上。诗性就是兴发人尊重生命的努力，帮助生命在努力中生成主体精神。诗意地存在意味着对存在付出辛劳的努力。

努力是自我主体化的能力。是什么让一个人付出努力的呢？“我”应当如何做“我”自己？这凸显了“我是谁”的问题，其实就是“我应当如何生活”的问题。“我是谁”的问题落在“我应当如何生活”上，是因为“我只有在生活中才是我”。离开了如何生活的问题，或者说离开了生活，“我”无法问“我是谁”，“我”无法确证自己是谁。这个问题涉及三个方面：第一，它涉及生活方式，即不是首先涉及其内容和具体事务，而是涉及我们如何（从某种角度）面对生活。第二，它意味着，说“我”者从纷杂事务中抽身，并且在整体上思考自己的生活。第三，这意味着个体不再只是关心个别愿望，而是提出一个问题，即它们处于何种关系之中。（图根德哈特，2007）[57] 生活的努力不是体现为获得工具性手段或条件的努力，而是对“我是谁”“我应当成为怎样的人”的努力。这包含着对待生活的态度以及生活的姿态，表现出精神意向与境界。这说明努力与生活、生活者不相悖。

努力显现在生活的价值秩序中。努力是朝向好的，即努力指向生活中的整体好与各种具体事务的好。虽然生活中有杂多、分散的事务，虽然其中许多事务是值得我们努力去做的，但不同的事务间的确存在冲突。这就意味着个体要想成为“我”，就必须在杂多、分散的事务或目标中对生活进行统一性和总体性的把握。生活中的具体事务或活动具有多重目标，它们可能对于我们是重要的，也可能是好的，而我们如何才能协调它们，如何在生活的统一性中分析个别事务的重要性，这是我们在努力之中的价值选择。我们只应对值得努力的事务付出努力。当然，我们只有在生活、生命的意义的整体性中才能真正发现值得努力的事情。

工具性、手段性的事物在生活中具有位置，但是它们的重要性是相对于生活主体如何好好生活的问题而言的，这意味工具性、手段性的事物本身不具有内在价值。具体的工具性目标，相对于构成我们美好生活的事物是次要的。指向个别事务的工具性价值及其重要性必须放在整体的生活意义中去考察，就如指向工具性事务的努力必须放置在更大的整体的生活实践中才能判断其意义。

不管怎样，努力体现为生命的本原性情态。它是内在于生活的，是我们在具体的生活过程中实现生命意志的能力，所以，努力不是来自外在的指令，而是我们作为一个生命主体或生活者向自己发出的命令，是我们作为一个能够提出“我应当”“我能够”“我是”等命题的生活者的自我要求。

生命通过努力地“做”与“行”而确证、实现自己的本质、意义、价值，即通过做与行、思与知、感与发来展示生命的存在及其价值。努力是为了让自己完善，是为了心灵的好，也是为了过得好。因此，努力意味着奋发向上、自强不息、自我完善的行动或状态。努力是生命对生活的回应，是与非存在、非人化的搏斗；既与外在事物对人的非人化进行斗争，也与内在的非人化的因素进行斗争。活着即历险，历险就意味着必须努力活下去，必须奋发生命的意志与力量。这是生命的一种形而上的承诺。现实中的人可能放弃努力，但无法否决生命本然的对“努力”和“自觉”的形而上的要求。

努力表现的是人自我教育的情态，是灵魂对自我的教育学回答，是生命对生活的教育回应，是对培育人性的坚持，是与非存在、非人化的斗争。这一斗争的结果就是人的生成，即教育的成果。人在本体论上无法也不应当放弃自我塑造、自我教育的承诺。任何人性的教育都应当在这一本体论意义上理解努力具有的教育价值与生命意义，而不是把努力当作获得生命之外的目标的工具或手段。

6.9 享用教育行动

享用是哲学家列维纳斯在《总体与无限：论外在性》中提出的重要的哲学概念。列维纳斯把享用看作人生活的本质形式，因为享用意味着沉浸在生活之中，探索并汲取生活的营养，生成自己的主体精神。（列维纳斯，2016）[90]

教育者享用教育生活，是指教育者沉浸于教育行动之中，表现为对教育行动的爱，以教育生活为生命表现的形式，即凭借教育生活而生活，在教育行动中获得滋养，通过教育行动实现生命价值和塑造心灵品质。享用意味着教育者自身的精神成长与教育行动合为一体。教育者一方面努力实现教育行动的美善，另一方面也享用教育行动的美善，使自己的精神及德性也变得美善。

> 对于行为来说，那种沉湎于（se nourrir de）其活动本身的方式恰恰是享受。（列维纳斯，2016）[90]

享用是生命行动，是生命存在的本质方式。享用，创造了人与世界的交流，表现了人独特的追求美好生活的态度。（Kekes，2008）[1] 享用是人本质性的存在形式，它建立了主体的行动与生活内容、方式的根本关系，建立了主体精神与世界意义、生活环境、生活资料的关系。享用是存在性的，是人之为人的生活姿态与生命卷入。享用不是占有或享受某种给人带来快乐或快感的物品，而是人与世界建立交往关系的根本方式。人因为享用世界及事物而实现精神建构，同时所享用的对象也以其享用性展现了意义。享用是一个人的主体性的涌现、绽放，是存在的表现与象征。对于主体而言，享用是对世界的本体性参与，同时也带来对自身生命的滋养与培育。享用不是一个人追求某种快乐的行为，而是主体精神建构本身。

> 如果享用……、享受同样在于与他物建立某种关联，那么这种关联就不显露于纯粹存在的层面。在存在的层面上展开的（实现）活动本身，此外也进入了我们的幸福之中。我们享用诸种（实现）活动——享用存在之（实现）活动本身，正如我们享用观念和情感。我之所为与所是者，同时也是我所享用者。（列维纳斯，2016）[92]

享用是一种存在性的付出或努力。享用不是被动地享受，而是主体自身的积极参与、付出、实现、展现，是主体的收获与成就。在生活本体论上，享用不是简单地追求享乐，不是把生活、教育当作满足自身欲望的工具的行为，不是一种追求快乐的心理状态或生活态度，而是生命投入到教育、生活之中并展现自我建构的意志与力量，是创造自身的行动。享用对于生命是构成性的，而不是工具性或手段性的。享用是在存在层面展开的，而不是在手段层面进行的。享用构成生活或存在。

如果享用是主体行动的根本方式，那么享用就是对生命之为生命的承担，因为生命只有去享用，才能作为一个生命实现主体的存在。所以，享用不是简单地对生活及物品的一种态度，更不是占有。享用由对生活的爱所激发，是努力实现生命价值的方式。所以享用作为主体生命奋斗的象征，总是意味着必须对生命或生活承担责任、面对生活中的问题和困难，意味着庄重、严肃、努力。享用不是享受或追求快乐，而是肩负生命实现存在的重担。它不是恐惧，也不是厌倦、麻木、松懈，而是去努力体验、品尝，去享有生命及生活，去实现生命的意义。

享用与创造并不矛盾，相反，享用是创造的基础，或者说享用本身也是一种创造。精神或德性的本质是不断的成长或变革，其只有在享用教育生活的整体意义中才能实现。享用是创造自我的根本方式，或者说是一种诗意地创造自我的方式。没有享用带来的精神滋养与转变，就不可能有精神的建构，也不可能有价值的创造。教育者对教育生活的享用，是创造自我的方式，同时也是对教育生活的创造。只有不断地创造教育生活的美善，教育者才能在享用教育生活中实现自己的精神成长。教育者享用教育生活、创造自身的统一过程，就是教育者的精神成长的过程。因此，教育者的精神成长或变革是建立在对教育生活的享用的基础上的。教育者的享用是敢于探索、体验、经受、尝试新的教育生活，表现了教育者在教育生活中的精神活跃，展示了他们作为教育行动的主体对教育意义的建构。享用是指教育者生动、努力地创造教育生活，是他们生机勃勃地建构精神的过程，也是他们积极实施教育行动的过程。

享用是一个人的精神整体投入到值得享用的对象之中的行动。享用凸显了教育者与教育生活的内在性和整体性的关联，表现了教育者与教育行动之间所建立的本质性的通达和相互构成的关系。教育者的享用是与教育行动的亲密互动，是愉悦地发出教育行动并嵌入教育行动。理解、感受、领受教育行动的意义，同时受到教育行动的滋养或培育，这就是教育行动对教育者的精神的回馈。教育者对教育生活的享用，意味着向教育生活的敞开与感受，意味着积极而主动地进行体悟、接纳、获取、整合、转化。这不是把教育行动和教育生活当作一种客观的事情，而是与之共生。这样，教育行动或教育生活就不是教育者不得不去做的事情，而是与其精神成长融合在一起。教育者把教育行动或教育生活的意义转化为他们自身新的形式、新的姿态、新的存在、新的品质、新的精神。

> 人变成存在的主体，不是通过承担存在，而是通过享受幸福，是凭借对那也是一种提升、一种“高于存在”的享受的内在化。（列维纳斯，2016）[99]

教育者享用教育行动或教育生活，也关联着他们对教育行动的美好体验。享用意味着精神的愉悦，就如接受心仪的礼物而感受到幸福一样。享用是积极地获得，意味着精神的涌动。享用意味着教育者完整地存在于教育生活中，是一个积极的教育生活者，在教育行动中愉悦地享用教育生活。感受到美好，具有愉悦感，才是享用。享用一定伴随着精神的愉悦，这是享用的本质。“我们享用的事物并不奴役我们，我们享受它。……人在其需要中自得其乐，他为其需要感到愉悦。‘享用某物’的悖论，或如柏拉图会说的那样，这些愉快所具有的疯狂，恰恰处在对于生活所依赖之物的满意（complaisance）之中。”（列维纳斯，2016）[94]享用意味着生活在其中、陶醉于其中、乐在其中、从中获益，并受到培育。

儿童是教育行动的享用者。教育者所创造的教育行动只有值得自己享用，才能值得儿童享用。儿童被置于学校的场景与生态之中，他们不是受训者，而是存在者；不是被管教者，而是生活者；不是被动的接受者，而是享用者。他们的享用或者他们能够享用，意味着他们是具有精神性的人，他们的精神成长始终伴随着享用，或者说，儿童的学校教育生活的本质属性是享用性。这种享用本质上与教育者的享用是一致的，因为作为人的精神及其成长的本质是一致的。只有教育者发出的教育行动给儿童带来了精神的愉悦，才说明儿童在享用教育行动。值得儿童享用的教育行动，也值得教育者享用。教育行动是否值得享用、是否被享用，就要看其是否能够给儿童和教育者带来共同的精神成长和美好感受。这说明教育者的精神成长与儿童的精神成长共同发生在对教育行动的享用中，他们作为生命主体的精神成长和精神享用是一致的。

6.10 真的生活

过真的生活，也许是对教育者的召唤。福柯非常推崇苏格拉底所说的真的生活，因为在追求真的生活中，人才能进行自我的心灵修炼，才能真正地成为道德主体，成为一个美的存在，也才能真正地享用生活的美好。（福柯，2016a）[186]

生活对于人来说，是一场严肃的选择，也是一种高贵的创造。选择或创造什么样的生活既是人成为人的过程，也是人在生活的历程中享用生活的过程。在创造或选择生活方式的过程中，人创造自己，也创造自己对生活的享用方式。这二者统一于生活的过程。过什么样的生活，就享用什么样的生活，就会成为什么样的人。对于人来说，如何生活是最重要的伦理问题之一。教育者过什么样的生活，就会成为什么样的教育者。

什么是真的生活？真的生活是值得过的生活吗？我们问什么生活是值得过的生活，其实是问什么是我们应当过的真正的生活，也就是我们应当创造什么样的生活，以便让我们确证真正的存在。我们每天都在生活，这种生活是真的生活吗？好像是真的，因为它是我们过着的生活。但是它是真的生活吗？是应当过的、值得过的生活吗？这似乎是个问题。

什么是值得过或应当过的真的生活？怎样的生活是真的生活？难道在我们过的生活中有什么真的生活方式被遗忘、被忽视，以至于我们没有过真的生活？也许，福柯说的是有道理的，真的生活是另一种生活，是我们在现实的生活中试图追求并过着的一种应然的生活。这是一个我们选择过什么样的生活的问题，即生活方式问题。对于我们每个人而言，思考这另一种可能的生活与思考任何可能的世界一样重要。（福柯，2016a）[204]

真正值得过的生活就是应然的生活，它应当是真的，也应当是善的、美的。什么是真的生活？什么是善的生活？什么是美的生活？这些都是哲学中的大问题，也是人生中的大问题。以真、善、美来说，应然的生活也许听起来有点太虚幻，但其与生活、生命息息相关。如何使自己的生活真？如何使自己的生活善？如何使自己的生活美？这些难道不是我们应孜孜不倦去思考的问题吗？这些难道不是我们力图要创造的生活及其经验本身吗？

真的生活也许是生活中的头等大事。真的生活、善的生活、美的生活都涉及真理，即真的、善的、美的生活是什么，这是生活真理的问题。一个人想过好的生活，就必须明确自己真的知道什么是好的生活，同时其行动得建立在真知之上。他（她）必须知道本真的自己是谁，知道自己在生活中真的需要什么，意识到自己真的人格、真的生活意志，意识到自己在过真的生活，意识到自己所言的善、所言的美是不是真的。心灵的美善是人生存的目的，这里其实也包含真的问题，即我们必须知道什么是心灵的美善以及心灵所过的生活是美善的，通过认识真的美善的生活，我们才能过美善生活。如果不在乎或者不知道什么是真的美善生活，我们如何能够过美善生活呢？过好的生活就是过美的生活，过又好又美的生活也意味着一定要过真的生活。

真的生活是不掩饰的生活。"真的"在古希腊语中是alethes，意思是"无蔽的"或"澄明的"。真的生活让真实显露出来，就是没有隐藏或者掩饰什么，没有什么东西被掩盖。真的生活，就是生活中的事物没有被遮蔽，过生活的我们也没有遮蔽或隐藏什么，或者说，为了不隐藏或遮蔽什么，我们要把自己所做的事情放在明亮处，暴露在日光之下，让我们自己澄明地出场，清晰地展现在他者视野之中，这就是不隐藏，没有见不得人的事情，没有让人羞耻的事情——活得光明磊落。这不是在生活中处处显摆自己，而是真实自然、胸襟坦荡，不在乎别人知不知，而在乎自己生活得真不真。生活的真就是真实、澄明、精神灿烂地在世界中在场，至于是否收获了名利，都不是真实生活所追求的。为名、为利的生活总是要放弃生活的本然价值，从而离本真的生活更远。

不掩饰地生活就是真的生活的原则。真的生活的内涵也包含着真诚，既不欺骗人，也不欺骗自己，因为欺骗总是要隐藏真相或者歪曲真实，故意遮挡事物，不让人看清楚。不掩饰意味着不害怕生活在他人的目光下，同时也意味着有勇气去抵抗生活中的阴暗面，去追求正义。因此，真的生活是对自己、对他人而言都是正当、正义、正派的生活。这一点与现代生活的方式具有巨大的差异，现代人因为利益的区隔与相争，害怕他者的目光，试图把自己掩藏在私密之中，进而包裹自己或者包装自己。而真的生活是把自己的生活置于他者的公正目光之中，让自己的生活经得起检验。没有掩饰的生活，就是说生活者愿意把自己置于他者的目光之中，愿意与他者一起过值得过的生活。换句话说，这种生活希望得到他者的审视，希望生活在世界之中，对他者友善。同时，没有掩饰的生活也包含对自己的真诚，即对自己也不掩饰，让自己的生活经得起自己的内在检验。一个人应当具有这样的生活原则，既生活在并且知道自己生活在内心的目光的注视下，当然也生活在他者的目光的注视之下。（福柯，2016a）[208]

真的生活是符合生活之名的生活，也就是符合生活本身的生活。生活就是生命本然价值的直接表现。生命的持续存在意味着生活应当是生命以高贵而美好的在场方式所经历的，生命在其中简单而直接地享用生活带来的价值经验。所以，真的生活不是扭曲的生活，不是混乱不堪、杂乱无章、歪歪扭扭的生活，不是无聊、丑陋的生活。所以，真的生活意味着没有给生活添加它本来所没有的东西，因为添加某种外在的东西会使生活本身所追求的事物与生活价值本身不一致，造成生活的扭曲。那些总夸耀自己的人，总是给自己的人生或生活添油加醋，装腔作势地说或者做，标榜自己的生活的繁华与丰富，凸显自己的地位与身份，这可能给生活添加了许多的额外之物，使得生活本身沉重不堪。但是，生活本身也许是简单的、平常的、自然的、明亮的。在生活中不掩饰，其实也意味着生活在简单与平凡之中，按照生活应当具有的样子去生活，而不是给生活附加多重的目标，提出额外的需要，从而使得生活被扭曲。混乱不堪的生活意味着生活中的目标凌乱不堪、相互冲突，结果人就不知道何处是正道，表面上看起来好像冠冕堂皇、得意扬扬，但这种生活没有一致性，造成心灵的混乱与分裂，这种生活无法与真实生活的真理相容，无法与理智的心灵相容。

真的生活是按着生活的本质去生活。人所不愿意过的生活，就不是真的生活。生活应当是本色的，它永远以它真实的面貌出现，而不是伪装的，这种生活本身没有远离它所必需的构成性条件，也没有脱离生活之所以是生活的核心，这种真的生活永远会被人的眼睛所辨识，被人的经验所理解，也被人所追求，被心灵所享用。动物没有生活，而只有存活，只有人通过追求自己的理想和自己对生命的理解而自觉地投入生活之中，让生活彰显生命，也让生命享用生活，自自然然地生活，堂堂正正地做人。某种生活的样态或外表遮蔽了生命及生活，让人看起来不自然，那就是真的生活没有得到彰显。遮蔽、伪装等本身不属于真，真的事物可能会被遮蔽、被伪装，但这不是真所包含的，遮蔽或伪装已经意味着假，与真不相容，因此，真的生活是简单的、真实的、自然的生活。追求真的生活，也意味着生活本身是寻求精神明亮的生命历程，要把那些遮蔽心灵、遮蔽生活、遮蔽真善美的形形色色的事物排除掉。

真的生活是符合道义的生活，即符合正当原则与真正的规范的生活。生活者感悟生活的伦理，理解生活的规范，提出生活的准则。个体自己所给出的生活理由是否正当，是否符合人类的生命在生活中的价值与尊严，这是个体检验自己的生活及其原则的依据。生活是行动，它本身具有内在价值，向人们发出召唤，让我们按照生活本身的最高准则去行动，按照生活本身的善去创造。真的生活，就是按照生活本身的准则或原则去生活，这就是由规范奠基的生活。真的生活就是正当的生活，也就是由正当的原则所引导的生活。生活具有真实的原则或规范，生活中的行动才是正当的，才不会失序。正当的生活才是应当过的生活，过正当的生活是生活秩序的根基，如此生活才不至于把日子过得混乱不堪。生活的原则是根据生活的本质对生活真实性的揭示，所以依据真实的原则生活，就是依据生活的真理而生活，或者说按照真理所揭示的生活原则而生活，这就是正直地活着的本质。如果“我”从理性上确证了真正的生活应当依据根本的真实原则，那“我”就应当把履行这些原则作为义务，作为“我”在生活中应当遵循的原则，这就是正直地去过真实的生活。在柏拉图的《高尔吉亚篇》中，那些心灵被谎言或虚假所玷污的人，因为没有与真理生活在一起，过的是不正义的生活。如果心灵中没有真理，就无法克服虚假。因此，与真理生活在一起，才能使心灵变得真实，也才能使心灵变得幸福，心灵才不会混乱不堪、四分五裂。

真的生活是没有分裂的生活。生活中没有混杂不堪的“想要”，不受各种杂乱无章的欲望的摆布，不受纷杂的现象或欲望所诱惑，而直接简单地听从生活本身的召唤，所以，真的生活摆脱了动摇，远离了堕落，是一种心灵祥和恬静的生活。推崇或追求比生活或生命低的价值，就是把生活或生命当作了手段，这是一种降低生活或生命价值的表现，因此是堕落的生活，是与生活的价值不相配的生活。生活要追求与生活或生命配得上的价值。真的生活追求生命永恒的价值，因此其本身不会失去本色，它努力摆脱一切使生活贬值、变质或堕落的东西。这意味着真的生活是追求生活本质的生活，努力使得生活保存着自身最为重要的根本要素与价值，使得生活不混乱、不失序、不变质。不改变生活本然的价值秩序，不放弃生活的根本价值，就是过一种真的生活。如果屈服于纷杂的欲望，放弃了真善美的价值，那么，心灵就是无序和丑陋的。

真的生活也是自主或自律的生活。自主的生活是自我治理、自我控制的生活。不自主或不自律的生活，是缺乏自我治理的生活，这种生活很难说是本真的。我们自己愿意去过的生活是自觉创造的生活，而不是他者给我们安排的生活，也不是我们自己觉得无所谓的生活。“我”把生活当作自己的生活，“我”在意它，“我”创造它，“我”享用它，“我”自己是生活的主人，“我”过自己给自己“立法”的生活，这就是自主和自我治理。

真的生活是一种生活方式，这种生活方式追求光明与美好，让人能够坦诚、真挚地对待他人，对待自己，因此这种生活方式既塑造自己，又影响他者。生活总是离不开与他人共同生活，在与他者的关系中，“我”不是他者的主人，他者也不是“我”的主人，“我”只是自己的主宰者，但“我”过的真的生活是对他者有益的生活。既然“我”过自主的生活，那么也意味着“我”必须尊重他者去过自主的生活；既然“我”希望从他者的生活中获得教益，那么“我”也希望自己的生活对他者有某种助益。这是自主的生活本身所包含的，因为自主的生活是试图让自己变好的生活，没有人想过一种坏的生活，没有人想在生活中变坏。既然自主意味着努力过一种好的生活，那么自主的人就对他人具有示范的意义。自主之人虽然也可能因为运气不济或者措施不当而过得很糟糕，但其所过的不是坏的生活，坏的生活是对自己没有益处也对他人没有益处的生活。所以，自主的生活开创了人与自我的关系，也开创了人与他者的关系。

我们过的生活是现实的，是实实在在发生的，但不一定是真的生活。真的生活具有一种伦理的生活风格，是生活者把自己确立为生活主体的生活，或者说，在这种生活中，生活者是作为一个伦理的主体在创造着伦理的生活，他在这种生活中作为一个伦理主体不断成长。在这种生活中，每一个人都创造了一种与众不同的生活风格。在创造真的生活中，在享用真的生活中，生活者在不断地创造生活的风格，创造生活的伦理。生活者通过真的生活使自己成为一个伦理主体或智慧的主体、享用生活艺术的主体。在这个意义上，真的生活是追求真善美的生活，在追求真善美的生活中操心自己如何把生活过好，操心如何把自己的心灵塑造好。

人在生活中雕刻自己的心灵。人一方面应当把生活当作一种艺术，当作创作美的生活方式，另一方面应当以美的生活行动把自己的心灵当作艺术品进行创作。这需要人对自己及生活的洞察，需要人理解成为何种自我以及选择如何生活的智慧，这需要对生活进行慎思。人如何过一种真的生活？如何成为真正的生活者？这不仅仅是生活行动的任务，也是生活之思的任务，这正是人作为生活的伦理主体的特质。人只有在生活中洞察“真的生活”是什么，只有真正地把生活当作伦理的艺术，真正地热爱美善生活，才能给追求真的生活和真的我提供内在的驱动力。

真的生活没有伪装、没有扭曲、没有混乱。善的生活是对心灵的护养、培养、完善、提升。美的生活就是把自己的心灵当作艺术品进行雕刻。生活本身是行动，生活的艺术是行动的艺术，只有把真理和美善作为行动的基础，只有以行动创造生活的品味和风格，生活才是真的、善的、美的。生活本身是一系列的伦理选择，是理性判断，同时也是美感经验的判断。我们需要不断地反思我们的伦理决断，检审我们的生活信念，判断我们的生活是不是真的“美”、真的“好”。也许，对于任何一个人来说，“怎样生活才好、才美”的问题，是贯穿生活整个历程的问题，意识到这个问题是创造生活的开始。提出这个问题并思考这个问题，是开启艺术化、伦理化生活的钥匙。在这个意义上，一个人试图拥有自己的生活哲学，是与创造本真的生活、生成生活智慧、塑造健康的心灵相通的。

生活的哲学就是生活的艺术。追求本真生活的艺术，就是过一种自由地、审慎地把生活本身作为对象去考察、去创造的生活，一种在生活历程中雕琢生活者的生活，一种伦理化、审美化的生活。本真的生活的意蕴就是如何对生活以及生活者进行伦理、审美的建构。

教育即生活，教育即教人去过真正值得过的生活，或者说是教人去过本真的生活。在过真正值得过的生活中，生命才是一种价值实践，人才能实现作为伦理主体的主体化。本真的生活与人之为人的成长是统一的，本真的生活方式就是人的成长方式，或者说，是人的心灵中最优秀的、最善好的部分得到培养的方式。因此，教育与本真的生活具有内在的价值相通性。

教育工作或者教育活动，本身就是一种独特的生活，这种生活与其他非自主的工作或活动不一样，因为教育活动对教育者的品格和自我的艺术的要求是其实施教育行动的构成性条件之一。没有教育的品格和自我的艺术，一个教师就无法真正地从事教育工作或教育实践。没有过本真生活的勇气与热情，没有过本真生活的能力与艺术，没有过本真生活的行动，教育者就难以真正懂得生命与生活的真谛，就难以生成生活的智慧，就难以成为一名卓越的教育者。

6.11 创造心灵的福祉

> 内心的增长才能赋予生命深层的乐趣。
>
> ——克尔凯郭尔：《非科学的后记》

人追求完满与幸福。这是心灵的本性。我们怎样过的生活才是幸福的？我们怎样过一种繁荣的好生活？我们在怎样的生活中创造福祉？这个问题就如莎士比亚的《哈姆雷特》提出的“生存还是毁灭，这是一个问题”一样，是人的重大和深沉的问题。

亚里士多德把幸福看作生活的终极善，也就是生活的终极目的（亚里士多德，2003b）[9]，这是符合生活的本质的。幸福本身是生活内在的理想。[①]生活总是包含着对更好的生活的可能性的期待和希望，在这种目的感中创造自己的生活，因此，幸福生活是精神有价值的创造。[②]

生活是为了追求幸福，就是意味着创造一种有福的生活！生活不可能以生活之外的事物为目的，如果是那样的话，生活本身就被异化了。幸福是生活本身的终极目的，因为，幸福是蕴含在生活之中的，是生活本身自足的、内含的目的，幸福之外不可能有别的目的，其他条件性的手段性的事物都无法成为生活行动的终极目的。因此，幸福使得个人的生活有了统一性。追求幸福就是过一种幸福的生活，在这个意义上，生活就是追求幸福。（列维纳斯，2016）[95]

幸福的生活不是间歇性的短暂的情感状态（如快乐）所能标志的。心灵的福祉不是快乐，因为快乐不是生活行动的终极目的。如果快乐是人生的终极目的，那人的心灵、生活以及与人相关的一切就都构成了人获得快乐的工具。显然，人的实践和行动并不一定与这样的快乐相协调，有些行动并不以快乐为目的，也不构成快乐的条件。快乐并不是作为目的而预先就存在，它是人的生活展开过程的感受，或者说，把快乐作为预先存在的人生目的，就意味着把人本性中的道德、精神、伦理、价值观念甚至人性的优秀作为获得快乐的手段。这样，人如何存在的伦理问题就变成人如何获得快乐的心理问题。

如果“快乐是生活目的”的观念是正确的，那就会使得我们的生活仅仅追求那些能够满足快感的事物，比如金钱等。人生就可能以这些具体的可占有的事物为目的。但是，当人生以这些满足快感的事物作为追求时，人生就是无法餍足的，因为欲望物是不断变换的。获得一种欲望物的同时，

---

① 赵汀阳在《论可能生活》（生活·读书·新知三联书店 1994 年版）中提出，必须要悬置一切关于世界的理想，不论是关于更好的社会的理想还是天国，因为这都不是生活的意义。生活的意义当然只有生活本身才能给予。但是，生活的理想除非被放置在个体独自的生活史中，被看作与社会和他者无涉的，才可以理解，但是这种生活的目的难以消除“自我中心主义”的嫌疑。

② 胡塞尔认为，生活是精神的有价值的创造过程。

也就意味着从这种欲望物中获得的快乐随之消失。所以这种快乐的满足是间歇性的，难以承担表达完整的生活状态的意义，难以实现幸福或美好生活带来的内在的完满感。

快感的满足是否就是幸福呢？哲学家诺齐克有一个著名的思想试验：假如有一台机器，它可以对一个人的大脑的快感神经不断进行刺激，仅凭这种刺激就可以使人感到自己任何的欲望都得到了满足，感到无比的快乐，那么这个人是否在自己的一生中都应当插上这种机器呢？（Nozik，1989）[104–108] 或者说，因插上这种机器而获得快乐，但这个人是否幸福呢？[①]

快乐当然是人可欲求的一种情绪状态，但是由于人生不仅仅以快乐为目的，人生中还有许多其他的内容，我们在人生中可能体验到其他满足，如我们在欣赏音乐中产生情感的共鸣和移情，我们在体验自然的美与和谐时的惬意，我们感受友情时的喜悦和满意，等等。毫无疑问，快乐仅仅是其中之一。从这个意义上讲，快乐无法形成与生活的整体关系，无法构成生活的唯一追求。快乐所牵涉的身体的或外部的利益本身绝对不是蕴含生活幸福的行动，快乐无法构成生活或者人生的本质。快乐作为一种情感状态，无法涵盖生活或人生幸福的丰富的精神意义。

毫无疑问，快乐也是一种内在善，其本身具有内在价值，而且人生也是因为其有内在价值而把快乐看作人生积极的体验。一个在快乐中成长的人身心更健康。但是，我们应当恰如其分地把快乐看作生活的整体范围中一种特殊的情感体验，而这种体验仅仅是我们满足生活中的自然需要而具有的心灵状态和精神感受。从这个角度看，快乐是幸福中应该包含的。在追求幸福的生活中，人有快乐，而且幸福的生活本身令人愉悦，但这种愉悦不是欲望满足之后的快乐，而是因幸福而感到惬意。

真正的教育者是精神真正喜悦的人。他们自己在追求幸福中感受到幸

① 包尔生提出过相似的假设——如果我们发明一种带给人快乐的类似鸦片的药物，但不至于对使用者及其他人产生有害结果，我们能否推广这种药物并称赞这是一个伟大的发明？包尔生认为，这种快乐无论多么巨大，但是相对于人的生活是不自然的，与人的本质相背离，对于人类的生活是无价值的。相关论述见《伦理学体系》（中国社会科学出版社 1988 年版）第 229 页。

福，同时他们也是令人精神愉悦和振奋的人，这是因为真正的教育是令人幸福的。教育者的精神灿烂与生命的活力、积极、泰然、广阔、向上让人愉悦，所以，真正的教育者自己的喜悦和令人愉悦是统一的，这种完整与完满振奋他者的精神，使得他者的心灵感受到喜悦。

幸福是在人的生活中表现出的整体的精神状态，它不仅是一种生活状态，而且也是人的心灵状态，是精神获得卓越发展的状态。就幸福是生活状态而言，幸福是我们过值得过的生活的状态，同时幸福是价值实现的行动，在追求美善生活的心灵状态和精神意象。这意味着幸福不仅仅是感觉，更是生活实践或行动本身。只有把美善生活的理想付诸行动，只有把幸福看作造福的实践，我们在生活中才是幸福的，才具有幸福的心灵状态。这不是生活中一次单个的行动所能蕴含的情感，也不是生活的某个方面所能表现的满足。幸福是整体生活实践的精神状态。可以说，幸福就是美善生活的实践过程，就是美善生活本身。追求和实践美善生活就是实现了幸福，就是好好存在、好好生活、好好行动。

幸福是美善生活的实践，离开美善生活的亲为就无所谓幸福，因此，幸福不是一种他人能够带来的经历、感受和物品。幸福是生活行动所追求的，或者说幸福是一种生活方式和生活行动。[①] 幸福只存在于有价值的生活实践之中。

幸福必然包含着善的追求，“好好”过生活，也就是“好好存在”，也就是过一种善的人生，成为一个“好人”，这是伦理对生活的守护和治理，也意味着要发展和培养人的优秀品质。[②] 好生活就是善生活，也就是能够

① “道德人格以两种能力为其特征：一是获得一种善观念的能力，二是获得一种正义感的能力。当其实现时，前者表现为一项合理的生活计划，后者表现为一种按某种正当原则行为的起调节作用的欲望。所以一个道德的人是一个具有自己选定的目的的主体，他的基本偏爱取决于条件，这些条件使他能去构造一种尽可能充分地——只要环境允许——表现他作为一个自由平等的理性存在物的本性的生活方式。人格的统一表现为他的计划的一致性，这种统一建立在以符合他的正当和正义感的方式遵循合理选择原则这种更高级的欲望的基础之上。当然，一个人的目的不是马上而是慢慢地形成的，但是他能够以正义允许的种种方式表达并遵循一项生活计划，从而塑造他的自我统一”。（罗尔斯，1988）[548]

② flourishing、well-being 和 eudaimonia 都有幸福的含义，都包含着过幸福生活的意蕴，从这个意义上说，幸福就是过美善生活。

产生幸福的生活过程，同时，也是一个人成为好人的过程。在这个意义上，幸福就是好好存在——好好生活的人生实践。人只有在做好人的生活实践中，才能真正幸福地存在、幸福地生活。

作为生活的终极目的，幸福赋予我们一个无法解除的责任或义务，追求幸福是生活置于我们身上的绝对命令，即好好存在——幸福是我们的生活责任。不去实现幸福，不仅仅是不去追求美善，不去追求美德，而是放弃了自己的生活。

幸福生活应当表现出自主、完满、健康、惬意、正义、和谐的特性，它是值得过的，也是应该过的生活。[①] 只有追求和过这种幸福生活，才是一种幸福的实践，生活才是美善的。虽然从主观来说，幸福表现为美善生活给予人的一种心灵愉悦的感受，但是，幸福不仅仅是主观感受，更是美善生活的实践本身。

幸福（生活）是人的美善生活，所以幸福是按照心灵的本真的需要而实现的生活，即依照人之为人的本质而创造的生活。因此，幸福是整个人生都生活得美好的实践，也是心灵得以表现自己的本性即实现自己的价值（优秀价值）的实践。

如果幸福和美善生活是一体的，那么幸福也就意味着美善生活内在的可能性本质。人追求幸福，就是实现生活的这种本质。这种生活的本质与人的精神本质是一致的。eudaimonia（幸福）这个词意指人在生活实践中实现的精神本质，这种精神本质是每一个人在创造美善生活的人生中也就是创造幸福中实现的。幸福意味着一种有灵的生活。人对自己的精神本质进行严肃的理解，并且把这种理解投入尚未实现的可能生活中，这个人不就具有了一种特殊的精神了吗？不就具有了一种特殊的心灵了吗？或者说，美善生活的理想或者幸福使得我们自己以及我们的生活本身具有丰满的灵韵，使我们享有平安、和谐和福祉，也使我们具有一种独特的精神气质，使我们的精神优异地表现在我们的生命活动中，而且整体地表现在我们完整的生活历程中，这不就是幸福吗？

① 幸福或美善生活不是高不可攀的，而是每一个人在平凡的生活和平凡的工作中都追求的。

虽然生活的过程受到种种因素的限制，虽然现实的生活世界中存在种种不完满，甚至存在恶，虽然我们的现实生活无法彻底实现美善，但是追求美善生活的实践是可能的，也是应该的。人性价值的实现与追求幸福的愿望，需要人与恶的生活对抗、抵御恶的侵蚀，因为，抵御恶的侵蚀是对幸福（美善生活）的保护，这本身就具有实现生活美善的意义，而在生活中对于美善事物和价值的积极追求和创造，也意味着对恶的生活和恶行的抵抗。

现实中没有人想过一种恶的生活，也没有人具有给自己创造恶的生活的动机，但恶的生活在个体或集体都是存在的。[①] 恶的生活是现实中损害生活的生活，无法彻底铲除。[②] 不管恶的生活源自何处，恶的生活是与幸福背离的，是与美善生活对立的生活。它意味着现实生活的复杂性和不完满。[③] 面对生活的常情，美善生活的实践正是克服各种恶的力量、积极追求美善的行动。[④] 这意味着追求幸福，既承载现实生活的严峻，又包含着对美善生活的创造，在创造美善生活的过程中积极防御恶的侵蚀，幸福因此包含生活的严峻、艰辛、困难甚至痛苦。[⑤]

6.12 以美德配享美好生活

教育者的心灵的美德，不仅是形成善好和美尚的教育行动的构成性要

① 我在这里主要指的是人为的恶而不是自然的恶。人为的恶有生活秩序本身的恶和人的品质的恶劣，这种恶是与幸福（美善生活）背离的。自然的恶如灾害可能给人的生活带来严重的破坏，偶然性的厄运也可能给人的生命利益造成损失（如果不是生命的失去），但二者无法阻止或摧毁整体上的美善生活。

② 由于人的恶性来自人的道德欠缺和软弱，所以现实生活的不完美是必然的。这是因为人的生活有可错性（fallibility），人因无知和道德欠缺而无法在生活中不犯错。

③ 排除恶与不幸，也就排除了生活本身。尽管我们的生活难以祛除恶的影响，尽管我们应当合理地看待生活中的背运、不幸、灾难，但它们不能在我们的生活中正当化，道德的恶更不能正当化和合法化。

④ 人类生活的本质就是幸福对不幸的抵抗，这是生活的本相，也是幸福的本相。对待厄运、不幸、灾难、恶德等的方式，表现了人性庄严和崇高的力量，这是幸福应有的内涵。

⑤ 快乐难以抵御生活中的各种恶，因为恶本身造成不幸，抵御恶是严峻的，不一定快乐，但是与恶对抗却能带来精神的愉悦。

素，同时也是他们享有美好的教育生活的条件。欠缺教育美德或教育美德的不足，不仅不足以达成善好的教育行动，也无益于教育者自身的教育生活，即美德的不足无法使教育者从他们的行动中体验美好，无法从行动中获得内在的善与外在的善，而只有教育者的教育美德才能达成教育行动的善好，才能达成他们自身的美好生活。

> 美德必定被理解为这样的品质，将不仅维持实践，使我们获得实践的内在利益，而且也将使我们能够克服我们所遭遇的伤害、危险、诱惑和涣散，从而在对相关类型的善的追求中支撑我们，而且还将把不断增长的自我认识和对善的认识充实我们。……人的好生活是在寻求好生活中度过的生活，追寻所必需的美德是将使我们懂得更多的有关人的好生活是什么样的那些美德，我们把美德不仅置于与实践相关的情形中，而且置于与人的好生活相关的情形中。（麦金泰尔，1995）[277]

如果幸福是美善生活的实践，幸福就与每个人的美善生活的"善"的实践相关。善的实践当然包括善事物的获得，善事物构成了美善生活（幸福）的必要条件。人在美善生活的实践中需要的善事物有哪些呢？①

第一类：美善生活所需要的外在善。这主要是过体面的、有尊严的生

① 罗尔斯提出的社会首要善的正义分配是在政治自由主义的立场上提出的好生活所需要的社会和政治条件。社会首要善包括以下几类：（1）基本的权利和自由；（2）移居自由与多元机会背景下对职业的选择；（3）在基本结构下的政治制度与经济制度中享有各种权利和承担各种责任；（4）收入和财富；（5）自尊的社会基础。美善生活不仅仅是个人力图实现的私己生活，如果缺乏社会首要善的正义分配，美善生活是不可能的。因此在一定意义上说，罗尔斯提出的社会首要善的正义分配不仅是衡量一个社会是否正义的标准，而且是美善生活的外部标准。此外，有学者指出美善生活也有内在的标准。贝克（L. C. Becker）提出美善生活的标准包括：（1）可持续的生活所需要的物质条件；（2）意识品质；（3）理解；（4）自我主宰；（5）理性、欲望和意志的和谐；（6）善的实现；（7）有意义的机遇；（8）有意义的活动；（9）有意义的必需品；（10）自爱；（11）善心；（12）双边的爱；（13）性生活的完满；（14）有成就；（15）公正与诚实；（16）完整性；（17）生活之美。关于贝克的论述，参见剑桥大学出版社 1992 年出版的《美好生活与人之善》（*The Good Life and the Human Good*）一书的第 18—23 页。

活的物质条件，比如一定程度的财富、外部环境条件（如生态环境）等等。这是我们追求美善生活需要的善事物，也就是幸福依赖的客观条件，但是它们是建立在我们的需要基础上的，是因为我们需要才构成了善事物的价值。[①] 它们是有效善，即对我们的美善生活是有效的，而且只有我们在实践美善生活的需要基础上才是有效的，因此，它们仅仅是实现幸福生活的手段。

这一类善事物对美善生活有时具有重要的影响，但不会产生根本的决定性影响。因为许多外在的善事物的获得，部分或者全部取决于我们不能完全控制的外部环境。它们是机会性的，不完全依赖于我们的选择和行动。我们拥有它们，一方面依赖于我们的合理、合宜的行动，另一方面确实也依赖于外在因素，甚至还有“运气”等，比如有时厄运也会降临。

这一类外在的善事物对于我们的美善生活的影响，还取决于我们对待和处理它们的智慧和态度。我们主观的个人品质调节着它们对于美善生活的作用。例如，当我们遭遇厄运的时候，我们可能以坚强的毅力克服困难，以乐观的精神期待未来，从而使得我们在不利的情况下，也能够追求美善生活、创造幸福。

第二类：美善生活所依赖的优秀的善事物。这是指那些能够帮助人在生活中实现自己的潜能、使人得到发展的事物，如知识、技能、才智、美的鉴赏力、好的生活习惯、健康、荣誉、友谊等。这一类善事物具有一种使我们的人性品质得以提升的意义。拥有它们，可以使得我们自己更加卓越和优秀，也就是使得我们具有善的品质，比如，好的生活习惯可能帮助我们获得健康。

这一类善事物都是人应该欲求、应该拥有的内在善事物。它们一方面是基于我们人的内在本性的，是我们人性向优秀发展的必然需要的事物；另一方面，它们也是我们可以选择、应该选择的善事物，这是指我们完全

---

① 我们一定要区分需要和想要。想要远远大于需要，而需要是就人类的共性而言的，也就是人性基础上的共性的需要，想要是就个人的独特性而言的，人从不需要对人实际是恶的事物，也不需要应该避免的事物；需要不会过分，而想要往往太多，如果把想要看作个人的需要，那我们可能想要的是我们不需要的东西。这方面的相关论述参见团结出版社 1989 年出版的《六大观念》一书的第 77 页。

可以通过我们合理、合宜的行动而获得它们。比如，好的行为习惯，只要我们选择培养它们，它们就一定能够在我们身上养成，知识、才智、技能等也是如此。

这一类善事物是内在的善，它们对于我们的美善生活具有根本性的影响。这类善事物带来的是人的内在的善或利益，也就是人性的不断完善和优化。[①]人的精神在美善生活中不断地提升，这是人感受精神成长的喜悦的源泉。

毫无疑问，教育在帮助个人拥有这一类善事物方面能发挥巨大的作用。教育培养人性向更优秀的方向发展，虽然知识、才智、能力、好的生活习惯等不是优秀人性的全部，但无疑也是重要的方面。教育之所以能促进人的美善生活或幸福，原因之一就是能够帮助人选择并努力获得这一类内在的善事物，使人获得判断美善生活的实践方式、确定自己合宜的需要、处理生活中的实际问题等需要的智慧、情感、知识、能力和才艺，使人通过教育形成好的心灵品质。这是为了人的幸福而教育的内涵之一。

第三类：美善生活所依赖的社会的善品质。社会的组织、社会的各种制度、公共社群、工作社群、交往社群、教育方式、社会风尚、公共福祉等的品质对个人的美善生活影响深刻，每一个人都需要它们，以促进和帮助个人创造美善生活。社会的善主要体现为正义、公平、平等、权利（包括自由权利和认可的权利等）、高尚、正派、尊重等，这些其实都是个人实践美善生活的重要价值。它们是个人应当获得的善，但都是由社会来承担的，或者说，保障各种基本权利、促进社会正义和公平、营造高尚的社会风气、扩大公共福祉等主要是社会整体的义务，社会的品质就表现为是否实现和追求这些价值。社会的善品质是好社会的重要体现，而好社会是实践美善生活的背景性的公共时空。[②]

① 包尔生认为，幸福就在于人性的完善发展和价值实现。相关论述参见中国社会科学出版社 1988 年出版的《伦理学体系》一书的第 215 页。

② 公共空间是个体行使自由能力、实践美善生活的空间。失去公共空间，个体就失去了最根本的自由，失去了来自他人的世界和公共世界的教化，就不能完整地实践美善生活。这意味着一种“被剥夺”状态。

社会的善品质是一个社会在追求好社会的过程中形成的，它也是公共福祉（公共幸福）一种体现。我们安排社会的目的之一，就是创造公共福祉（公共幸福），从而使得公共福祉能够贡献于个人的美善生活的创造。自由、正义、平等、公平、权利等都是个人实践美善生活的价值性条件，而且是不可或缺的条件。

社会的善品质以及社会所保障的自由、正义、平等权利等善，虽然体现为社会的作为，但是与每个人的美善生活的实践具有重要的关联，这不仅因为它们提供美善生活的价值条件，而且因为社会的善品质也是个人的美善生活的结果。或者说，个人美善生活不仅创造个人幸福利益，而且也创造社会的利益，即创造和扩大社会的公共福祉，例如，社会正义的确立也依赖于个人的正义感，社会平等地保护个人权利，也需要个人对他人权利的尊重，社会风尚也需要每一个人的道德行动的维护，等等。社群是人与人的互动所形成的共同体，不是外在于人的抽象概念，每一个人都是共同体中的合作者和参与者，社会的善品质是所有人共同营造的，每一个人都具有为共同体生活造福的义务。从这一点来说，个人的美善生活是与社会的善品质联系在一起的，即个人的幸福与公共的幸福联系在一起。因此，我们创造美善生活与创造一个好社会是联系在一起的。我们不能在损害公共福祉的情况下获得个人的美善生活（幸福）。在这个意义上，个人的幸福与公共幸福是一体的。①

每个人在实践美善生活的过程中有选择自己的生活理想的自由和实现自己的价值的自由，好的社会的善品质是促进个人实践美善生活的实质性自由的重要条件。一个正义的、公平的社会尊重个人的选择，在帮助每一个人追求生活的合理的支配性目的②方面做出力所能及的制度性安排，给

---

① 如果幸福是美善生活的实践，那其本身就包含着对公共福祉的促进。只有包括对公共福祉的促进，个人的美善生活才能完整地实现。公共福祉虽然是公共的，但却是每一个人分享的。个人完整地实践美善生活包括两个不可分割的部分：个人福祉和公共福祉的促进。

② 所谓合理的支配性目的，是指生活的合理计划的提出和实现，建立在对正义原则和正当的约束的基础上；所谓支配性目的，是指人在生活中可能具有多重的目的期望，可能具有一个价值序列，从中可以看出决定他个人是否幸福的根本性目的。（参见罗尔斯，1988）[535]

个人福祉提供有力的保障。因为个人幸福是通过追求一种合理的生活目的而得到的，所以，合理的生活目的的实现是个人幸福的重要内涵，实际上，合理的生活目的的实现就是个人的美善生活的实现。

美善生活需要教育者对自己面临的问题、环境、理想做出积极的回应，这意味着教育者需要具备在社会、学校和教育体制中实践自己的美善生活的能力。教育者形成实践美善生活的能力和拥有实践美善生活的自由是教育者过教育生活的条件。（金生鈜，2006）

第四类：美善生活的实践需要我们去做的善事物。我们应当去做的善事物是实践美善生活的具体行动，即我们的善行。这种具体的行动包括：帮助获得实践美善生活的可支配的资源和事物；表现生命与人性价值的行动，如工作等；促进我们的能力、潜能等素质提高的行动；对于我们实现合理的生活目的有价值的行动。这些都是合理自利的行动。个人的善行动也包括我们对他人有价值的具体行为。由于我们实践美好生活的行动是具体的，而且是在公共时空中的交往性活动，因此，一个人的行动不仅影响自己的美善生活，也影响别人的幸福，影响公共福祉，因此，我们的生活行动必须建立在正当性的道德评价上。从这个意义上说，我们希望去做的善事物是应当性的，应该是合价值的。

教育者对美善生活的目的的选择和合理的行动的实施构成了美善生活的实践本身。教育者的美善生活的具体行动能力包括判断力、胜任能力、价值实现的效能等，这些都是促进美善生活实践的重要方式。教育者的生活智慧、交往能力、道德实践能力、对行动后果的评价能力，都是促进美善生活（幸福）的方式。

第五类：美善生活所依赖的我们应当成就的善事物。我们应当成就的善事物是指我们应当成为什么样的人。我们的美善生活的实践与我们应当怎样存在、我们应当成为什么样的人是结合在一起的，因为，我们怎样做人与我们怎样生活是一致的，我们生活的过程就是做人的过程，我们想做什么样的人就过什么样的生活。“做好人就是谋求幸福”，“谋求幸福就是做好人”。（赵汀阳，1998）[145]

美善生活的实践依赖于我们的理想，或者说，我们的幸福依赖于我们怎样在生活中做人和做什么样的人。我们是否发展心灵的善，是否选择美善生活，是否过一种应当和值得的生活，这些与幸福的追求是相通的。因此，幸福依赖于我们表现人性的优秀的善，也就是与我们的心灵的善——美德不可分割。

人性的伟大在于追求和培养心灵的优秀品质（美德）。我们向人生理想迈进，其实就是进行美善生活的实践、塑造自身的美德，因为美善生活本身就在实践善，而且激励我们的人性更加向善，这个生活过程就塑造了我们的人格。幸福就体现在我们的理想的实践之中，也就是存在于美德的获得之中。（弗兰克纳，1987）[132–133]

追求美善生活的理想为现实的生活提供了指引。通过这种理想，我们伦理地治理现实的生活。所以追求美善生活，就是回应我们怎样在现实生活中成为有美德的存在、我们应该遵循什么准则、我们应该拥有何种人生目的、我们怎样生活在一起、我们怎样“管理”自己等诸如此类的问题。一旦我们询问此类问题，我们就开始对生活进行反思和对自我进行治理，实际上也就开启了追求幸福、创造幸福的生活过程。

亚里士多德认为，幸福作为美善生活的现实状态，是心灵达于美德的活动，因此，幸福包含了善及美德。幸福需要美德。美德是生活者在生活中的优秀品质，它使人善良、高尚，是我们配享幸福、能否获得幸福的关键。

美德表现为人在现实生活中追求人性的优秀和卓越，这意味着幸福作为生活的目的与美德品质不可分，追求美善生活需要生活者学习和培养优秀的美德品质。因此，美德与幸福是一致的，追求美德与追求幸福是一体的。

如此看来，幸福生活是高雅、高尚的生活，是以美德铺垫人生的生活。美德是帮助人充分地实现生命价值的品质。（亚里士多德，1990）[32] 美德滋养着心灵。有美德的人是幸福的人，人是通过追求美德而追求美善生活的，人通过追求美德而实现幸福，没有美德之人是不可能幸福的。贪婪、懒惰、忌妒、冷酷、刻薄、卑鄙、阴险、自私、放纵等恶无法使人过上真正的美善生活，也不可能使人幸福。缺少了美德，我们的生活实践所要求的优秀品质就缺少了能够对抗各种恶的精神和力量，我们的生活因此是有缺陷的、不幸福的，而且缺少对美德的追求，我们内在的恶就会滋长，从而造成对美善生活的破坏。

美善生活因此在伦理上意味着追求美德。在美善生活中，人的美德得以彰显与提升，而那些恶性得以抑制。那些在生活中不能实践美德、不能获得美德品质的人不能算是经历着美善生活，不能算是幸福的人。美德对于获得它的人是一种幸福源泉，同时又是其美好生活的象征，美德的获得肯定美好生活带给个人的内在利益和带给社会的利益，并同时激励人更好地实践美善生活、实践美德。

> 幸福就是灵魂的一种合于美德的现实活动。……幸福需要完满的美德，并须终其一生。（亚里士多德，1990）16

美德的追求与实践意味着不仅能够使实在的生活成为美善生活，而且能使人形成优秀的精神品质，因为美德本身是战胜恶的生活的方式，是追求善的方式。美德与美善生活在现实中是互相生成、互相促进的。美德作为一种恒定的精神品质，它创造和维持一种优秀的有意义的生活行动，使得我们向着更为高尚的可能生活敞开了自身，使我们的生活行动具有审美和伦理性，使得生命价值得以实现。同时美德为我们创造一种审慎生活的取向，它使得那些平庸、无望、媚俗、低级的行动远离我们，在生活的任何情境中，我们都有勇气面对我们生活的困难和障碍，面对恶而坚持美善生活的理想，创造我们在具体处境中的美善生活。①

既然幸福生活是合于美德的，而美德是人的实践性品质，那么，幸福的生活不是神的赠礼，而是人追寻美好生活、实践美德的活动。美好生活或幸福生活的根本特点是美德实践的现实活动。教育者的美德是实现自身优秀与高尚的价值本质的品质，是一种使人善良并卓越地发挥自己的能力的品质，这种品质是生活性的，即实践性的。美德使得人能够过美好生活，并配享幸福。

① “良善生活是由爱贯注且由知识导引的生活。”（罗素，1987）63 罗素认为爱、知与美德是相通的，爱与知识是创造美善生活的条件，都依赖于同情、热忱、活力、敏感、智慧、勇敢、自制等美德。（参见罗素，1980）102-109

生命中有那么多精神欢欣愉悦的时刻，有那么多让生命焕发光彩的事情，有那么多激发生命活力的机会，它们是召唤心灵去体验美好的生活，但只有在美德的参与下，美好生活才能成为现实。

歌德指出，如果人的健全天性能够感觉到存在于世如同存在于一个伟大、美好、高贵的全体之中，如同与这个全体和谐共处的快乐能为他带来一种纯粹的心醉神迷之乐，那么如果宇宙有知，必定会在抵达终点时欣喜如狂，并对其未来与生存的巅峰赞叹不已。不要因为我们对这个世界知之甚少就认为无法享受存在于其中的乐趣，不要因为我们失去了某种事物而痛苦不堪。享受生命单纯存在的平凡的快乐，才是最伟大的、最高贵的生活艺术。避免对琐碎的日常生活的厌恶，要在日常的生活中发现或创造快乐，这就是“别忘记生活”的智慧。我们总是尝试着逃离生活的庸常性，但这是生活的宿命，在平常的生活中，让行动的艺术创造出不同寻常的美，从存在本身找到生活的乐趣，在身体或精神的运动中永葆生命的活力。

修炼自己的品德，就是创造美好的生活，就是发现生活的艺术。艺术是对生命之美的赞赏，是对存在的赞美，而美德是对美好生活的造福。尽管现实生活中有恶、有丑陋、有困难，但心灵美德的艺术赋予所有的生活一种值得赞赏、值得去过的性质。人存在于世界之中只有作为美学现象、伦理现象才是正当的，教育生活只有建立在美德之上才是美好的。唯有美德的陪伴，人的生活才能抵御痛苦给人的心灵带来的伤害，人才能真正获得幸福。

创造教育的美、愉悦、和谐，为教育营造善与美的氛围和情境，是教育者的任务。这种崇高的教育动机、教育境界与教育者在教育中体验到的幸福是一体的。所以让我们的教育活动成为道德的、和谐的、充满善的、充满创造性的活动，是我们获得教育领域中的幸福的根本途径。幸福在于我们所有的美德和能力在教育行为中、在课堂中、在交往中的实践。

教育者追求美德不仅能够使教育行动达到好的状态，而且能够使教育者获得幸福。因为美德本身是战胜不良因素的方式，是追求善的方式。教育者的美德作为一种恒定的精神品质，创造和维持一种良好的有意义的教育行动和教育交往情境，使他们的教育生活充满了意义感，使他们的教育生活具有完满感，这就是幸福。

教育者的美德不仅是实现教育价值的品质，而且是追求教育幸福的品质。这种品质使人高尚，又使教育者能够实现自己的生命价值，因为美德本身是人格的优秀和卓越的表现，能使人的精神品质不断优化。在教育中实践美德、表现美德是教育者生命价值实现的过程，也是其获得幸福的过程，幸福是实践美德后的收获。

7

余论：教育者的哲人精神

哲学的重要使命之一是关心心灵的善，所以，哲学是心灵教育的行动，是教化的艺术，是教育艺术的核心。许多哲学家包括福柯就是在这种意义上把古典时期的哲学称作心灵教育术的。实际上，在苏格拉底、柏拉图看来，不懂哲学这种心灵治疗术，根本就不能进行教育实践，或者说根本就不懂教育。苏格拉底毕生的哲学实践就是批判和反驳各种以教育之名实施的反教育行动，也就是反对各种违背心灵教育的“教育”。“每当我看到这些自称能教育人的人，我就感到可怕。说实话，他们在我看来没有一个适宜做这项工作”。（柏拉图，2003a）54

哲学是以思想引导心灵健康。哲学工作者把心智和心灵的教育看作自身的首要使命。哲学致力于对生活的想象和慎思，目的在于启迪人思考与实践美善生活，而这必然是与追求心灵完善的教育相关的。如果哲学的根本任务是通过哲学活动帮助人创造美好的心灵形式，那么，学习哲学与学习做人就是相关的，在这个意义上，哲学的任务与教育的任务是紧密相关的。哲学不仅是一种自我教育学，也是人类教育学，哲学的任务与教育的任务是一致的。[①] 哲人的精神与教育者的精神是相通的。

哲学的心灵教育是通过运用辩证法进行的，或者说哲人是掌握了“辩证知识”（dialektike episteme）的人，是运用辩证法去关心心灵的人，即以各种方式引导学习者学习辩证法而使其心灵处于追求健全和完善的过程中的人。（先刚，2013）所以，哲学把辩证法叫作招魂术，实际上就是心灵教育术。古典哲人苏格拉底、柏拉图、亚里士多德等，现代哲人黑格尔、马克思等都运用辩证法。我们也许可以先确定哲人是使用辩证法进行思想和教育的人。哲人为什么以辩证法教人呢？这是因为辩证法是以曲折迂回的对话和诘问方式去探究真理，这种方法以真理为本，把心灵导向对真善美的热爱与追求，从而使心灵宁静、和谐、完善，使心灵实现自己的本质力量

① 杜威在《民主主义与教育》第二十四章提到了哲学可以作为教育的一般理论。

的卓越（virtue）[①]。如果哲人使用的辩证法不仅仅是追求真理的方法，更是一种对心灵进行关照的教育方法，那么教师与哲人当然具有相通性！

苏格拉底式的哲人是真正懂得教育原理的人，是那种时时刻刻关心心灵的健全、让心灵的理智眼睛看见真正美丽的存在的人，是与他者在思与行中共同见证真理、分享智慧、参与心灵成长的人。哲人是心灵博大健康的人。（伯格，2016）[100-101] 这样的人是教育者，既是一个自我的教育者，又是一个通过辩证式对话的心灵教育技艺去关怀他人的教育者。哲人式的教育者在真理的游戏中见证真理，给求教育者的心灵种下向善的种子，他的心灵与学生的心灵一起向真善美攀登。

哲人是从“多”看见“一”的人，是从多变的可见存在能够看见不变的、永恒的、不可见的存在的人，是能够看见理念的人，是能够通过理念（eidos）来理解世界和事情的人，是掌握了辩证法教育技艺的人，是会进行理智思考的人，也就是说是真正能够把真善美引入教育之中的人，是真正懂得教育技艺的人。

尼采曾经盼望哲人式的教育者的出现，但后来他又失望了，不过他认为叔本华是一个合格的教育者。他说：“我要找到一个真正的哲学家做教育者，他能够使一个人超脱不足，如果他确实在时代中存在的话，并又教人在思维和生活中质朴和真诚。”（尼采，2007a）[253] 尼采多么渴望时代有真诚的教育者！但他说自己的渴望是不合时宜的，因为在教育中谋生的很多人是不真诚的，一方面没有真诚地思，另一方面也不会真诚地言，更不会真诚地行动。现时代人们拒绝真诚的教育者，但不会拒绝那些扮演先知或拯救者角色的俗师或知识庸人。真正的教育者是一个诚挚的导师，而不是傲慢的自以为高明、聪慧的文化布道者、知识拥有者和道德拯救者，不是那种自认为占领知识高地和道德高度的人。

一个教育者为什么要真诚或质朴地教给人们思维与生活中的真诚与质

---

① virtue 这个词是指心灵实现本质力量的卓越，而不仅仅是道德意义上的卓越，这种本质力量意味着心灵实现或表现着其本质。心灵的健康、有序、完整所表现的宁静（不受杂乱欲念的打扰）、向上（真善美的引导）是 virtue，心灵因其内在品性而在思想和行动中表现出的卓越也是 virtue。

朴呢？因为教育者从事的是以辩证法探究真理的游戏，进行的是心灵的事业。教育者必须有一种与真理的教师相配的品格，这种品格与思想质朴、自然、真诚地追求真理相关，或者说，只有在真诚的思想探索中不断追求真理，才能够培养这样的品格。教育需要真诚，教育者如果要关心学习者的心灵健康和卓越，那他必须是真诚和质朴的。如果以虚妄的话语填充儿童的心灵，那怎么能够关心心灵呢？思想真诚才能真正追求智慧，心灵质朴才能接受真理，而真诚地言说才能具有教育意蕴。按照真正的所想所言去行动，才是教人质朴和真诚的教育者，才是人们的精神导师！（参见宋继杰，2016）

为什么教育者必须是追求智慧和实践美德的人，或者说为什么教育者要成为一个哲人？教育引导求教育者把真正美好、真实、永恒、高贵的事物按其本质而认识，通过理解而使之与心灵发生交往，使心灵遵循真善美而行动，从而形成人的主体化。这样的方式本质上是哲学的，所以教育是哲学的，或者说是哲学化的，把教育哲学化是教育者的本质。教育者的目的是让心灵上升并接近可理解的美好事物，使心灵受其培育。心灵只有在这种朝向真善美的理念攀登过程中才能不断受到净化和提升，才能实现健康。这是人获得精神教化的唯一方式，离开了在真善美中接受精神的培育，心灵就可能受到扭曲和损伤。

如果教育者要照顾人的心灵，引出心灵优秀的部分，那么必须研究关涉心灵的问题。例如：心灵怎样才能健康，才能更好地发展；心灵的粮食是什么；心灵发展的方式是什么；等等。尽管心灵的塑造不是按图施工，尽管教育者不是塑造心灵的工程师，但是教育者作为促进者也好，作为帮助者也好，都与心灵的成长相关。教育者不关注心灵就可能会伤害心灵、败坏心灵，可能使心灵患病。

如果教育者没有认识到真正的真善美，没有去认识、追求智慧或实践美德，那么他就无法引导求教育者朝向真善美，就无法引导求教育者塑造美德，也就无法引导求教育者追求真正的幸福。如果教育者没有学会哲学，其就不能理解美好事物的存在及其本质，就不能使美好事物存在于自己的教育中。因为教育者不了解美好事物存在的条件，其不可能使得美好事物成为可理解的，所以其就不能真正地教育人。教育者必须是一个哲人，必须具有哲人精神。

真正的哲人热爱真诚与理智，热爱正义，热爱美善，关心心灵的健全，其哲学活动深深地根植于对人的性情和理智的关怀之中。真正的哲人是一个心胸博大、心志高远的人，是一个高贵的人，是以高贵和优雅的方式与年青一代进行辩证交谈的人——能够与他们一起谈论人类最为重要的理念、价值、概念、事物和经验。教育者真诚地关心年青一代的心灵品质和伦理生活，关心教育生活对心灵的完善。因此，真正的哲人是一个优秀的塑造者，是一个真正的教育实践者，如果哲人是最好、最能够实践心灵教育的教师，那么教育者必须学习哲人的精神气质，这样，他们才能是好的教育者。

影响教育命运的最重要的因素有两个，一是教育体制，二是教育者。国家的教育体制就是国家采取的教育规制，可以叫作教体（相对于国体而言）。国家试图通过教育实现什么，把教育作为什么，在教育中推崇和尊重什么，培养什么人，这些都反映在国家的教体上。这种宏观的教育体制是形成好的教育现实或坏的教育现实的根本。一种坏的国体，难以产生具有政治智慧的治国者。同样，一种不好的教育体制，一般不会促生高贵的教育实践，也难以培养出卓越的教育者，即不会诞生哲人式的教育者，反而会产生大量的伪教育者。

参考文献

中文文献

阿多，2012. 古代哲学的智慧 [M]. 上海：上海译文出版社 .

阿多，2014. 作为生活方式的哲学：皮埃尔 · 阿多与雅妮 · 卡尔利埃、阿尔诺 · 戴维森对话录 [M]. 上海：上海译文出版社 .

阿甘本，2014. 潜能 [M]. 桂林：漓江出版社 .

阿甘本，2016. 论友爱 [M]. 北京：北京大学出版社 .

阿伦特，2006. 精神生活 · 思维 [M]. 南京：江苏教育出版社 .

阿伦特，2011. 责任与判断 [M]. 上海：上海人民出版社 .

昂格尔，2012. 觉醒的自我：解放的实用主义 [M]. 北京：北京大学出版社 .

巴迪欧，2014. 小万神殿 [M]. 南京：南京大学出版社 .

比斯塔，2018. 教育的美丽风险 [M]. 北京：北京师范大学出版社 .

波德莱尔，2002. 恶之花 [M]. 桂林：广西师范大学出版社 .

伯格，2016. 为哲学的写作技艺一辩：柏拉图《斐德若》疏证 [M]. 北京：华夏出版社 .

柏拉图，1986. 理想国 [M]. 北京：商务印书馆 .

柏拉图，2002. 柏拉图全集：第一卷 [M]. 北京：人民出版社 .

柏拉图，2003a. 柏拉图全集：第二卷 [M]. 北京：人民出版社 .

柏拉图，2003b. 柏拉图全集：第四卷 [M]. 北京：人民出版社 .

柏拉图，2009. 阿尔喀比亚德 [M]. 北京：华夏出版社 .

伯姆，2004. 论对话 [M]. 北京：教育科学出版社 .

布鲁纳，2006. 故事的形成：法律、文学、生活 [M]. 北京：教育科学出版社 .

达尔沃，2015. 第二人称观点：道德、尊重与责任 [M]. 南京：译林出版社 .

德勒兹，2000. 哲学与权力的谈判：德勒兹访谈录 [M]. 北京：商务印书馆 .

德里达，2008. 论精神：海德格尔与问题 [M]. 上海：上海译文出版社 .

德里达，2011. 解构与思想的未来 [M]. 2 版 . 长春：吉林人民出版社 .

德里达，2017. 言说事件的一种不可能的可能性 [M]// 汪民安，郭晓彦 . 事件哲学 · 生产：第 12 辑 . 南京：江苏人民出版社 .

德里达，杜弗勒芒特尔，2008. 论好客 [M]. 桂林：广西师范大学出版社 .

德沃金，2016. 刺猬的正义 [M]. 北京：中国政法大学出版社 .

蒂利希，1988. 存在的勇气 [M]. 2 版 . 贵阳：贵州人民出版社 .

蒂利希，2018. 存在的勇气 [M]. 北京：中国轻工业出版社 .

杜威，2001. 民主主义与教育 [M]. 2 版 . 北京：人民教育出版社 .

杜威，2005. 确定性的寻求：关于知行关系的研究 [M]. 上海：上海人民出版社 .

杜威，2012. 经验与自然 [M]. 北京：中国人民大学出版社 .

方向红，2016. 马里翁与德里达的“礼物”之争 [J]. 哲学研究（10）：92–100.

菲尼斯，2016. 行动中的理性 [M]. 北京：中国政法大学出版社 .

费勃，2010. 哲人的无知 [M]. 北京：华夏出版社.

费莱雷，2001. 被压迫者教育学：30 周年纪念版 [M]. 上海：华东师范大学出版社 .

弗兰克纳，1987. 伦理学 [M]. 北京：生活 · 读书 · 新知 三联书店 .

弗雷泽，2016. 同情的启蒙：18 世纪与当代的正义和道德情感 [M]. 南京：译林出版社 .

福柯，2005. 性经验史 [M]. 上海：上海人民出版社 .

福柯，2010. 主体解释学 [M]. 2 版 . 上海：上海人民出版社 .

福柯，2016a. 说真话的勇气：治理自我与治理他者 Ⅱ [M]. 上海：上海人民

出版社 .

福柯，2016b. 自我技术：福柯文选Ⅲ [M]. 北京：北京大学出版社 .

高新民，胡子政，2018. 叙事研究的形而上学之维 [J]. 华中师范大学学报（人文社会科学版）(4)：70–85.

高宣扬，2015. 福柯的生存美学 [M]. 2 版 . 北京：中国人民大学出版社 .

格林，2017. 释放想象：教育、艺术与社会变革 [M]. 北京：北京师范大学出版社 .

葛瑞林，2016. 友谊 [M]. 北京：中国人民大学出版社 .

耿幼壮，2013. 倾听：后形而上学时代的感知范式 [M]. 北京：北京大学出版社 .

海德格尔，1996a. 形而上学导论 [M]. 北京：商务印书馆 .

海德格尔，1996b. 海德格尔选集：上卷 [M]. 上海：上海三联书店 .

海德格尔，1997. 在通向语言的途中 [M]. 北京：商务印书馆 .

海德格尔，2005. 演讲与论文集 [M]. 北京：生活 · 读书 · 新知三联书店 .

海德格尔，2008. 论真理的本质：柏拉图的洞喻和《泰阿泰德》讲疏 [M]. 北京：华夏出版社 .

海德格尔，2011. 同一与差异 [M]. 北京：商务印书馆 .

海德格尔，2014. 存在与时间：修订译本 [M]. 北京：生活 · 读书 · 新知三联书店 .

海德格尔，2015. 存在与时间 [M]. 2 版（修订本）. 北京：商务印书馆 .

韩潮，2007. 海德格尔与伦理学问题 [M]. 上海：同济大学出版社 .

郝亿春，2016. 美德的两面：兼谈《尼各马可伦理学》中 aretē 的中译问题 [J]. 世界哲学（1）：45–52，160.

赫尔德，2014. 关怀伦理学 [M]. 北京：商务印书馆 .

赫斯特豪斯，2016. 美德伦理学 [M]. 南京：译林出版社 .

黑格尔，2006. 精神哲学 [M]. 武汉：华中师范大学出版社 .

黑格尔，2013. 精神现象学：下卷 [M]. 上海：上海人民出版社 .

怀特，1998. 公民品德与公共教育 [M]. 北京：教育科学出版社 .

霍耐特，2005. 为承认而斗争 [M]. 上海：上海人民出版社 .

霍耐特，2012. 对物化、认知、承认的几点误解 [J]. 世界哲学（5）：114–121.

霍耐特，2018. 物化：承认理论探析 [M]. 上海：华东师范大学出版社 .

伽达默尔，1988. 赞美理论：伽达默尔选集 [M]. 上海：生活 · 读书 · 新知三联书店上海分店 .

伽达默尔，2001. 论倾听 [J]. 安徽师范大学学报（人文社会科学版）（1）：1–4.

伽达默尔，2002. 友谊与团结 [J]. 安徽师范大学学报（人文社会科学版）（5）：497–501.

金生鈜，2006. 什么是正义而又正派的教育：我国教育改革的症结 [J]. 教育研究与实验（3）：1–7.

卡普托，2016. 真理 [M]. 上海：上海文艺出版社 .

康德，2008. 康德著作全集：第 7 卷 [M]. 北京：中国人民大学出版社 .

科尔斯戈德，2010. 规范性的来源 [M]. 上海：上海译文出版社 .

克尔凯郭尔，2005. 论反讽概念 [M]. 北京：中国社会科学出版社 .

克尔凯郭尔，2013. 哲学片断 [M]. 北京：中国社会科学出版社 .

孔特 – 斯蓬维尔，1997. 小爱大德：人类的 18 种美德 [M]. 北京：中央编译出版社 .

拉兹，2016. 价值、尊重和依系 [M]. 北京：商务印书馆 .

莱波维兹，2015. 苏格拉底的反讽答辩：《苏格拉底的申辩》义疏 [M]. 上海：华东师范大学出版社 .

莱肯，2010. 造就道德：伦理学理论的实用主义重构 [M]. 北京：北京大学出版社 .

朗，2015. 心灵与自我的希腊模式 [M]. 北京：北京大学出版社 .

利科，2011. 承认的过程 [M]. 北京：中国人民大学出版社 .

列维纳斯，2006. 从存在到存在者 [M]. 南京：江苏教育出版社 .

列维纳斯，2016. 总体与无限：论外在性 [M]. 北京：北京大学出版社 .

刘曙辉，2007. 宽容：历史、理论与实践 [J]. 哲学动态（7）：41–46.

卢曼，2005. 信任：一个社会复杂性的简化机制 [M]. 上海：上海人民出版社 .

罗尔斯，1988. 正义论 [M]. 北京：中国社会科学出版社 .

罗尔斯，2000. 政治自由主义 [M]. 南京：译林出版社 .

罗米伊，2016. 古希腊思想中的柔和 [M]. 上海：华东师范大学出版社 .

罗素，1980. 教育与美好生活 [M]// 华东师范大学教育系，杭州大学教育系 . 现代西方资产阶级教育思想流派论著选 . 北京：人民教育出版社 .

罗素，1987. 罗素文选 [M]. 北京：国际文化出版公司 .

麦金泰尔，1995. 德性之后 [M]. 北京：中国社会科学出版社 .

纳斯鲍姆，2007. 善的脆弱性：古希腊悲剧和哲学中的运气与伦理 [M]. 南京：译林出版社 .

尼布尔，2018. 自我与历史的戏剧 [M]. 上海：上海三联书店 .

尼采，2007a. 不合时宜的沉思 [M]. 上海：华东师范大学出版社 .

尼采，2007b. 快乐的科学 [M]. 上海：华东师范大学出版社 .

尼采，2012. 论我们教育机构的未来 [M]. 南京：译林出版社 .

尼尔森，司杜特曼，2018. 一切皆为设计：颠覆性设计思维与设计哲学：第 2 版 [M]. 北京：人民邮电出版社 .

倪梁康，2008. 崇敬：在虔敬与恭敬之间 [J]. 学术月刊（10）：41–46.

努斯鲍姆，2010. 诗性正义：文学想象与公共生活 [M]. 北京：北京大学出版社 .

努斯鲍姆，2018. 欲望的治疗：希腊化时期的伦理理论与实践 [M]. 北京：北京大学出版社 .

诺丁斯，2003. 学会关心：教育的另一种模式 [M]. 北京：教育科学出版社 .

诺齐克，2007. 经过省察的人生：哲学沉思录 [M]. 北京：商务印书馆 .

诺奇克，2012. 合理性的本质 [M]. 上海：上海译文出版社 .

奥克肖特，2005. 经验及其模式 [M]. 北京：文津出版社 .

欧克肖特，2012. 人文学习之声 [M]. 上海：上海译文出版社 .

欧肯，柏格森，2006. 人生的意义与价值 [M]. 长春：时代文艺出版社 .

帕尔默，2005. 教学勇气：漫步教师心灵 [M]. 上海：华东师范大学出版社 .

皮珀，2005. 闲暇：文化的基础 [M]. 北京：新星出版社 .

普罗提诺，2004. 论自然、凝思和太一：《九章集》选译本 [M]. 北京：中国

社会科学出版社 .

普特南，2005. 理性、真理与历史 [M]. 上海：上海译文出版社 .

舍勒，2014. 同情感与他者 [M]. 北京：北京师范大学出版社 .

什托姆普卡，2005. 信任：一种社会学理论 [M]. 北京：中华书局 .

施特劳斯，2012. 论柏拉图的《会饮》[M]. 北京：华夏出版社 .

舒斯特曼，2002. 哲学实践：实用主义和哲学生活 [M]. 北京：北京大学出版社 .

舒斯特曼，2007. 生活即审美：审美经验和生活艺术 [M]. 北京：北京大学出版社 .

舒斯特曼，2016. 实用主义美学 [M]. 北京：商务印书馆 .

斯宾诺莎，1983. 伦理学 [M]. 2 版 . 北京：商务印书馆 .

斯宾塞，朱利安尼，2018. 如何用设计思维创意教学：风靡全球的创造力培养方法 [M]. 北京：中国青年出版社 .

斯蒂格勒，2018. 雕塑、培育负人类世 [J]. 中国美术学院学报，2018（5）：85–104.

斯坎伦，2008. 宽容之难 [M]. 北京：人民出版社 .

宋继杰，2016. 柏拉图思想中的“秘所思”“逻各斯”与“神学”：以《蒂迈欧篇》为中心 [J]. 清华大学学报（哲学社会科学版）（2）：48–57，196.

图根德哈特，2007. 自我中心性与神秘主义：一项人类学研究 [M]. 上海：上海译文出版社 .

托马斯，2010. 杜威的艺术、经验与自然理论 [M]. 北京：北京大学出版社 .

王夫之，1991. 船山全书：第六册 [M]. 长沙：岳麓书社 .

王嘉军，2018. 好客中的伦理、政治与语言：德里达对列维纳斯好客理论的解构 [J]. 世界哲学（2）：101–109.

王聚，2019. 当代德性知识论视域中的理智美德：以理智谦逊为例 [J]. 厦门大学学报（哲学社会科学版）（1）：11–18.

威廉斯，2013. 真理与真诚：谱系论 [M]. 上海：上海译文出版社 .

韦伯，2011. 沃格林：历史哲学家 [M]. 长春：吉林出版集团有限责任公司 .

维尔诺，2017. 诸众的语法：当代生活方式的分析 [M]. 北京：商务印书馆 .

先刚，2013. 试析柏拉图的“辩证法”概念 [J]. 云南大学学报（社会科学版）（2）：15–24，111.

雪莱，2008. 爱的哲学：雪莱诗歌精粹 [M]. 北京：人民文学出版社 .

亚里士多德，1990. 尼各马科伦理学 [M]. 北京：中国社会科学出版社 .

亚里士多德，1994. 亚里士多德全集：第八卷 [M]. 北京：中国人民大学出版社 .

亚里士多德，1999. 灵魂论及其他 [M]. 北京：商务印书馆 .

亚里士多德，2003a. 形而上学 [M]. 北京：中国人民大学出版社 .

亚里士多德，2003b. 尼各马可伦理学 [M]. 北京：商务印书馆 .

亚里士多德，2010. 尼各马可伦理学［注释导读本］[M]. 北京：人民出版社 .

杨国荣，1998. 理性与价值：智慧的历程 [M]. 上海：上海三联书店 .

杨国荣，2013. 人类行动与实践智慧 [M]. 北京：生活・读书・新知三联书店 .

杨国荣，2019. “事”与人的存在 [J]. 中国社会科学（7）：27–42，204–205.

于述胜，2014. “学—教”之道以感应（通）为根本机制：儒家教育观的义理阐释 [J]. 教育学报（5）：3–11.

余纪元，2011. 亚里士多德伦理学 [M]. 北京：中国人民大学出版社 .

扎哈维，2008. 主体性和自身性：对第一人称视角的探究 [M]. 上海：上海译文出版社 .

张浩军，2016. 同感与道德 [J]. 哲学动态（6）：73–80.

张汝伦，1995. 历史与实践 [M]. 上海：上海人民出版社 .

张志扬，2010. 偶在论谱系：西方哲学史的“阴影之谷”[M]. 上海：复旦大学出版社 .

赵墨典，包国光，2018. 古希腊哲学思想中“技艺”的涵义及其地位 [J]. 自然辩证法研究（8）：24–30，63.

赵汀阳，1998. 人之常情 [M]. 沈阳：辽宁人民出版社 .

赵汀阳，2014. 创世论与存在论的重叠 [J]. 河北学刊（2）：12–17.

佐藤学，2012. 教师的挑战：宁静的课堂革命 [M]. 上海：华东师范大学出版社 .

英文文献

AGAMBEN G，2007.The work of man[M]//CALARCO M，DECAROLI S. Giorgio Agamben：sovereignty and life. Stanford：Stanford University Press.

AGOSTA L，2010. Empathy in the context of philosophy[M]. New York：Palgrave Macmillan.

AMBROZY，2017. The application of creativity in teaching of philosophy[J]. Journal of Education Research（4）：437–445.

BARON-COHEN S，2011. Zero degrees of empathy：a new theory of human cruelty[M]. London：Allen Lane.

BIESTA G，2010. A new logic of emancipation：the methodology of Jacques Rancière[J].Educational Theory（1）：39–59.

BIESTA G，2012. Receiving the gift of teaching：from 'learning from' to 'being taught by' [J]. Studies in Philosophy and Education（5）：449–461.

BIESTA G，2013. The beautiful risk of education[M]. London：Paradigm Publishers.

BURBULES N，1993. Dialogue in teaching：theory and practice[M]. New York：Teachers College Press.

DERRIDA J，2001. Hostipitality[M]// ANIDJAR G.Jacques Derrida：acts of religion . New York：Routledge.

FESMIRE S，2003. John Dewey and moral imagination：pragmatism in ethics[M]. Bloomington：Indiana University Press.

HADOT P，1995. Philosophy as a way of life：spiritual exercises from Socrates to Foucault[M]. Oxford：Blackwell Publishing.

HARGREAVES A，1998. The emotional politics of teaching and teacher development：with implications for educational leadership[J]. International Journal of Leadership in Education（1）：315–336.

HUME D，2010. A treatise of human nature[M]. Oxford：Clarendon Press.

HUNG R，2013. Educational hospitality and trust in teacher-student relationships：a Derridarian visiting[J]. Studies in Philosophy of Education（32）：87–99.

JABER L，SOUTHERLAND S A，DAKE F，2018. Cultivating epistemic empathy in preservice teacher education[J].Teaching and Teacher Education（72）：13–23.

JOHNSON M，1993.Moral imagination：implications of cognitive science for ethics[M]. Chicago：University of Chicago Press.

KATZ M S，2006. Trust and trustworthiness：extending Rice's analysis [J]. Philosophy of Education Yearbook.

KEKES J，2008. Enjoyment：the moral significance of styles of life [M]. Oxford：Oxford University Press.

KLONOSKY R J，2003. Teaching as a primordial act of friendship [J]. Journal of Educational Thought（2）：137–155.

LAVERTY M，2007. Philosophy and film in a dialogue on care [J]. Philosophy of Education Yearbook.

MAXWELL B，2008. Professional ethics education：studies in compassionate empathy [M].Frankfurt：Springer.

NODDINGS N，1992. The challenge to care in schools：an alternative approach to education [M]. New York：Teachers College Press.

NOZIK R，1989.The examined life：philosophical meditations [M]. New York：Simon & Schuster.

OXLEY J，2011. The moral dimensions of empathy：limits and applications in ethical theory and practice [M].New York：Palgrave Macmillan.

PLATO，2004. Gorgias [M]. Revised ed. [S.l.]：Penguin Classics.

RANCIÈRE J，1991. The ignorant schoolmaster：five lessons in intellectual emancipation [M].Stanford：Stanford University Press.

RICE S，2006. The educational significance of trust [J]. Philosophy of Education Yearbook.

RILKE R M，1986. Rodin and other prose pieces [M]. London：Quartet Books.

RUITENBERG C W，2011. The empty chair：education in an ethic of hospitality[M]// KUNZMAN R. Philosophy of education 2011.Urbana，IL：Philosophy of Education Society.

RUITENBERG C W，2015. Unlocking the world：education in an ethic of hospitality[M]. New York：Routledge.

SCOTT G A，2000. Plato's Socrates as educator[M].New York：State University of New York Press.

SHEPHERD A，2014.The gift of the other：Levinas，Derrida，and a theology of hospitality[M]. Cambridge：James Clarke & Co.

SHUFFELTON A B，2012.Philia and pedagogy 'side by side'：the perils and promise of teacher-student friendships[J]. Ethics and Education（3）：211–223.

SINHA S，2018. The racialized body of the educator and the ethic of hospitality：the potential for social justice education re-visited[J]. Studies in Philosophy of Education（37）：215–229.

SLOTE M，2007. The ethics of care and empathy[M]. New York：Routledge.

STEEL S，2014. On the need for Dionysian education in schools today[J]. Educational Theory（2）：123–141.

STILL J，2010. Derrida and hospitality：theory and practice[M]. Edinburg：Edinburgh University Press.

TODD S，2008. Welcoming and difficult learning：reading Levinas with education[M]// EGÉA-KUEHNE D . Levinas and education：at the intersection of faith and reason. New York：Routledge.

VERDUCCI S，2000. A conceptual history of empathy and a question it raises for moral education[J]. Educational Theory（1）：63–80.